include MyDesk

Per accedere a MyDesk vai su

**www.alphatest.it/tu25745**

e segui le istruzioni.

***Cos'è MyDesk e cosa ti offre?***

MyDesk è l'esclusivo sistema di e-learning adottato anche in tutti i corsi di preparazione Alpha Test. Acquistando questo volume, hai diritto ad accedere a MyDesk usufruendo di contenuti supplementari utili per la tua preparazione.

***A tua disposizione trovi:***

- **Simulazioni** d'esame
- **Esercitazioni** mirate
- **Tutorial** su test e preparazione all'esame

**L'abbinamento del libro con MyDesk** ti consente di potenziare lo studio, l'esercizio e la verifica della preparazione offrendoti le maggiori possibilità di successo nella selezione.

TESTUNIVERSITARI

# Alpha Test
# Scienze della Formazione primaria
# Esercizi commentati

Alpha Test

viale Cassala, 22 – 20143 Milano (Italy)
Tel. 02 58 45 981 – fax 02 58 45 98 96
servizi@alphatest.it
www.alphatest.it



**ISBN: 9788848325745**

**Prima ristampa della sesta edizione: marzo 2024**
**Sesta edizione: febbraio 2023**
Prima edizione: aprile 2009

Stampato da L.E.G.O. S.p.A. Lavis (TN)
per conto di Alpha Test S.r.l.
nel marzo 2024

# INDICE


Prefazione ... IX

Natura del test e caratteristiche di questo libro ... XI

I suggerimenti e gli strumenti di Alpha Test per prepararsi al test di ingresso ... XV

Suggerimenti per affrontare la prova a test ... XIX

parte prima – **Competenza linguistica e ragionamento logico** ... **1**

**1 Conoscenza della lingua italiana e logica verbale** ... **3**

1.1 Esercizi proposti ... 3

1.2 Soluzioni e commenti ... 13

**2 Comprensione di testi** ... **21**

2.1 Esercizi proposti ... 21

2.2 Soluzioni e commenti ... 31

**3 Problemi di natura logica e matematica** ... **37**

3.1 Esercizi proposti ... 37

3.2 Soluzioni e commenti ... 55

**4 Problemi di logica figurale** ... **71**

4.1 Diagrammi insiemistici ... 71

4.2 Soluzioni e commenti ... 74

4.3 Interpretazione di grafici e tabelle ... 77

4.4 Soluzioni e commenti ... 81

4.5 Successioni di numeri e lettere ... 83

4.6 Soluzioni e commenti ... 87

4.7 Successioni di figure ... 90

4.8 Soluzioni e commenti ... 103

parte seconda – **Cultura letteraria, storico-sociale e geografica** ... **107**

**1 Storia** ... **109**

1.1 Esercizi proposti ... 109

1.2 Soluzioni e commenti ... 116

**2 Geografia** ... **123**

2.1 Esercizi proposti ... 123

2.2 Soluzioni e commenti ... 129

**3 Letteratura italiana** ..... **135**

3.1 Esercizi proposti ..... 135

3.2 Soluzioni e commenti ..... 142

**4 Storia dell'arte** ..... **149**

4.1 Esercizi proposti ..... 149

4.2 Soluzioni e commenti ..... 156

**5 Educazione civica** ..... **161**

5.1 Esercizi proposti ..... 161

5.2 Soluzioni e commenti ..... 167

parte terza – **Cultura matematico-scientifica** ..... **171**

**1 Matematica e informatica** ..... **173**

1.1 Matematica ..... 173

1.2 Informatica ..... 180

1.3 Soluzioni e commenti ..... 182

**2 Scienze della Terra e della vita** ..... **191**

2.1 Scienze della Terra ..... 191

2.2 Biologia ..... 192

2.3 Soluzioni e commenti ..... 198

**3 Scienze della materia** ..... **203**

3.1 Chimica ..... 203

3.2 Fisica ..... 207

3.3 Soluzioni e commenti ..... 212

parte quarta – **Prova simulata** ..... **221**

Introduzione ..... 223

Prova simulata ..... 225

# Prefazione

Per gli studenti italiani (ma anche stranieri che vogliono studiare in Italia) l'iscrizione all'università è ormai da parecchi anni subordinata al superamento di una prova di selezione (o talvolta di valutazione), che ha lo scopo di verificare se e in quale misura le aspiranti matricole abbiano le potenzialità di frequentare con profitto il corso di laurea prescelto.

Attualmente, in Italia – sia nelle più importanti università private sia in quelle statali – quasi tutti i corsi di laurea magistrale a ciclo unico (Medicina e Chirurgia, Odontoiatria e Protesi dentaria, Medicina Veterinaria, Scienze della Formazione primaria, Farmacia, Architettura, Giurisprudenza ecc.) e molti corsi di laurea triennale sono caratterizzati dalla presenza del **numero programmato** a livello nazionale o locale: il numero di iscritti al primo anno di questi corsi non può quindi superare il limite di posti stabilito dal Ministero o dai singoli atenei.

La selezione tra i candidati che desiderano accedere a un corso universitario a numero programmato viene effettuata quasi sempre mediante una prova a test, composta da domande a risposta multipla: si valutano in tal modo le conoscenze e le attitudini degli studenti. Il test viene predisposto, a seconda dei casi, o a cura del ministero dell'Università e della Ricerca (come, per esempio, per le prove nazionali di accesso ai corsi di Medicina/Odontoiatria e Veterinaria) o dalle singole università o da consorzi interuniversitari (quali il CISIA o il CINECA). Il risultato che uno studente ottiene nel test determina il **punteggio** con il quale entra nella **graduatoria dei candidati** in base alla quale vengono attribuiti i posti a disposizione. In pochi corsi a numero chiuso locale, a definire la posizione nella graduatoria finale contribuiscono anche i voti conseguiti negli ultimi anni di scuola superiore o il voto dell'Esame di Stato, ma con peso minore (se non minimo) rispetto al punteggio del test.

La normativa impone ormai anche ai corsi di laurea ad accesso libero di attivare **prove valutative** e/o di **orientamento**, di solito a test; lo scopo di tali prove è rilevare per ogni studente il livello della preparazione iniziale ritenuta necessaria per frequentare con successo un dato corso (talvolta indicata con la formula "saperi minimi"). Tale valutazione non ha lo scopo di precludere l'iscrizione ma, in caso di mancato raggiungimento della soglia stabilita, attribuisce alcuni **obblighi formativi aggiuntivi** (OFA) che lo studente dovrà assolvere entro il primo semestre o il primo anno di corso, dimostrando di aver colmato le lacune evidenziate. In taluni casi, gli OFA vanno saldati prima di potere affrontare gli esami del primo anno di corso. Talvolta lo studente – prendendo atto di un esito insufficiente della prova – può decidere spontaneamente di rivedere la propria scelta di studi.

Dunque, anche chi intende frequentare un corso universitario ad accesso libero deve affrontare una prova prima dell'immatricolazione; ciò impone agli studenti seriamente motivati di prepararsi in modo adeguato per iniziare senza penalità il proprio percorso di studio.

Alpha Test è la più importante organizzazione in Italia che, per prima e da oltre 30 anni, offre agli studenti strumenti e percorsi diversi per affrontare con successo i test di valutazione o di selezione. A questo scopo pubblica la **collana TestUniversitari**, composta da oltre ottanta tra manuali ed eserciziari, specifici per ogni area di studio (informazioni su alphatest.it/Libri).

In particolare questo libro è rivolto alla preparazione ai test di ammissione alla laurea magistrale a ciclo unico, di durata quinquennale, in **Scienze della Formazione primaria** (LM-85bis). Si tratta di una **laurea abilitante** per l'insegnamento nella scuola dell'infanzia e nella scuola primaria.

Tutti i corsi attivati nelle università italiane per questa classe di laurea sono a **numero programmato nazionale**: è infatti il ministero dell'Università e della Ricerca a stabilire, con apposito decreto, sia il numero di posti disponibili per ogni corso e sede universitaria, sia le linee guida per la redazione del test di accesso (discipline interessate e programmi, numero di domande per materia, data di svolgimento).

La prova, tuttavia, non è la medesima per tutto il territorio nazionale, ma viene elaborata e gestita direttamente dalle singole università. Anche la **graduatoria** dunque è **locale**: ogni candidato può sostenere l'esame nella sola sede dove intende frequentare.

L'acquisto di un volume della collana TestUniversitari, consente di accedere a **MyDesk**, l'esclusiva piattaforma online sviluppata da Alpha Test, con materiali di studio aggiuntivi (video-lezioni, tutorial dei docenti, informazioni aggiornate ecc.) e un avanzato **sistema di simulazione** per svolgere esercitazioni per materia o prove simulate secondo tempi e modalità dell'esame ufficiale.

---

Per **accedere a MyDesk** basta seguire le istruzioni
che si trovano nella seconda pagina di questo volume.

---

Alpha Test – attiva su tutto il territorio nazionale, con sedi nelle principali città universitarie – si avvale inoltre della collaborazione di un corpo docente di grande esperienza, organizzando **corsi specifici di preparazione** di diversa durata, in presenza oppure online (informazioni su alphatest.it/Corsi).

Un altro utile strumento per i lettori è **Alpha Test Academy**: una piattaforma online di assistenza personalizzata allo studio, che guida lo studente in un programma graduale di esercitazioni, fino al raggiungimento di una completa preparazione al test.

**Il parere dei lettori è importante**

Per continuare a migliorare la qualità delle proprie pubblicazioni, Alpha Test considera estremamente prezioso il parere dei propri lettori ai quali chiede la cortesia di esprimere un giudizio su questo libro nell'apposita sezione "Valuta un libro" del sito alphatest.it.

**Ringraziamenti**

Alpha Test ringrazia i numerosi lettori, i partecipanti ai corsi e i collaboratori che, con i loro interventi, suggerimenti e in particolare con i giudizi ogni anno forniti al termine dei corsi, hanno contribuito a migliorare nel tempo la qualità dei volumi e dei servizi offerti.

# Natura del test e caratteristiche di questo libro

**NATURA DEL TEST**

L'accesso ai vari corsi di laurea attivati nelle università italiane può essere libero oppure a numero programmato, su base nazionale o locale. A seconda dei casi, è prevista una prova di ingresso valutativa delle conoscenze di base oppure una prova selettiva.

I lettori di questo volume – per potersi immatricolare in qualsiasi sede al corso di laurea magistrale a ciclo unico in **Scienze della Formazione primaria** (LM-85 bis) – devono affrontare una prova di **ammissione selettiva**. Scopo della prova è verificare che i candidati siano in possesso delle conoscenze disciplinari di base indispensabili per frequentare fruttuosamente il corso di studio e conseguire gli obiettivi formativi qualificanti.

Il test di accesso è **regolamentato a livello nazionale** direttamente dal MUR, tramite **decreto ministeriale**. In esso, il Ministero stabilisce ogni anno le linee guida che tutte le università devono seguire nella composizione della prova. In particolare il decreto definisce:

- materie e programmi previsti nella prova;
- numero di domande totali del test e numero di domande per ogni materia;
- numero di opzioni di risposta;
- criterio di assegnazione del punteggio per ogni domanda e punteggio massimo della prova;
- criterio di precedenza in graduatoria in caso di parità di punteggio;
- data ultima entro cui deve svolgersi la prova;
- numero di posti disponibili, ripartiti tra le sedi che attivano i corsi.

Nel rispetto del decreto MUR, ogni ateneo pubblica almeno 60 giorni prima della data di svolgimento della prova il proprio **bando di accesso**. Si consiglia ai lettori di scaricare dal sito di ateneo questo documento, per verificare tutte le informazioni pratiche per l'iscrizione all'esame.

La prova viene somministrata in **modalità cartacea**.

**LA STRUTTURA DELLE PROVE DI AMMISSIONE A SCIENZE DELLA FORMAZIONE PRIMARIA**

Sulla base di quanto stabilito dal decreto, tutte le prove di ammissione in tutte le università rispettano le **stesse caratteristiche**. Di seguito riportiamo le specifiche che ha avuto il test per l'a.a. 2023/2024, ragionevolmente estendibili alle prossime edizioni delle prove di ammissione.

Gli ambiti oggetto di verifica sono stati la conoscenza della lingua italiana, il ragionamento logico, le conoscenze di cultura generale sia di area umanistica sia di area scientifica.

In concreto, la prova era composta da **80 domande a risposta multipla** con **4 opzioni di risposta** tra cui individuare la sola corretta. Le domande erano così ripartite:

- competenza linguistica e ragionamento logico — 40 quesiti
- cultura letteraria, storico-sociale e geografica — 20 quesiti
- cultura matematico-scientifica — 20 quesiti

Il ministero ha stabilito un **tempo massimo** per svolgere la prova pari a **150 minuti**, quindi una media di circa **110 secondi** a quesito.

Nella valutazione delle prove, è stato assegnato 1 punto per ogni risposta esatta e 0 punti per ogni risposta omessa o errata, per un punteggio massimo conseguibile nella prova di **80 punti**.

La **soglia minima** per poter accedere alla graduatoria è stata fissata a **55/80**. Questo punteggio, poteva poi essere integrato con punti aggiuntivi riconosciuti al possesso di una Certificazione di competenza linguistica in lingua inglese, almeno (3 punti per il livello B1; 5 punti per il livello B2; 7 punti per il livello C1; 10 punti per il livello C2).

In caso di candidati con punteggio a pari merito, il decreto stabilisce che prevalga il candidato che abbia realizzato, nell'ordine, più punti nelle sezioni: competenza linguistica e ragionamento logico; cultura letteraria; cultura scientifica.

**POSTI BANDITI SUL TERRITORIO NAZIONALE (A.A. 2023/2024)**

Per dare un'idea di massima delle disponibilità di posti nelle varie sedi, si riporta in tabella a titolo di esempio la ripartizione tra le università dei posti banditi dal **Ministero** per l'**anno accademico 2023/2024**.

| Università | | Posti | Università | Posti |
|---|---|---|---|---|
| Bari | | 227 | Macerata | 350 |
| della Basilicata (*Matera*) | | 220 | Mediterranea di Reggio Calabria | 275 |
| Bergamo | | 130 | Milano Bicocca | 505 |
| Bologna | | 290 | Modena e Reggio Emilia | 245 |
| Cagliari | | 125 | Molise | 314 |
| Cassino e Lazio meridionale | | 118 | Padova | 250 |
| Cattolica | Brescia | 249 | Palermo, sede di Agrigento | 100 |
| | Milano | 248 | Palermo | 325 |
| | Piacenza | 108 | Perugia | 240 |
| della Calabria (Rende) | | 273 | Pisa | 90 |
| Europea di Roma | | 230 | Roma La Sapienza | 90 |
| Firenze | | 360 | Roma Tre | 370 |
| Foggia | | 250 | Salento | 143 |
| Genova | | 150 | Salerno | 460 |
| L'Aquila | | 274 | Suor Orsola Benincasa, Napoli | 545 |
| Libera Università di Bolzano | | 348 | Torino, Collegno | 230 |
| Link Campus Città di Castello | | 440 | Torino, Savigliano | 150 |
| LUMSA - Roma | | 300 | Trieste | 190 |
| Udine | | 200 | Valle d'Aosta | 25 |
| UKE, Università Kore di Enna | | 385 | Verona | 100 |
| Urbino Carlo Bo | | 340 | **Totale** | **10.262** |

**CARATTERISTICHE DEL LIBRO**

Questo volume contiene centinaia di esercizi risolti e commentati relativi alle materie e alle tipologie di esercizi previsti nei test di ammissione alla laurea magistrale a ciclo unico, di durata quinquennale, in **Scienze della Formazione primaria** (LM-85 bis).

Nella **prima**, **seconda** e **terza parte** del volume vengono presentati rispettivamente i quesiti relativi alla **competenza linguistica** (conoscenza della lingua italiana, logica verbale e comprensione di testi) e al **ragionamento logico** (problemi logici, diagrammi insiemistici, problemi matematici, interpretazione di tabelle e grafici, successioni di numeri e lettere e successioni di figure), alla **cultura generale** (storia, geografia, letteratura italiana, educazione civica) e alla **cultura matematico-scientifica** (matematica e informatica, scienze della Terra e della vita, scienze della materia).

Ognuna di queste parti è composta da due sezioni: nella prima, intitolata "Esercizi proposti", vengono presentate le batterie di quesiti a cui rispondere; la seconda, denominata "Soluzioni e commenti", riporta invece la **soluzione, il commento e la spiegazione per ciascuna delle domande**. Il lettore svolgerà così sia un'esercitazione sia un'attività di studio assistito. Infatti, anche se si presuppone – perché il lavoro sia efficace – che lo studente abbia già una discreta conoscenza delle nozioni necessarie a rispondere alle domande, i commenti di volta in volta richiamano brevemente concetti di teoria o indicano gli argomenti collegati alla soluzione del quesito. In caso di errore, lo studente sa subito quali sono le lacune e i punti deboli a cui deve porre rimedio.

Per uno studio preliminare più approfondito e sistematico delle varie discipline, si consiglia invece di utilizzare questo eserciziario affiancandolo al MANUALE DI PREPARAZIONE che riporta la sintesi teorica per lo studio e il ripasso degli argomenti oggetto del test: la trattazione è completata da illustrazioni, schemi, tabelle ed esercizi svolti.

La **quarta parte** del volume contiene una **prova simulata di test**, costruita con le stesse specifiche indicate dal decreto ministeriale per l'esame ufficiale. Anche i quesiti sono selezionati o elaborati con criteri del tutto analoghi a quelli che caratterizzano le prove ufficiali di ammissione ai corsi universitari di Scienze della formazione primaria.

Ogni università, nel redigere la prova di ammissione, deve rispettare senza deroghe tutte le indicazioni del decreto ministeriale. La struttura della prova sarà dunque sempre la medesima. Agli atenei resta tuttavia un margine di interpretazione e flessibilità per quanto riguarda gli argomenti dei programmi che si vogliono toccare e le tipologie di esercizi usati. Dopo avere esaminato le prove ufficiali degli ultimi anni dei vari atenei, sono stati scelti e sviluppati quesiti che possano funzionare da validi esempi, pur non potendo ovviamente coprire l'intera casistica possibile.

La prova simulata consente allo studente di mettere in pratica quanto appreso nel corso della lettura dei precedenti capitoli e allo stesso tempo di evidenziare le materie o gli argomenti su cui registra ancora difficoltà e per cui è dunque conveniente un ripasso dei relativi capitoli teorici contenuti nel MANUALE DI PREPARAZIONE.

# I suggerimenti e gli strumenti di Alpha Test per prepararsi al test di ingresso

Il **primo passo** in ogni percorso di preparazione consiste nel procurarsi tutte le informazioni disponibili sul test che si vuole affrontare, cominciando dai contenuti delle sue precedenti edizioni. Le fonti più autorevoli e complete sono il **sito del ministero dell'Università e della Ricerca** (MUR), i **siti degli atenei** di proprio interesse e **alphatest.it**. Sul sito del MUR gli studenti possono trovare tutta la normativa in materia, mentre sui siti delle singole università e di Alpha Test vengono pubblicati i bandi per i diversi concorsi di ammissione, che integrano le indicazioni del Ministero con le specifiche proprie di ciascuna sede.

Su **alphatest.it** vengono costantemente aggiornati il calendario con le date di svolgimento delle prove a test e la normativa sulle prove di ingresso; vengono inoltre pubblicati i test ufficiali degli anni precedenti risolti e commentati, nonché dati e approfondimenti relativi ai diversi corsi di laurea.

Anche i canali social Alpha Test (Facebook, Instagram e Youtube) sono sempre informati su tutte le novità riguardanti sia i test sia le iniziative del Ministero o degli atenei; nelle rispettive *communities* gli studenti hanno inoltre la possibilità di relazionarsi tra loro e con gli esperti di Alpha Test.

Un altro utile strumento a disposizione degli studenti è il **magazine on line** di Alpha Test (**http://magazine.alphatest.it**), dove è possibile consultare articoli e approfondimenti sempre aggiornati in tema di ammissione all'università, metodi e strumenti di studio, orientamento universitario e bandi di concorso.

**Il metodo Alpha Test: libri, Alpha Test Academy, corsi in aula e online**

**Il passo successivo** per conseguire una preparazione completa è costituito dallo **studio individuale** da effettuare sui libri. Tra i volumi che Alpha Test ha realizzato appositamente per chi deve affrontare i test dell'area a cui si rivolge questo libro, i principali sono il MANUALE DI PREPARAZIONE, la raccolta di quesiti suddivisi per materia ESERCIZI COMMENTATI (corredato da un simulatore online) e il volume 3200 QUIZ (corredato da un simulatore online). Ai fini dello studio, ciascuno dei quattro volumi è autosufficiente e, allo stesso tempo, complementare rispetto agli altri. Ecco in sintesi le caratteristiche di ciascuno:

- **MANUALE DI PREPARAZIONE**: è il principale strumento di studio. Raccoglie la sintesi di tutti gli argomenti previsti dai bandi del test, materia per materia. È un valido aiuto a non disperdere gli sforzi di fronte alla vastità dei programmi da svolgere, perché consente lo **studio** e il **ripasso** mirato. L'esposizione degli argomenti è resa più efficace e completa mediante schemi, tabelle, glossari, mentre l'apprendimento è facilitato e consolidato grazie ai numerosi esercizi di esempio (nella forma a risposta multipla), risolti e commentati.

  Lo spazio **MyDesk** del MANUALE propone videolezioni su argomenti di matematica, tutorial sullo svolgimento dei test, sintesi, formulari e ulteriori materiali di studio. Nel libro, un'apposita icona – visibile sul margine della pagina – segnala la presenza di contenuti aggiuntivi su MyDesk.

- **ESERCIZI COMMENTATI**: questo libro rappresenta un ulteriore step da usare nella fase intermedia della preparazione. Si tratta di un volume di esercitazioni guidate, con centinaia di quesiti, suddivisi tra le materie oggetto d'esame. Lo studente può svolgere ogni quesito in autonomia per poi verificare la soluzione nel relativo commento, dove troverà richiamate le nozioni teoriche necessarie e i metodi risolutivi più efficaci. In tal modo, il lettore può sia **esercitarsi** sia **accrescere la preparazione**.

  Nello spazio **MyDesk** correlato, è possibile accedere a un **simulatore online** per svolgere esercitazioni per materia, combinando i quesiti a disposizione di una stessa disciplina, o per comporre prove simulate secondo le modalità e i tempi dell'esame ufficiale.

- **Prove di verifica**: è uno strumento agile ed efficace, consigliato nella **fase finale** del percorso di preparazione. Consente di valutare i propri risultati nella soluzione di prove strutturate, monitorare la preparazione raggiunta e intervenire sulle materie o aree in cui si rilevano incertezze o lacune. Contiene 10 test completi, composti con domande ufficiali dei concorsi degli ultimi anni, in forma di **prove simulate**, accompagnate da indicazioni pratiche (tempo a disposizione, criteri di calcolo del punteggio ecc.) che consentono di svolgerle e valutarle nei modi dell'esame ufficiale.

  Nello spazio **MyDesk** correlato, è possibile svolgere online le prove contenute nel volume e confrontare così il proprio risultato con quello degli altri lettori. Sono inoltre disponibili alcune prove aggiuntive.

- **3200 QUIZ – I QUESITI DELLE PROVE DI AMMISSIONE**: è una raccolta di esercizi che include quesiti di prove ufficiali somministrate in passato. Gli esercizi sono suddivisi per materia e alla fine di ogni sezione sono riportate in tabella le soluzioni di tutti i quesiti.

  Come nell'eserciziario, lo spazio **MyDesk** correlato consente l'accesso a un **simulatore online**, per svolgere esercitazioni mirate sulle singole discipline o argomenti e comporre numerose prove simulate da svolgere secondo le modalità e i tempi dell'esame ufficiale.

**Alpha Test Academy**

È l'innovativo ambiente di studio online, **personalizzato** e **assistito**, che guida lo studente nella preparazione ai test. Per ciascuna delle materie e degli argomenti previsti nelle prove di ammissione, il programma accompagna lo studente ad accrescere il livello delle sue conoscenze, proponendogli in modo **adattivo** batterie di domande a difficoltà graduale e differenziata; ogni domanda è corredata da spiegazioni o da commenti multimediali (link, videotutorial), con specifici richiami di teoria. Il materiale e l'assistenza offerti da AlphaTestAcademy consentono di chiarire lungo il percorso ogni quesito e dubbio individuale, migliorando e consolidando progressivamente conoscenze e capacità in vista del test ufficiale.

Questo lavoro di preparazione mirato e specifico rappresenta quindi un utile affiancamento al manuale di preparazione o a un corso Alpha Test in aula. L'abbonamento alla piattaforma è in dotazione ai partecipanti ai corsi Alpha Test e viene abilitato al momento dell'iscrizione.

**Corsi**

Un ulteriore e importante strumento di preparazione alle prove di ammissione, che Alpha Test ha ideato per gli studenti più motivati, sono i numerosi **corsi**, svolti **in aula** oppure **on line**, con durata differenziata (da pochi giorni di lezione ad alcuni mesi). Frequentare un corso Alpha Test consente di completare, perfezionare e consolidare la propria preparazione grazie ai seguenti punti di forza.

1. **La didattica interattiva.** Ogni corso prevede cicli di lezioni e di esercitazioni dedicate al ripasso di tutti gli argomenti oggetto d'esame. Gli studenti possono beneficiare della professionalità di docenti con un'esperienza d'insegnamento unica in Italia, maturata in oltre 30 anni di attività di Alpha Test nel campo specifico della preparazione ai test universitari.
2. **Il materiale supplementare consegnato ai corsi.** Durante le lezioni, a ciascun partecipante viene fornito materiale di studio e di esercitazione aggiuntivo rispetto ai volumi, consegnato al momento dell'iscrizione. Si tratta di contenuti didattici aggiornati e specifici, redatti in base alla struttura e ai contenuti del test che si deve affrontare.
3. **I corsi online** prevedono un mix tra lezioni sincrone e asincrone e si svolgono nell'aula virtuale di MyDesk, uno spazio di e-learning completo, appositamente realizzato da Alpha Test e già sperimentato con soddisfazione da migliaia di corsisti. MyDesk consente infatti ai docenti Alpha Test di seguire gli studenti con la stessa cura che hanno in classe, assicurando quindi la più alta qualità non solo nelle fasi di spiegazione ed esercitazione sulle singole materie ma anche in termini di assistenza e supporto a chiarimento di dubbi individuali. Sono inoltre favoriti il rapporto e il confronto diretto con gli altri studenti nonché la puntuale verifica dei progressi nella preparazione.
4. **L'esperienza "sul campo".** In ciascun corso vengono svolte più simulazioni d'esame per mettersi alla prova e per confrontare la propria preparazione con quella di altri candidati.

Infine, chi desidera prepararsi al test di ammissione senza rinunciare a divertimento e nuove amicizie può partecipare a una delle **vacanze-studio Alpha Test** (per informazioni: **alphatest.it/Corsi**).

## INDICAZIONI PER I PARTECIPANTI AI CORSI ALPHA TEST

Alpha Test:

- è la **prima** società in Italia specializzata nel preparare gli studenti ai test di ammissione all'università;
- è l'**unica** organizzazione che può vantare un'esperienza di 35 anni e migliaia di corsi già organizzati su tutto il **territorio nazionale**;
- dal 1987 a oggi ha **preparato con successo** ai test universitari **decine di migliaia di studenti** che si sono trovati in vantaggio rispetto alle altre aspiranti matricole;
- è **la più scelta** dagli studenti che superano le selezioni per l'università (secondo i rilievi di una primaria società di indagini di mercato, l'**85%** degli ammessi a Medicina si è preparato con Alpha Test);
- propone **corsi** con durata, programmi e costi differenziati a seconda della prova di selezione e delle esigenze dei singoli studenti, comprese **vacanze-studio, corsi online** e **corsi residenziali**;
- vanta un corpo docente composto da oltre 200 esperti rigorosamente selezionati e costantemente formati: docenti e ricercatori universitari, professionisti e insegnanti con un'**esperienza didattica unica** e **specifica** nel campo della preparazione ai test universitari;
- ha sviluppato, per prima in Italia, una **metodologia didattica innovativa** e specifica per affrontare le prove a test, oggi potenziata con **Mydesk**, un originale spazio di e-learning riservato ai corsisti;
- propone ai suoi corsisti **prove simulate**, corrette individualmente; ciò consente ai partecipanti di verificare in tempo reale il proprio livello di preparazione e di apprendimento;
- effettua l'analisi e la discussione in aula delle **prove ufficiali** già utilizzate negli anni passati;
- ha sviluppato una collana di volumi specifici per i diversi test di ammissione, già scelti da oltre cinque milioni di studenti, che vengono **forniti ai partecipanti ai corsi** all'atto dell'iscrizione;
- ha sviluppato **AlphaTestAcademy**, la piattaforma di training online personalizzata, attivata per tutti coloro che si iscrivono a un corso;
- mette a disposizione anche dei suoi lettori l'accesso online a **MyDesk**, con materiali e strumenti aggiuntivi per la preparazione.

I risultati conseguiti nelle prove di ammissione dai corsisti Alpha Test nei tanti anni di esperienza confermano che prepararsi a un test frequentando lo specifico corso Alpha Test rappresenta la scelta migliore per chi è veramente motivato ad accedere al corso universitario desiderato. I dati dicono che in tal modo si aumenta fino a sette volte la probabilità di ammissione rispetto a quella degli altri candidati.

Alpha Test e il suo corpo docente mettono a disposizione l'esperienza maturata e forniscono tutto l'aiuto necessario affinché i propri studenti possano prepararsi nel modo più rapido, completo ed efficace alla prova di selezione. Per accrescere ulteriormente la probabilità di successo è comunque **essenziale l'impegno** di ogni aspirante matricola nelle attività di **studio individuale** e di **esercitazione prima e durante lo svolgimento del corso**. Per consentire agli studenti un approccio preliminare alle materie, Alpha Test consegna già all'atto dell'iscrizione i volumi MANUALE DI PREPARAZIONE e gli ESERCIZI COMMENTATI e il codice di attivazione per AlphaTestAcademy.

**Si consiglia ai corsisti di leggere i libri** (almeno il manuale) **prima dell'inizio del corso, per acquisire almeno una conoscenza di base degli argomenti trattati.** Questa raccomandazione vale in particolar modo per chi sceglie di frequentare uno dei corsi Alpha Test di durata minore.

Al momento dell'iscrizione al corso, Alpha Test fornisce anche una guida operativa con istruzioni e consigli utili per avviare la preparazione anche prima dell'inizio delle lezioni e con importanti informazioni sul test di ammissione di interesse dello studente.

Durante il corso l'attenzione viene focalizzata in modo specifico sulle tipologie di quesiti previsti nella prova di ammissione di interesse. Viene inoltre esaminato e discusso con i docenti un consistente numero di esercizi diversi da quelli presenti nei libri e contenuti in appositi materiali didattici aggiornati ogni anno e distribuiti durante il corso esclusivamente ai partecipanti.

**Informazioni e modalità di iscrizione ai corsi Alpha Test**

Le iscrizioni ai corsi Alpha Test per la preparazione ai test di ammissione universitari sono sempre aperte, sino all'esaurimento dei posti previsti. I corsi sono infatti riservati a un numero limitato di partecipanti.

Per ciascun corso, sono disponibili su **alphatest.it** le informazioni aggiornate relative al calendario e alla quota di partecipazione.

Per chi avesse già acquistato **direttamente da Alpha Test** l'ultima edizione dei libri in dotazione al corso, è prevista una riduzione della quota di iscrizione al corso pari al 100% del prezzo di copertina dei libri; se i libri sono stati acquistati **in libreria** tale riduzione è pari al 50% del prezzo di copertina.

L'iscrizione ai corsi e l'acquisto dei libri Alpha Test possono essere effettuati su **alphatest.it**

Per ricevere maggiori informazioni sui libri o una consulenza gratuita sui corsi è possibile scrivere a info@alphatest.it oppure scegliere una delle modalità indicate nella sezione "Richiedi informazioni" su **alphatest.it**

# Suggerimenti per affrontare la prova a test

Per affrontare al meglio un test a risposta multipla è importante conoscerne le caratteristiche rilevanti: per esempio quali siano le modalità di svolgimento, la composizione, il numero dei quesiti e delle alternative di risposta, o – se possibile – quali tipologie di esercizi si dovranno risolvere. In tal modo si possono studiare anche opportune "strategie" per valorizzare al massimo le proprie conoscenze e potenzialità.
Nelle prove per l'ammissione ai corsi a numero programmato, i candidati sono selezionati sulla base di un criterio di tipo **comparativo**. Cioè, per superare la selezione **lo studente deve figurare tra i migliori** nella graduatoria: non è quindi tanto rilevante il punteggio assoluto ottenuto quanto svolgere il test di ammissione meglio di un certo numero di altri candidati.
È bene però ricordare, soprattutto nei casi dei test di ammissione a base nazionale, che a volte è prevista una soglia minima qualificante: in tal caso anche qualora avanzassero posti disponibili, i candidati con punteggio inferiore a tale soglia non potrebbero immatricolarsi perché giudicati non idonei. Dunque, totalizzare i punti minimi rappresenta una condizione necessaria ma non sufficiente per l'immatricolazione.
Prima di addentrarsi nell'analisi dei contenuti dei test e degli esercizi che li compongono, è opportuno considerare alcuni suggerimenti solo in apparenza banali, e invece molto utili al fine di ottimizzare il risultato nella prova di ammissione.

**Prima del test**

Il primo suggerimento, di carattere generale, è leggere con grande attenzione e per intero il **bando di concorso**, compresi gli allegati con i programmi di esame. Inoltre bisogna tenere in considerazione anche le **disposizioni** pubblicate dalla sede universitaria dove lo studente svolgerà la prova. Gli atenei e il Ministero, infatti, sono le fonti di informazioni **ufficiali** relative alle norme, alle modalità di selezione, alla struttura e ai contenuti della prova che regola l'ammissione al corso di studi scelto.
In particolare è importante avere ben chiare le indicazioni relative a: modalità di iscrizione alla prova; titoli necessari per potere partecipare al concorso; giorno e ora di svolgimento della prova di interesse, nonché la sua durata ecc.
L'emergenza pandemica ha spinto molte università e corsi di laurea ad adottare prove selettive *computer based*, da svolgere in multisessione (cioè su più turni e/o più giorni) in una pluralità di sedi o addirittura al domicilio dei candidati. Sarà cura dello studente verificare in quale modalità sarà somministrato il test di suo interesse. Sicuramente, in caso di test in presenza, bisognerà ricordare di recarsi all'esame con un documento di identità valido, la ricevuta di iscrizione ed eventuali ricevute di pagamento richieste.

**Il giorno del test**

In sede d'esame, prima del suo inizio, di solito vengono comunicate ai candidati le **norme alle quali attenersi durante tutte le fasi di svolgimento del test**. Tali norme riguardano, per esempio: il tempo totale a disposizione, le modalità con cui indicare le risposte sull'apposita scheda cartacea o, in caso di prova *computer based*, le istruzioni per l'utilizzo della piattaforma; vengono inoltre fornite altre indicazioni su come comportarsi durante l'esame e al suo termine.
È necessario rispettare scrupolosamente tutte le regole, evitando così errori banali ma sostanziali (quale, per esempio, la compilazione errata della scheda per le risposte o l'omissione di una firma), che potrebbero compromettere la validità della prova e quindi l'ammissione.
In alcuni casi, all'interno del test stesso gli esercizi sono preceduti da **istruzioni circa le modalità di risoluzione** dei quesiti e a volte anche da un esempio risolto. È importante in questi casi non lasciarsi prendere dalla fretta di mettersi subito al lavoro, ma dedicare la massima attenzione alla lettura di queste istruzioni, indispensabili per capire la logica degli esercizi e per rispondere correttamente alle domande.

**Domande a risposta multipla**

I test che vengono utilizzati per l'ammissione all'università sono costituiti da domande a risposta **chiusa**, le cui risposte sono cioè predefinite: il candidato deve individuare la sola risposta esatta tra le alternative proposte. Per rispondere a una domanda *aperta* (cioè non corredata da risposte prefissate) come per esempio "Qual è la capitale della Colombia?", occorre conoscere l'esatta nozione che consente di dare la risposta. Nel caso di *domande a scelta multipla* è invece possibile procedere anche in maniera diversa.

Si ipotizzi, per esempio, di dover rispondere al medesimo quesito, però a risposta multipla.

---

**1** **Qual è la capitale della Colombia?**

A Delhi
B Buenos Aires
C Bogotá
D Brasilia
E Santiago

In questo caso è possibile determinare la risposta corretta procedendo in due modi distinti:

1. ragionando come se si trattasse di una domanda aperta: sapendo che la capitale della Colombia è Bogotá, si individua direttamente la risposta corretta (C) senza valutare le altre risposte proposte;
2. se, al contrario, non si conosce la risposta alla domanda, ma si ricordano altri accoppiamenti Paese/capitale, è possibile individuare la risposta corretta eliminando le alternative errate: sapendo che Delhi è la capitale dell'India, Buenos Aires dell'Argentina, Santiago del Cile e Brasilia del Brasile, per esclusione si può concludere che la risposta esatta è la C.

In altre parole, per rispondere correttamente a una domanda a scelta multipla non è sempre strettamente necessario conoscere la risposta esatta: a volte la soluzione può essere individuata indirettamente, escludendo le alternative errate.

Nel caso in cui, procedendo per esclusione, il candidato non riesca a eliminare tutte le alternative errate, il metodo di risposta per eliminazione permette comunque di aumentare le probabilità di individuare la risposta corretta: l'esclusione di una o più risposte riduce infatti il numero delle alternative tra cui si rimane incerti e quindi incrementa la probabilità di individuare l'alternativa corretta.

**Valore dei quesiti e gestione del tempo**

Come i partecipanti ai corsi Alpha Test hanno modo di sperimentare durante lo svolgimento delle prove simulate, il **tempo** rappresenta uno dei fattori critici per affrontare con successo un test di ammissione. Infatti, le prove sono spesso progettate e formulate in modo tale da permettere solo ai più preparati e ai più veloci di rispondere, entro i termini concessi, alla totalità delle domande.

Nei test di ammissione ai quali questo libro si rivolge, **tutti gli esercizi hanno lo stesso valore**. È dunque imperativo impiegare razionalmente ogni minuto, avendo ben presente – prima di iniziare la prova – il **tempo medio** a disposizione per ogni quesito (calcolato sui minuti complessivi divisi per il numero dei quesiti stessi), ed evitando di soffermarsi su una singola domanda per un tempo eccessivamente superiore. In generale, il consiglio è di non superare il tempo medio per più del 20%: questa dilazione per gli esercizi più complessi viene infatti compensata dalla presenza di altri di più veloce risoluzione.

Poiché ogni risposta giusta fa "guadagnare" lo stesso punteggio, a parità di tempo impiegato conviene risolvere due esercizi semplici piuttosto che uno complesso.

Se dunque il tempo complessivo per il test è di 150 minuti e il numero di esercizi da risolvere è pari a 80, il tempo medio per quesito è pari a 112,5 (poco meno di 2 minuti). Bisogna quindi cercare di non dedicare più di due minuti allo svolgimento di un singolo quesito. Avvicinandosi a tale tempo limite, se non si è prossimi alla soluzione, è opportuno passare alla domanda successiva.

L'obiettivo da raggiungere è rispondere correttamente al maggior numero possibile di esercizi; si consiglia quindi, compatibilmente con i vincoli imposti dalle modalità di svolgimento della prova, di affrontare prima gli esercizi che si ritiene di saper risolvere più facilmente e velocemente, per passare poi a quelli più complessi che richiedono un dispendio di tempo maggiore.

Il consiglio, ove possibile, è di evidenziare con un opportuno segno di riconoscimento tali quesiti sul fascicolo contenente il test: sarà così possibile ritrovarli velocemente dopo aver risposto ai quesiti più facili e di veloce risoluzione. Lo stesso consiglio vale per le domande a cui si è data una risposta che, compatibilmente con il tempo a disposizione, si vorrebbe verificare prima del termine della prova.

**Scelta casuale della risposta?**

La correzione dei test attribuisce in genere un punteggio positivo per le risposte corrette e, nella più parte dei casi, l'attribuzione di un punteggio negativo per ogni risposta errata (di solito quantificato in una frazione di punto). Ai quesiti omessi, a cui cioè non si è risposto, viene di norma attribuito punteggio nullo.

Spesso l'attribuzione del punteggio avviene secondo la seguente modalità:

- Risposta esatta: +1
- Risposta errata: – 0,25 (–1/4)
- Risposta omessa: 0

La penalità sulle risposte errate ha lo scopo di annullare il punteggio positivo che, statisticamente, il candidato potrebbe conseguire rispondendo a caso in assenza di tale penalità.

Ma **è conveniente o no rispondere a caso** ai quesiti a cui non si sa trovare soluzione?

Si supponga di non conoscere assolutamente le risposte di 20 quesiti (con 5 risposte alternative ciascuno) della prova. Scegliendo a caso, si risponderebbe statisticamente in modo corretto a 4 esercizi (20/5) e si sbaglierebbero i restanti 16 quesiti. Il punteggio totalizzato sarebbe dunque:

- risposte esatte: $4 \times (+1) = +4$
- risposte errate: $16 \times (-1/4) = -4$
- risposte nulle: $0 \times 0 = 0$
- punteggio totale: $4 - 4 = 0$

Si otterrebbe quindi un punteggio nullo, esattamente identico a quello che si totalizzerebbe scegliendo di non rispondere ai 20 quesiti. Dunque, è possibile distillare una regola utile su come comportarsi nel caso in cui non si riesca a identificare, tra le diverse risposte alternative, quella corretta:

Conviene rispondere casualmente ogni volta che il numero di alternative tra cui si è indecisi è pari o inferiore al reciproco del punteggio negativo attribuito alle risposte errate.
Pertanto, **nel caso di prove in cui non viene assegnata penalità per le risposte errate** (come nel caso dei test di ammissione a Scienze della Formazione primaria), **è sempre conveniente provare a rispondere** a tutte le domande.

È evidente che il punteggio totalizzato rispondendo casualmente potrà essere tanto maggiore quanto minore sarà il numero di alternative tra cui si è indecisi. Infatti il numero delle alternative tra cui si è indecisi non coincide necessariamente con quello delle alternative esistenti. Se, per esempio, le alternative proposte sono 5, ma il candidato riesce a eliminarne due perché le riconosce come errate, la valutazione statistica va rivista su 3 alternative (cioè 5 – 2).

Nella pratica, scartare almeno due alternative di risposta è possibile anche quando l'argomento sia poco o per nulla noto al candidato. Si veda per esempio:

---

**2** **In base alla Costituzione, l'Italia è:**

A una repubblica regionale
B uno Stato federale
C una repubblica democratica, fondata sul lavoro
D una repubblica presidenziale, fondata sul lavoro
E uno Stato federato

Anche senza ricordare la definizione precisa che la Costituzione dà dello Stato italiano, è facile riuscire a escludere le alternative B ed E che si segnalano per l'evidente implausibilità. L'Italia infatti è uno Stato unitario che non si articola al suo interno in altre entità statali né è a sua volta parte di uno Stato federale. Al candidato resterà dunque, eventualmente, il dubbio tra tre sole alternative (la risposta esatta è C).

parte prima

# Competenza linguistica e ragionamento logico

# 1 | Conoscenza della lingua italiana e logica verbale

## 1.1 | Esercizi proposti

**1** **La seguente frase seguente contiene un complemento d'agente. Qual è?**
**Piazza del Campidoglio a Roma è stata progettata da Michelangelo Buonarroti.**

- A da Michelangelo Buonarroti
- B Piazza del Campidoglio
- C a Roma
- D è stata progettata

**2** **Individuare la frase che contiene un errore.**
**1) Ho riscontrato un analogia**
**2) Fa' il tuo dovere**
**3) Se potessi, partirei domani**
**4) Qual è il tuo film preferito?**

- A La frase 1)
- B Sono tutte corrette
- C La frase 4)
- D Sono tutte errate

**3** **Quale delle seguenti proposizioni contiene un errore?**

- A Claudio si avvale dell'aiuto di molti collaboratori
- B Non immaginavo che si potesse rompere così facilmente
- C Speravano di incontrare proprio te alla festa
- D Io non so cosa fare, vedi un po' te

**4** **Quale delle seguenti è una parola sdrucciola?**

- A Barattolo
- B Bicchiere
- C Bacinella
- D Bottone

**5** **Individuare la frase in cui l'uso del gerundio è sintatticamente corretto.**

- A Essendo in casa, verrei a farti visita
- B Conoscendo la difficile situazione, ho preferito non fare domande invadenti
- C Era stanchissimo a causa del continuo andando e tornando dalla casa al negozio
- D Ballando tutta la sera, Francesca era stanca.

6 **Si scelga fra i seguenti il periodo corretto.**
- A Ho comprato i quaderni, che ci puoi scrivere i tuoi compiti di tedesco
- B Ho comprato i quaderni, nei quali ci puoi scrivere i tuoi compiti di tedesco
- C Ho comprato i quaderni, dove puoi scrivere i tuoi compiti di tedesco
- D Ho comprato i quaderni, dove puoi scriverci i tuoi compiti di tedesco

7 **Come si sillaba la parola goniometrista?**
- A Go-nio-me-tri-sta
- B Go-nio-met-ri-sta
- C Go-nio-me-tris-ta
- D Go-ni-o-me-tri-sta

8 **Quale delle seguenti proposizioni contiene un verbo *ausiliare*?**
- A Mi serve la tua bici per andare in stazione
- B Io sono colui che viene
- C Ieri sono andato a pescare
- D Ha una nuova fidanzata

9 **Quale dei seguenti può essere usato come verbo servile?**
- A Andare
- B Stare
- C Cominciare
- D Volere

10 **Qual è il participio passato di *elidere*?**
- A Eluso
- B Eliso
- C Illuso
- D Elido

11 ***Che voi foste usciti* è una forma di:**
- A indicativo futuro anteriore
- B congiuntivo trapassato
- C congiuntivo presente
- D congiuntivo imperfetto

12 **Individuare la terza persona plurale del trapassato prossimo del verbo *diffidare*:**
- A abbiano diffidato
- B diffidando loro
- C avrebbero diffidato
- D avevano diffidato

13 **Individuare la proposizione concessiva nel seguente periodo: «Sebbene le previsioni annunciassero cattivo tempo, oggi è una giornata perfetta se si vuole andare in montagna a campeggiare».**
- A Sebbene le previsioni annunciassero cattivo tempo
- B oggi è una giornata perfetta
- C se si vuole andare in montagna
- D a campeggiare

 

**14** **Indicare, tra le seguenti frasi, quella che contiene un aggettivo sostantivato.**

**1) Saverio è un ottimo cuoco**

**2) Preferisco un calciatore tenace e costante rispetto a uno geniale**

**3) Non c'è atteggiamento più fastidioso di chi adula solo i potenti**

**4) È sempre stato un ricco signore**

A La 3
B La 1
C La 2
D La 1 e la 2

**15** **Quale delle seguenti frasi contiene un complemento di mezzo o strumento?**

A Il Mar Tirreno si estende a ovest della penisola italiana
B Dopo la tua venuta, sono successe molte cose, alcune belle, altre no
C Quell'uomo dall'aria benevola è un noto attore di teatro
D Gigi si reca al lavoro in bici ogni giorno

**16** **Individuare il soggetto della proposizione seguente:**

**Per me, pattinare è la cosa più bella del mondo.**

A Me
B Cosa
C Pattinare
D Mondo

**17** **Quale tra le seguenti frasi non contiene un complemento di paragone?**

A Il Monte Bianco è la vetta più alta d'Italia
B Sono sicuro di arrivare al traguardo, sono allenata come te
C Ho le foto del nuovo ufficio e sono belle quanto le tue
D Non puoi giudicare qualcuno senza conoscerlo davvero

**18** **Individuare la frase che contiene un complemento di materia.**

A I cuccioli di dalmata erano i protagonisti di *La carica dei 101*
B I cuccioli di dalmata erano apprezzati per il pelo chiazzato di macchie nere
C Crudelia Demon aveva un cuore di pietra
D L'allegra brigata visse avventure di ogni sorta

**19** **Quale dei seguenti enunciati contiene una proposizione finale?**

A Per quanto mi riguarda, non dovresti andare al mare
B Devo andare a comprare delle verdure per il risotto
C Non capisco perché non ci sia luce in questa stanza
D Te lo dico perché tu ci rifletta

**20** **Qual è un sinonimo di *esile*?**

A Esangue
B Allusivo
C Liso
D Sottile

**21** **Qual è un sinonimo di *ragguardevole*?**

A Rispettoso
B Considerevole
C Conveniente
D Ossequioso

**22** **Qual è un sinonimo di *assennato*?**

A Tormentato
B Spavaldo
C Dubbioso
D Nessuna delle altre alternative è corretta

**23** **Cosa significa *pieve*?**

A Portatore di notizie
B Avviso di giacenza
C Chiesa con annesso battistero
D Periodo di tempo

**24** **Che cosa significa *laconico*?**

A Prolisso, verboso
B Dalla forma romboidale
C Altezzoso, arrogante
D Di poche parole, conciso

**25** **Qual è un sinonimo di *nemesi*?**

A Cirrocumulo
B Cantilena
C Rovesciamento
D Vendetta

**26** **Quali tra le seguenti parole hanno significato analogo tra loro?**

**1) Prillare**
**2) Girare**
**3) Settare**
**4) Disdire**

A 2-3
B 1-2
C 1-3
D 1-4

**27** **Quali tra le seguenti parole hanno un significato analogo tra loro?**

**1) Perseguitare**
**2) Inseguire**
**3) Perseguire**
**4) Conseguire**

A 1-3
B 1-2
C 2-3
D 1-4

 

**28** **Quale tra i seguenti si può considerare un contrario di *propositivo*?**

A Fantasioso
B Vivace
C Inerte
D Punitivo

**29** **Qual è il contrario di *irrequieto*?**

A Agitato
B Tranquillo
C Requieto
D Grullo

**30** **Un contrario di *deplorabile* è:**

A biasimevole
B encomiabile
C esecrabile
D nocivo

**31** **Completare la proposizione seguente con uno degli aggettivi proposti:**
**La natura _____ di quelle isole attira molti turisti.**

A lussuosa
B lussuriosa
C lussureggiante
D lussata

**32** **Completare la frase seguente con uno degli aggettivi proposti:**
**Nonostante avesse a disposizione i dati sufficienti per prendere una qualche decisione, Ruggero era ancora _____.**

A risoluto
B rilassato
C titubante
D deciso

**33** **Completare correttamente la frase seguente scegliendo le forme verbali adeguate.**
**«Mi dispiace che tu non ... incontrare Alberto, ma ... partire molto presto».**

A abbia potuto; ha dovuto
B potevi; ha dovuto
C potessi; è dovuto
D potresti; dovette

**34** **Individua la frase in cui il pronome è usato correttamente.**

A Questo scrittore ha molto talento, ne sentiremo parlare ancora
B Io vado al cinema, vuoi venire anche te?
C Anna incontrava Laura tutti i giorni, ma solo di recente ha avuto occasione di parlargli
D Nelle difficoltà tutti devono fare del suo meglio con le proprie forze

**35** **Individuare la coppia di termini che completa la proporzione data.**
**Petalo: fiore = x: y**

- A x = equipaggio, y = marinaio
- B x = radice, y = terra
- C x = pagina, y = libro
- D x = tram, y = tramviere

**36** **Individuare la coppia di termini che completa la proporzione data.**
**Neurone : x = y : molecola**

- A x = cellula, y = DNA
- B x = proteina, y = vitamina
- C x = sinapsi, y = nervi
- D x = cervello, y = cellula

**37** **Individuare la coppia di termini che completa la proporzione data.**
**x : aggressivo = docile : y**

- A x = Malevolo, y = bonario
- B x = Remissivo, y = battagliero
- C x = Forte, y = debole
- D x = Ostilità, y = mitezza

**38** **Individuare la coppia di termini che completa la proporzione data.**
**x : goniometro = y : odometro**

- A x = angolo, y = forza
- B x = umidità, y = suono
- C x = angolo, y = distanza
- D x = umidità, y = distanza

**39** **Individuare la coppia di termini che completa la proporzione data.**
**x : nave = decollare : y**

- A x = Navigare, y = aeroplano
- B x = Capitano, y = pilota
- C x = Aeroplano, y = approdare
- D x = Salpare, y = aeroplano

**40** **Scartare la parola intrusa tra le seguenti:**

- A refrattario
- B recalcitrante
- C indisciplinato
- D indiscreto

**41** **Quali tra i seguenti verbi è il più appropriato per sostituire "prendere" nella frase: «Caterina ha finalmente preso la laurea»?**

- A Possedere
- B Consegnare
- C Conseguire
- D Realizzare

 

**42 Quale delle seguenti alternative contiene una proposizione relativa?**

- A) Ho ritrovato quell'angolo di bosco dove da ragazzo passavo tanto tempo a leggere
- B) Non credere che sia facile ritornare qui dopo tanto tempo
- C) Che gentile sei stata a riaccompagnarmi a casa!
- D) Finché c'è vita c'è speranza

**43 Quale delle seguenti proposizioni contiene un errore lessicale?**

- A) Anche il nuovo acquisto, nel giro di poco tempo, finirà nell'ammasso di ciarpame che trabocca dal ripostiglio di casa
- B) Sebbene fosse solo interlocutorio, l'incontro svoltosi ieri mattina è stato molto proficuo
- C) Nello scorso anno questa luminare è stata insignita del titolo di Socia Onoraria senza contributo
- D) L'addestramento deve essere impartito al cane in specie di gioco, senza ricorrere ad alcun metodo coacervo

**44 Indicare la parola da scartare.**

- A) Prelia
- B) Modecina
- C) Satoba
- D) Videogi

**45 Indicare la parola da scartare.**

- A) Laponi
- B) Mora
- C) Zefirne
- D) Brilo

**46 Quale dei seguenti è un avverbio opinativo?**

- A) Abbastanza
- B) Appunto
- C) Ancora
- D) Giustamente

**47 Cosa significa *olofrastico*?**

- A) Connettivo
- B) Sostitutivo
- C) Divisivo
- D) Riduttivo

**48 Il significato di *limaccioso* è:**

- A) pauroso
- B) torbido
- C) levigato
- D) pigro

**49** **Quale, tra le sillabe proposte nelle alternative, dà luogo a due parole di senso compiuto se premessa alla prima e aggiunta alla seconda delle sillabe seguenti?**

**ti – ar**

A te
B mi
C re
D mu

**50** **Individua il rapporto anomalo:**

A Falegname – Martello
B Scultore – Scalpello
C Bibliotecario – Libreria
D Chirurgo – Bisturi

**51** **Avvocato : X = Y : scrivere**

A X = aula; Y = banco
B X = legge; Y = leggere
C X = difendere; Y = poeta
D X = laurea in giurisprudenza; Y = scrittore

**52** **Fugace : duraturo = X : Y**

A X = consumato; Y = logoro
B X = sterile; Y = produttivo
C X = fertile; Y = fecondo
D X = ludico; Y = giocoso

**53** **X : spesso = poco : Y**

A X = Banale; Y = prezioso
B X = Talvolta; Y = frequente
C X = Abituale; Y = occasionale
D X = Raramente; Y = molto

**54** **Artigiano : pialla = X : Y**

A X = avvocato; Y = studio legale
B X = martello; Y = cacciavite
C X = meccanico; Y = chiave inglese
D X = bibliotecario; Y = biblioteca

**55** **Subordinato : indipendente = X : Y**

A X = semplice; Y = facile
B X = bagnato; Y = asciutto
C X = caldo; Y = estate
D X = dipendente; Y = impiegato

 

**56** **Pavido : X = Y : attenzione**

**1: impavido** **2: paura** **3: coraggio** **4: concentrazione**
**5: cortese** **6: pericolo** **7: lento** **8: disattento**

A 1; 4
B 2; 1
C 3; 8
D 7; 5

**57** **Bisdrucciola : X = piana : Y**

**1: ultima** **2: quartultima** **3: penultima**
**4: terzultima** **5: sdrucciola** **6: tronca**

A 1; 2
B 2; 3
C 4; 5
D 3; 1

**58** **Computer sta a informatico come X sta a Y**

**A: giornale** **B: muratore** **C: birra** **D: tribunale** **E: chiave inglese**
**F: avvocato** **G: barista** **H: casa** **I: giornalista** **L: idraulico**

A A; I
B H; B
C D; F
D E; L

**59** **___ sta a bisturi come contadino sta a ___**

**A: Mucca** **B: Campo** **C: Patata** **D: Terra**
**E: Aratro** **F: Chirurgo** **G: Pediatra** **H: Malattia**

A A; B
B F; D
C C; D
D F; E

**60** **Mese : anno = X : Y**

**1: minuto** **2: grado** **3: freddo**
**4: corpo** **5: temperatura** **6: secondo**

A 1; 3
B 3; 5
C 6; 1
D 2; 5

**61** **Geranio : X = zanzara : Y**

**1: rosa** **2: fiore** **3: petalo**
**4: pianta** **5: insetto** **6: tulipano**

A 1; 2
B 3; 4
C 6; 5
D 2; 5

**62** **Indicare la parola da scartare.**

A Coltello
B Pentola
C Cucchiaio
D Forchetta

**63** **Indicare la parola da scartare.**

A Namo
B Diepe
C Caboc
D Sepec

**64** **Indicare la parola da scartare.**

A Giucedi
B Rebe
C Cirecu
D Refa

**65** **Cosa significa *prosaico*?**

A Poetico
B Volgare
C Scritto in prosa
D Raro

 

## 1.2 | Soluzioni e commenti



**1** La risposta corretta è la **A**: il complemento d'agente indica nelle frasi con predicato in forma passiva la persona (o l'animale) che compie l'azione. In questo caso, Michelangelo Buonarroti, in quanto progettista, è l'agente, cioè colui che ha ideato e fatto realizzare Piazza del Campidoglio a Roma. Nei casi in cui sorgente dell'azione sia un oggetto inanimato si parla di complemento di causa efficiente (per esempio: «La casa è stata rasa al suolo dal terremoto»).

**2** L'unica frase che contiene un errore è la 1): l'articolo indeterminativo al femminile singolare è sempre una e richiede l'apostrofo, davanti a parola che inizia per vocale, elidendo la -a. Invece, al maschile gli articoli sono *uno* davanti a consonante e *un*, senza apostrofo, davanti a vocale. L'alternativa corretta è pertanto la **A**. Le altre frasi, invece, non presentano alcun errore. La 4) è corretta perché davanti al verbo essere, ma anche in altri casi, *quale* può subire un troncamento in *qual*; essendo un troncamento e non un'elisione, non vuole l'apostrofo. Non presentano errori neanche le frasi 2) e 3): nello specifico della seconda, si consideri che il *fa'* è l'imperativo di fare che si può scrivere *fa'* come *fai*.

**3** L'alternativa da scegliere è la **D**. *Te* non può essere usato come soggetto di una frase, perché è la forma del pronome personale complemento, quindi può essere usato solo come complemento oggetto o complemento diretto. Invece va usata la forma *Tu*, il pronome personale soggetto, seconda persona singolare.

**4** Le parole della lingua italiana si dividono, secondo la posizione della sillaba tonica sulla quale cade l'accento tonico, in: tronche, piane, sdrucciole e bisdrucciole. Le parole tronche hanno l'accento sull'ultima sillaba (*onestà*), quelle piane sulla penultima (*pàne*), le sdrucciole sulla terzultima (*tàvola*) e le bisdrucciole sulla quartultima (*vìsitano*).Tutte le alternative del quesito riportano parole quadrisillabiche, ma solo *barattolo* è una parola sdrucciola perché l'accento tonico cade sulla terzultima sillaba. La risposta **A** è quella corretta.

**5** Il *gerundio* è un modo indefinito del verbo (cioè la sua forma non indica persona né numero), pertanto fa da predicato in proposizioni subordinate implicite e, a seconda del contesto, può assumere valori diversi: causale, temporale, concessivo, modale, strumentale, condizionale. Se non è diversamente indicato, il gerundio ha lo stesso soggetto del verbo da cui dipende: così si riscontra nell'alternativa **B**, che è quella corretta, in cui *io* è il soggetto sottinteso sia di *ho preferito* sia di *conoscendo*. Quando non c'è coincidenza tra i soggetti dei due verbi, bisogna invece rendere esplicito il soggetto del gerundio: per questa ragione la frase in **A** è errata, dato che il soggetto di *verrei* (*io*) è diverso da quello di *essendo* (*tu*) (forme corrette: *Essendo tu in casa, verrei…*; *Dal momento che sei in casa, verrei…*). In **C** il gerundio è scorretto perché usato in luogo dell'infinito sostantivato (*andare e tornare*). Infine, in **D** l'errore sta nel tempo verbale: la condizione di *essere stanca* è conseguenza dell'azione di *ballare*, pertanto il gerundio dovrebbe essere di forma passata, che indica anteriorità dell'azione: *Avendo ballato … era stanca*.

**6** I più evidenti errori che si riscontrano nelle opzioni dell'esercizio riguardano la doppia notazione di luogo: in **B**, la presenza del complemento di stato in luogo *nei quali* rende inutile e sbagliato l'uso nella stessa frase dell'avverbio di luogo *ci*. Lo stesso capita nell'alternativa **D**, in cui l'avverbio relativo di luogo *dove*, dovrebbe escludere l'avverbio di luogo *ci*. In **A**, invece, l'errore sta nella forma usata per esprimere il pronome relativo: *che* infatti può solo esprimere soggetto e complemento oggetto e non può sostituire le forme apposite per i complementi indiretti: per esempio *su cui*, *nei quali* ecc. L'alternativa corretta è la **C**.

7 La grammatica italiana possiede un certo numero di regole che sovrintendono alla *sillabazione* delle parole, tra cui: non si dividono i gruppi di consonanti inizianti con *s* (es.: fia-*sco*, ro-*spo*, mi-ni-*stro*), perciò la risposta C è errata); non si dividono dittonghi e trittonghi (es.: *cuo*-re , a-*iuo*-la), perciò la risposta D è errata; non si dividono i gruppi di consonanti costituiti da *b, c, d, f, g, p, t, v* + *l* oppure + *r* (es.: pe-*plo* , ca-*pra*), perciò la risposta B è errata. La corretta sillabazione è dunque *go-nio-me-tri-sta* (risposta corretta A).

8 I verbi ausiliari sono *essere* e *avere*, quando reggono il participio passato di un altro verbo. Ciò non si verifica nelle alternative B e D, dove *essere* e *avere* sono usati in forma propria. Si verifica invece nella alternativa C (*sono andato*), che è pertanto la risposta esatta. È interessante notare anche che *essere* e *avere* sono ausiliari di sé stessi (per esempio: *sono stato*; *ho avuto*).

9 La risposta corretta è la D: infatti, i verbi servili sono *potere, dovere, volere*, cioè verbi che reggono l'infinito di altri verbi, ai quali aggiungono una sfumatura di significato (possibilità, necessità, obbligo, volontà). Ovviamente *potere, dovere, volere* possono anche essere usati in forma propria, e cioè non servile. Ciò avviene quando essi sono seguiti non da un infinito ma da un complemento (per esempio: *voglio le ferie*) oppure quando sono usati da soli (per esempio: *io posso*).

10 Il participio passato di *elidere* (cioè "annullare, eliminare") è *eliso*. *Eluso* è il participio passato di *eludere*, *illuso* di *illudere*. *Elido* non è participio passato, ma prima persona singolare dell'indicativo presente di *elidere*. La risposta esatta è la B.

11 Le forme verbali si distinguono in *tempi semplici* (espressi all'attivo da una sola parola e al passivo dal verbo essere + participio passato del verbo) e *tempi composti* (espressi all'attivo da verbo ausiliare + participio passato e al passivo dal verbo essere + stato + participio passato). Per quanto detto, *foste usciti* è un tempo composto e ciò limita il campo di indagine alle sole alternative A e B. È comunque evidente che la forma verbale in questione non è un futuro: si può scartare dunque anche la A. In definitiva, *che voi foste usciti* è un congiuntivo trapassato, in cui *foste* è un congiuntivo imperfetto che, unito al participio passato *usciti* diviene trapassato. La risposta esatta è la B.

12 Eccettuata l'alternativa B, che presenta un tempo semplice, tutte le altre presentano tempi composti, così come è composto il trapassato prossimo. La A però riporta un congiuntivo passato e la C un condizionale passato. La risposta esatta è la D.

13 La risposta corretta è la A. La concessiva è una proposizione subordinata in cui si descrive un fatto o una situazione nonostante i quali si verifica quanto espresso nella proposizione principale. Possono avere il verbo di forma implicita (al gerundio o al participio passato) di forma esplicita, come nell'esercizio in esame. Il verbo è quasi sempre al *congiuntivo*: introdotto da congiunzioni e locuzioni (*benché, sebbene, quantunque, nonostante, se pure, per quanto* ecc.) o da aggettivi e pronomi indefiniti (*qualunque, chiunque, qualsiasi,* ecc.). Attenzione però: con la locuzione *anche se* hanno il verbo all'indicativo. L'unico dubbio possibile era con l'alternativa C, che propone però una proposizione condizionale.

14 Tutte le parti del discorso possono essere sostantivate, cioè usate con il valore di un nome. Nelle frasi proposte, solo la terza contiene un aggettivo utilizzato con questa modalità, come segnalato dall'articolo che lo precede: *i potenti*. La risposta corretta è quindi la A. È interessante osservare la seconda frase: *tenace* e *costante* sono aggettivi riferiti al sostantivo *calciatore*; qualche dubbio può sorgere rispetto all'espressione *uno geniale*, dove però è semplicemente sottinteso *calciatore*.

15 La risposta esatta è la D. Il complemento di mezzo, o strumento, indica la persona, l'animale o la cosa (materiale o immateriale) mediante i quali si compie l'azione espressa dal predicato verbale. Viene introdotto dalle preposizioni *con, di, in, per, mediante* ecc. Nella frase in esame *in bici* è il mezzo con cui *Gigi si reca al lavoro ogni giorno.*

16 La risposta corretta è la C. L'infinito sostantivato *pattinare*, infatti, può svolgere la funzione di soggetto o anche di altro complemento in una frase.

17 Il complemento di paragone esprime il secondo termine di un confronto. In un comparativo di maggioranza o minoranza, è introdotto dalla preposizione *di* (risposta A). In un comparativo di uguaglianza è introdotto da *come* o *quanto* (B e C). La risposta da indicare è la D.

18 Il complemento di materia descrive la sostanza di cui è composto un corpo (in senso proprio o figurato). Tra le alternative proposte, esso è presente solo nella C, per quanto *cuore di pietra* sia un complemento figurato di materia. Questa è dunque la risposta esatta. Quanto alle altre risposte: *dei 101* è complemento di specificazione; *di macchie* è complemento di mezzo; *di ogni sorta* è complemento di qualità.

19 La proposizione *finale* è la subordinata che indica lo scopo dell'azione espressa dalla principale. Può avere forma sia esplicita (ed è introdotta da *affinché, perché, che* ecc.) sia implicita con verbo all'infinito (introdotta da *per, a, di, da* ecc.). Si possono escludere con facilità le alternative A (che presenta una subordinata limitativa, introdotta da *per* ma al modo indicativo) e B, che presenta non una proposizione ma un complemento di fine. Nella C si riconosce una interrogativa indiretta (*perché non ci sia luce in questa stanza*). La risposta esatta è la D: *perché tu ci rifletta* esprime infatti il fine della frase principale *te lo dico.*

20 La risposta corretta è la D: infatti *esile* significa "sottile, gracile", per estensione anche "debole" e "inefficace". Tra le alternative proposte poteva creare qualche dubbio *esangue*, che rimanda anch'esso al concetto di debolezza. Tuttavia, il senso di *esile* è "di poca massa", il senso di esangue è "di poca energia", quindi non sono esattamente sinonimi.

21 *Ragguardevole* significa *degno di riguardo*, e dunque non si possono accettare né la D né la A (*rispettoso* oppure *ossequioso* è chi manifesta il riguardo). *Conveniente* può avere tanti significati (adatto, adeguato, vantaggioso ecc.), ma nessuno che si avvicini al significato di *ragguardevole*. La risposta esatta è così la B.

22 Sinonimi di *assennato* potrebbero essere *giudizioso, saggio, avveduto, ponderato, savio*: nessuna, quindi, delle alternative proposte. La risposta esatta è così la D.

23 *Pieve* (dal latino *plebs*, "popolo") indicava durante il Medioevo e nell'Italia centro-settentrionale, le circoscrizioni ecclesiastiche minori, dotate di una chiesa con battistero e altre cappelle sul territorio. La risposta corretta è quindi la C.

24 La risposta esatta è la D. *Laconico* (di poche parole), infatti, è aggettivo derivato dal nome greco dell'antica regione di cui Sparta era il capoluogo (Lakonia); e i suoi abitantisi esprimevano con proverbiale concisione. L'alternativa A descrive una persona eccessivamente eloquente, che parla anche troppo; l'alternativa C dà sinonimi di *borioso, presuntuoso.* Infine, la risposta che non c'entra è la B, la forma del rombo (risposta errata).

25 *Nemesi* (dal verbo *nemo*, "distribuisco") era il nome con cui gli antichi greci definivano la personificazione della giustizia divina, che distribuiva a ciascuno la punizione delle proprie colpe. Da qui il valore più esteso di *vendetta fatale*, che si realizza da sé nel corso degli eventi. La risposta esatta è quindi D.

**26** Se non si conosce il significato di tutte le parole coinvolte nel quesito si può cominciare valutando gli abbinamenti con quelle già note. Tutti conoscono il significato del verbo *girare* (letteralmente: "muovere lungo una linea chiusa"), che non ha nulla in comune con *settare* (derivato dal verbo inglese *to set*, "impostare, regolare"): va esclusa la risposta A. Le restanti alternative coinvolgono tutte il verbo *prillare* (derivato da *prillo*, "trottola"), che significa "compiere giri completi"). Dal momento che *disdire*, per via del prefisso negativo *dis-*, significa "negare di aver detto, smentire, sconfessare", risulta che i verbi di senso analogo sono i numeri 1 e 2 e la risposta corretta è la B.

**27** L'apparente difficoltà dell'esercizio sta nel fatto che i vocaboli coinvolti o sono composti, mediante un *prefisso*, del verbo *seguire* o suoi derivati (*per-seguitare*). Si tratta dunque di capire quale sfumatura di senso attribuiscano i vari prefissi per individuare le due forme con significato affine. In particolare: *in-* davanti a un verbo indica movimento (*in-gabbiare*), trasformazione (es. *in-giallire*) o rinforzo (es. *in-gigantire*); *per-* indica azione continuata (*per-durare*) o conclusa (*per-venire*); *con-* indica unione, modalità, mezzo ecc.: nel caso di *con-seguire* (raggiungere, ottenere) indica compimento. I verbi con significato simile sono dunque *inseguire* e *perseguire*: entrambi indicano l'impegno a raggiungere qualcosa. Attenzione: anche se *perseguire* e *perseguitare* hanno etimologia latina quasi identica, il secondo in italiano si è "specializzato" sul valore negativo di "affliggere, tormentare senza tregua" ecc. La risposta esatta è la C.

**28** L'aggettivo in esame deriva da *pro-porre*: letteralmente, quindi, "porre, portare avanti", "promuovere, suggerire, consigliare". *Propositivo* indica dunque una qualità positiva e attiva di cambiamento, di progresso, il cui contrario è la negatività, l'inattività, la distruzione e l'inerzia. La risposta esatta è dunque la C.

**29** *Irrequieto* è un aggettivo che deriva direttamente dal latino: *in-* (prefisso di negazione) + *requietus* (calmo, tranquillo). Si nota che in italiano è rimasto in uso solo l'aggettivo derivato dalla forma gemella *quieto*, mentre la forma *requieto* non esiste (mentre esistono i rispettivi sostantivi *quiete* e *requie*). *Irrequieto* significa quindi "agitato, turbolento, ansioso" ecc. e un suo contrario può essere *tranquillo*: la risposta da indicare è la B.

**30** *Deplorare*, da cui deriva l'aggettivo *deplorabile*, discende dal verbo latino che significa "lamentarsi di qualcosa, rimproverare, biasimare". Sono suoi sinonimi, dunque, tutti gli aggettivi che significano "degno di biasimo, di critica, di censura, vergognoso" ecc. (risposte A, C e in parte D). L'unico aggettivo che esprime un concetto opposto è in B: degno di encomio, cioè di lode e di apprezzamento.

**31** Per completare la frase è meglio non andare "a orecchio": l'esercizio infatti è giocato sull'assonanza dei termini proposti nelle alternative, che però hanno diversi significati perfino quando hanno parentela etimologica. Per esempio: gli aggettivi *lussureggiante*, *lussuosa* e *lussuriosa* derivano tutti da un vocabolo latino (*luxus*) che ha il senso primario di "abbondanza di vegetazione". Tale significato è appunto rimasto in *lussureggiante* (rigoglioso, verdeggiante, florido) e da esso originano altri valori per traslato: "ricchezza" e "sfarzo" (come in *lusso* e *lussuoso*), fino a "sensualità" e "dissolutezza" (come in *lussuria* e *lussurioso*). L'aggettivo *lussata*, invece, deriva da un vocabolo latino che ha la stessa grafia ma diverso significato: *luxus*, "slogatura, lussazione". La risposta esatta è dunque la C: date le opzioni, la natura di quelle isole può essere solo *lussureggiante*, cioè abbondare di vegetazione.

**32** La congiunzione *nonostante* indica che quanto viene detto nella proposizione (cioè "avere a disposizione i dati sufficienti") non può ostacolare il verificarsi di quanto espresso nella principale (cioè "essere ancora …"). Dunque si può dedurre che tra gli aggettivi proposti bisogna scegliere quello che contrasta con la situazione introdotta da *nonostante*: solo *titubante* (indeciso, irresoluto) può esprimere questa contrapposizione e pertanto è C la risposta esatta: Ruggero, pur avendo gli elementi per decidere, ancora non è capace di farlo.

**33** Questo esercizio di competenza sintattica richiede di applicare correttamente la concordanza dei tempi verbali, individuando l'unica alternativa che propone due forme adeguate. Per quanto riguarda il primo completamento, bisogna ricordare che verbi espressione di soggettività (indicanti giudizio, aspettativa, opinione, volontà, desiderio ecc.) richiedono nella proposizione dipendente il verbo al congiuntivo: per questa ragione possono essere scartate le alternative B e D. Per orientare la scelta invece tra A e C dobbiamo considerare il rapporto cronologico tra le azioni delle proposizioni da completare. Il senso del periodo ci dice che l'azione di *incontrare* avrebbe dovuto svolgersi *prima* della partenza di Alberto: questo porta a escludere la C, e individuare la risposta esatta nella A.

**34** Si tratta di valutare la proprietà d'uso dei pronomi in ciascuna frase. I *pronomi personali* distinguono tra la *forma soggetto* e la forma *complemento*: nella frase B vediamo che *te* viene erroneamente usato come soggetto di *vuoi venire* in luogo di "tu". Nella C, si esemplifica il più banale ma anche il più frequente degli errori, cioè l'uso del pronome di terza persona maschile *gli* in luogo di "le"; nella D, infine, si nota l'uso scorretto del possessivo di terza persona singolare *suo* in luogo del plurale "loro" (dato che si riferisce a "tutti"). La risposta corretta è dunque la A, dove il pronome *ne* = "di lui".

**35** Il *petalo* è un elemento costitutivo del *fiore*, come la *pagina* lo è del *libro* e il *marinaio* dell'*equipaggio*. È però solo l'alternativa C a presentare i termini della proporzione nell'ordine giusto, e questa è quindi la risposta esatta.

**36** Il rapporto proposto dalla proporzione è di appartenenza: viene indicato un elemento e l'insieme di cui è parte. Il *neurone* è un *tipo di cellula*, come il *DNA* un *tipo di molecola*. La difficoltà dell'esercizio è accresciuta dal fatto che figura un'incognita in entrambi i membri della proporzione e in due posizioni diverse. La risposta corretta è la A.

**37** La risposta esatta è la B. Infatti, *remissivo* ha un significato opposto a quello di *aggressivo*, così come *docile* rappresenta un contrario di *battagliero*. Entrambi i membri della proporzione sono dunque rappresentati da due aggettivi con significato opposto tra loro. L'alternativa D non è corretta perché produrrebbe una sequenza erronea tra sostantivo e aggettivo: nel membro di sinistra si avrebbe prima un sostantivo (*ostilità*) e poi un aggettivo (*aggressivo*) mentre il membro di destra sarebbe composto prima da un aggettivo (*docile*) e poi da un sostantivo (*mitezza*). Per quanto dunque la relazione avrebbe potuto rispondere a logica (*aggressivo* rappresenta un possibile aggettivo di *ostilità* così come *docile* rappresenta un possibile aggettivo di *mitezza*), l'alternativa è errata a causa dell'ordine con cui vengono presentati i termini.

**38** La proporzione è costruita interamente sul rapporto tra strumento di misura e grandezza misurata. Le incognite sono due, ma individuarle non è difficile grazie al fatto che esse occupano la medesima posizione in entrambi i membri della proporzione. La soluzione dell'esercizio risulta più agevole sapendo già in partenza la grandezza misurata da almeno uno dei due strumenti. Molti , avranno usato a scuola il *goniometro*: l'emicerchio graduato che serve a misurare l'ampiezza degli angoli (dal greco *gonìa*, angolo e *metron*, misura). Si possono così eliminare la B e la D (per completezza, l'*umidità* si misura con l'*igrometro*, dal greco *ugròs*, "umido"). Per scegliere tra A e C, qualora non si sappia a cosa serva un *odometro*, può essere utile ricordare che in fisica molti termini collegati al concetto di *forza* derivano dal greco *dúnamis*: si pensi a *dinamica*, *dinamo* e anche a *dinamometro*, lo strumento che misura appunto l'intensità di una forza. La risposta esatta dunque la A, perché l'odometro (dal greco *odòs*, "strada") è lo strumento per misurare la distanza, il cammino percorso.

**39** L'alternativa **B** può essere facilmente scartata in quanto, pur potendo essere il *capitano* di una nave l'equivalente del *pilota* di un aeroplano, in questo modo non appare nella proporzione il termine aeroplano. Le alternative **A**, e **C** sono errate in quanto i verbi *navigare* e *approdare* non stanno a una nave come il verbo *decollare* sta a un aeroplano. La risposta esatta è quindi la **D**. Infatti il verbo che indica la partenza di una nave è *salpare,* così come il verbo che indica la partenza di un aereo è *decollare.*

**40** La risposta esatta è la **D**. Gli aggettivi *recalcitrante, refrattario* e *indisciplinato* descrivono tutti e tre atteggiamenti rispettivamente di ostilità, rifiuto e opposizione alle regole. *Indiscreto*, invece, si dice di persona che, nei rapporti con gli altri, va oltre i limiti concessi dalla convenienza o dall'educazione.

**41** Anche se tutti i verbi proposti potrebbero essere utilizzati in modo sintatticamente corretto, non tutti risulterebbero sensati nel contesto («Caterina *ha posseduto* la laurea» non significa nulla, perché *possedere una laurea* è una azione di per sé continuativa e mai conclusa; si può solo dire che «Caterina *possiede* una laurea» o che la *possedeva*); altri darebbero alla frase un significato del tutto diverso da quello di partenza («Caterina *ha consegnato* la laurea»). L'unico verbo che consente alla frase di mantenere intatto il significato originario è *conseguire*. La risposta esatta è **C**.

**42** Le *relative* sono subordinate introdotte da *aggettivi*, *pronomi* e *avverbi* relativi; quando sono *implicite*, presentano il verbo al participio o all'infinito. Dunque, si può agevolmente scartare l'alternativa **D**, in quanto la subordinata è di tipo temporale (*Finché c'è vita*). Qualche incertezza può invece presentarsi per le altre alternative, in cui il monosillabo *che* può essere erroneamente scambiato per il pronome relativo. In realtà, in **B** si tratta di una congiunzione dichiarativa a introdurre una proposizione *oggettiva*; in **C** si tratta invece di un *avverbio esclamativo* (= *quanto gentile sei stata*). La relativa si trova dunque nell'alternativa **A**, introdotta dall'*avverbio di luogo dove* (= *in cui*).

**43** L'errore lessicale compare nell'alternativa **D**. La domanda si gioca infatti sul vocabolo *coacervo*, "mucchio, ammasso, accozzaglia" (dal verbo latino *coacervo*, "ammucchiare"). Esso è doppiamente sbagliato: infatti è usato come aggettivo quando invece è un sostantivo e non è appropriato per significato. Il vocabolo adatto, come si può ricostruire in base al contesto, è l'aggettivo *coercitivo*, "che obbliga, che costringe". Qualche dubbio poteva forse sorgere con l'alternativa **C**, riguardo al sostantivo *luminare* ("persona insigne in ambito intellettuale") riferito in tutta evidenza a una donna: si ricorda che *luminare* è un *nome di genere comune* per maschile e femminile, che si distingue nell'uso grazie alla concordanza di articoli, pronomi e aggettivi.

**44** Per risolvere questo esercizio occorre preventivamente anagrammare ogni vocabolo proposto. Così facendo, le parole che si ottengono sono, rispettivamente: *aprile*, *domenica*, *sabato* e *giovedì*. Si tratta quindi di giorni della settimana a eccezione di *aprile* che è pertanto la soluzione del quesito. La risposta corretta è dunque la **A**.

**45** Come nell'esercizio precedente, per prima cosa occorre anagrammare. Tutte le alternative si trasformano in nomi di città italiane (*Napoli*, *Roma*, *Firenze*), a eccezione della **D** il cui anagramma restituisce la parola *libro*. Questa è dunque la risposta corretta.

**46** Gli avverbi *opinativi* o *di giudizio* sono quelli per mezzo dei quali si esprime un'opinione (dal verbo *opinare*), affermandola (*sì*), negandola (*non*, *no*), dubitandone (*forse*). *Appunto* è la risposta esatta (**B**), mentre *abbastanza*, *ancora* e *giustamente* sono avverbi di quantità, tempo e modo.

 

**47** *Olofrastico* (dal greco *hólos*, che significa "tutto intero", più *phrastikós*, che significa "dichiarativo") si dice di un elemento della frase che da solo la sostituisce interamente. La risposta B è pertanto quella corretta. Per esempio, in italiano sono olofrastici gli avverbi *sì*, *no*, *certo*, *affatto* e *appunto* e le interiezioni *ecco* e *grazie*.

**48** La risposta esatta è la B. *Limaccioso* infatti è un aggettivo che significa *vistosamente torbido, fangoso* (derivato da *limo*); suoi contrari, in riferimento a un fiume, sono *trasparente* e *cristallino*.

**49** Si può verificare come l'alternativa B dia *miti* e *armi*. Questa è quindi la risposta esatta.

**50** La risposta corretta è la C: la libreria non è per il bibliotecario uno strumento di lavoro, o comunque non un attrezzo, così come invece sono il martello, lo scalpello e il bisturi rispettivamente per il falegname, lo scultore e il chirurgo.

**51** Per risolvere l'esercizio è necessario sostituire le diverse alternative e vedere quando si crea la stessa logica a sinistra e a destra dell'uguale. Sostituendo la C (soluzione del quesito) si ottiene:

avvocato : difendere = poeta : scrivere

cioè, l'avvocato ha come attività principale quella di difendere una persona accusata, come il poeta ha come attività principale quella di scrivere poesie.

Si faccia attenzione alla D, dove la relazione tra l'avvocato e ciò che ha dovuto conseguire per poter esercitare la professione (la laurea in giurisprudenza) è diversa da quella tra scrittore e attività da questo principalmente esercitata (l'alternativa D è quindi errata).

**52** *Fugace* significa effimero, caduco ed è quindi il contrario di *duraturo* (durevole, stabile). La relazione tra i termini noti della proposizione è dunque di *opposizione*. La risposta corretta è quindi la B: *sterile* (non *fertile*) è infatti il contrario di *produttivo* (*fecondo*). Le alternative A, C e D propongono tutte termini tra loro sinonimi.

**53** La soluzione esatta è nel gioco di contrari che la relazione degli avverbi è chiamata a esprimere. L'alternativa A può essere facilmente scartata, in quanto *banale* non ha alcuna relazione con *spesso,* così come *prezioso* non ha alcun nesso logico con *poco*. L'alternativa B è invece da scartare in quanto, seppure *talvolta* rappresenti un possibile contrario di *spesso*, il termine *frequente* non è un avverbio e non ha alcuna relazione con *poco*. Infine, l'alternativa C è errata in quanto, benché *abituale* e *occasionale* siano caratterizzati da un significato opposto, *spesso* e *poco* non presentano tale relazione; oltre a ciò, vi sarebbe anche un errato ordine di posizione dei termini. La risposta esatta è dunque la D: il contrario di *raramente* è infatti *spesso*, così come il contrario di *molto* è *poco*.

**54** La risposta esatta è la C. Il legame logico dei termini della relazione è quello di lavoratore e strumento utilizzato. Come la *pialla* è uno degli strumenti utilizzati dall'artigiano, così la *chiave inglese* è uno strumento utilizzato dal meccanico nel suo lavoro. Le relazioni A e D sono invece tra lavoratore e luogo lavorativo. Errata è anche l'alternativa B (la relazione proposta è tra due strumenti di lavoro).

**55** *Subordinato* significa dipendente ed è quindi il contrario di *indipendente* (libero, autonomo). La relazione tra i termini è dunque di *opposizione*. La risposta corretta è la B: *bagnato* è infatti il contrario di *asciutto*.

**56** Per risolvere il quesito è necessario (mancando un membro totalmente espresso) sostituire le diverse alternative e vedere quando si crea la stessa logica a sinistra e a destra dell'uguale. Si arriva così a individuare la soluzione nell'alternativa C; infatti al *pavido* fa difetto il *coraggio* come al *disattento* l'*attenzione*. Si presti attenzione all'alternativa B: il *pavido* è colui che ha *paura*, ma l'*impavido* non è colui che è *attento*.

**57** L'esercizio richiede di individuare qual è la caratteristica delle parole bisdrucciole e di quelle piane. Nelle prime l'accento tonico cade sulla quartultima sillaba, mentre nelle piane sulla penultima. Si può pertanto individuare facilmente nell'alternativa B la soluzione cercata.

**58** La relazione che lega le prime due parole è che l'*informatico* si serve del *computer* per lavorare. Allo stesso modo, l'*idraulico* utilizza la *chiave inglese*. La risposta esatta è dunque la D. La B è invece errata perché la *casa* è il risultato del lavoro del *muratore* e la C perché il *tribunale* è il luogo dove l'*avvocato* svolge il proprio lavoro.

**59** Osservando le alternative ci si accorge che l'alternativa D permette di costruire una proporzione logicamente coerente: come il *chirurgo* usa il *bisturi* nel proprio lavoro, così il *contadino* usa l'*aratro*.

**60** La soluzione è fornita dall'alternativa C: sostituendo i termini proposti si ricava che l'*anno* è formato da *mesi*, così come il *minuto* è composto da *secondi*.

**61** Nell'esercizio in esame, la soluzione è fornita dall'alternativa D, dove vengono associati i termini fiore e insetto (2 e 5). Sostituendo questi termini alle incognite, si ottiene la proporzione:

geranio : fiore = zanzara : insetto

che evidenzia una relazione *tra specie e classe*: il geranio è un fiore come la zanzara è un insetto.

**62** Tutti i termini proposti identificano una differente posata a eccezione di *pentola*. La risposta corretta è dunque la B.

**63** Tutte le alternative si trasformano in nomi di parti del corpo umano (*mano, piede, bocca, naso*) a eccezione della D, il cui anagramma è *pesce*. La risposta corretta è dunque la D.

**64** Tutte le alternative si trasformano in verbi (*bere, cucire, fare, leggere*) a eccezione della A, il cui anagramma è *giudice*. La risposta corretta è dunque la A.

**65** L'aggettivo *prosaico* è utilizzato per definire qualcosa o qualcuno che sia meschino, volgare, materiale. La soluzione al quesito è, quindi, fornita dall'alternativa B.

# 2 | Comprensione di testi

## 2.1 | Esercizi proposti

**Brano 1** **In base alle informazioni contenute nel brano seguente, rispondere alle successive domande.**

Da un promontorio della collina Milton guardava giù a Santo Stefano. Il grosso paese giaceva deserto e muto, sebbene già interamente sveglio, come dichiaravano i comignoli che fumavano bianco e denso. Deserto era pure il lungo rettilineo che collegava il paese alla stazione ferroviaria, e vuota, dalla parte opposta, la diritta strada per Canelli, tutta visibile fin oltre il ponte metallico, fino allo spigolo della collina che copriva Canelli.

Sbirciò l'orologio al polso. Segnava le cinque e minuti ma si era certamente rallentato nella notte. Erano perlomeno le sei.

La terra era fradicia e nera, non faceva gran freddo e il cielo, sebbene grigio, era leggero ed ampio come da lunghi giorni non appariva. I calzoni di Milton erano schizzati di fango fin sulla coscia e gli scarponi erano due gnocchi di mota.

Si calava su Santo Stefano aggirando i macchioni scheletriti e puntando là dove sapeva esistere una passerella su Belbo. Quando arrivava a piombo delle sporgenze poteva intravvedere certi tratti del torrente. L'acqua era scura e pastosa, ma ancora lontana dallo straripare e la passerella era certamente in piedi. Il solo pensiero di dover passare a guado lo scuoteva come una febbre. Stava male, in particolare gli dolevano i polmoni, pareva si sfregassero l'uno contro l'altro con punte fattesi da cartilagine in metallo, e gli davano senso e sofferenza. Ad ogni passo gli cresceva dentro una sensazione di totale debolezza e miserabilità. «Non posso farlo in queste condizioni, non posso nemmeno tentare. Dovrei quasi sperare che non mi si presenti l'occasione». Ma scendeva.

Eppure aveva dormito magnificamente nel fienile sotto lo spartiacque. Si era addormentato di colpo, aveva fatto appena in tempo a finir di seppellirsi sotto il fieno, con appena un piccolo tunnel scavato davanti alla bocca. La pioggia crosciava sul tetto buono del fienile, violentissima e dolce. Un sonno di piombo, senza sogni, senza incubi, senza la minima interferenza della difficile, terribile cosa da fare l'indomani. L'aveva poi svegliato un canto di gallo, l'uggiolío di un cane a valle e il silenzio della pioggia. Subito era sgusciato via da sotto il monticello di fieno. Sobbalzando sul sedere si era trasportato sul bordo del fienile ed era rimasto con le gambe penzoloni nel vuoto. Lì lo possedette la piena coscienza di sé, di Fulvia, di Giorgio e della guerra. Allora tremò, di un tremito unico ed interminabile che andò a trovargli fin i talloni, e pregò che la notte resistesse al giorno un po' meglio di quel che facesse.

Beppe Fenoglio, *Una questione privata*,1963.

**1** **Con l'espressione «i comignoli che fumavano bianco e denso» l'autore ha utilizzato:**

- A una metafora
- B una similitudine
- C una personificazione
- D nessuna delle precedenti

**2** **Secondo quanto espresso in nel terzo paragrafo di questo brano, si può desumere che:**

- **A** dopo giorni soleggiati il tempo era peggiorato
- **B** finalmente si era un poco diradata la nebbia dei giorni precedenti
- **C** la pioggia dei giorni precedenti aveva lasciato spazio al gelo
- **D** nei giorni precedenti aveva piovuto molto

**3** **Quando l'autore del brano, descrivendo il dolore ai polmoni, fa riferimento a «punte fattesi da cartilagine in metallo», intende:**

- **A** punte costituite da cartilagine metallica
- **B** punte costituite da cartilagine e metallo
- **C** punte composte da una materia che da cartilagine si era mutata in metallo
- **D** punte generatesi da una cartilagine metallica

**4** **Considerando quanto affermato nel brano proposto, quale fra le seguenti affermazioni è corretta?**

- **A** è certo che Milton arriverà a Santo Stefano
- **B** Milton arriverà a Santo Stefano ma dovrà guadare il torrente
- **C** se Milton arriverà a Santo Stefano sarà passato grazie alla passerella
- **D** Milton probabilmente potrà attraversare il torrente sulla passerella

**5** **Leggendo con attenzione l'ultimo paragrafo del brano, quale potrebbe essere tra le alternative proposte la corretta riformulazione di «pregò che la notte resistesse al giorno un po' meglio di quel che facesse»?**

- **A** si augurò che la notte resistesse al giorno meglio di quanto lui resistesse alla fatica
- **B** si augurò che la notte resistesse al giorno meglio di lui
- **C** desiderò che la notte potesse finire prima
- **D** sperò che la notte durasse più a lungo

**Brano 2** **In base alle informazioni contenute nel brano seguente, rispondere alle successive domande.**

Il disegno è una forma della funzione semiotica che s'inserisce a metà strada tra il gioco simbolico – di cui presenta il medesimo piacere funzionale e il medesimo autotelismo – e l'immagine mentale, con la quale divide lo sforzo d'imitazione del reale. Luquet fa del disegno un gioco, ma resta il fatto che, anche sotto le sue forme iniziali, esso non assimila qualsiasi cosa a qualsiasi cosa e rimane, come l'immagine mentale, più vicino all'accomodamento imitatore. In effetti, costituisce sia una preparazione sia una risultante di questa, e tra l'immagine grafica e l'immagine interiore esistono innumerevoli interazioni poiché entrambe derivano direttamente dall'imitazione.

Nei suoi celebri studi sul disegno infantile, Luquet ha proposto stadi e interpretazioni a tutt'oggi ancora valide. Prima di lui, gli autori sostenevano due opinioni contrarie: gli uni ammettevano che i primi disegni infantili sono essenzialmente realisti, poiché si attengono fino a tardi a modelli effettivi senza disegni d'immaginazione, gli altri insistevano al contrario sull'idealizzazione di cui testimoniano i disegni primitivi. Luquet sembra aver troncato definitivamente il dibattito mostrando che il disegno del bambino fin verso gli 8-9 anni è essenzialmente realista nell'intenzione ma che il soggetto comincia con il disegnare ciò che sa di un personaggio o di un oggetto molto prima di esprimere graficamente ciò che vede del medesimo: osservazione fondamentale, di cui rinverremo tutta la portata a proposito dell'immagine mentale che, essa pure, è concettualizzazione prima di giungere a buone copie percettive.

Jean Piaget, *La psicologia del bambino*

 

**6 Secondo l'autore del brano, il disegno:**

- A è un gioco simbolico
- B prevede uno sforzo di imitazione del reale
- C è un'immagine mentale
- D condivide con l'immagine mentale l'autotelismo e il piacere funzionale

**7 Secondo quanto riportato nel brano, gli autori precedenti a Luquet:**

- A riguardo al disegno infantile sostenevano due opinioni diverse tra loro
- B erano d'accordo sul fatto che i primi disegni infantili sono realisti
- C hanno dovuto aggiornare le proprie analisi sulla base dei suoi celebri studi sul disegno infantile
- D hanno animato un dibattito che non ha alcuna possibilità di essere ripreso

**8 L'autore del brano:**

- A non è d'accordo con Luquet sul fatto di pensare che il disegno abbia a che fare con il gioco
- B ha una spiccata ammirazione per l'opera intellettuale di Luquet, che considera ineguagliabile
- C trova caratteristiche comuni tra il disegno e l'immagine mentale
- D tronca il dibattito che vedeva coinvolti gli autori precedenti a Luquet

**9 Secondo quanto riportato nel brano, Luquet ha dimostrato che il bambino:**

- A tende a fare copie realistiche dal vivo di oggetti e personaggi
- B impara a disegnare quello che sa di un personaggio o di un oggetto prima di imparare a disegnare come lo vede
- C si attiene fino a tardi a modelli effettivi, senza disegni di immaginazione
- D disegna le proprie immagini mentali, che sono concettualizzazioni, prima che copie percettive

**10 Nell'ultimo paragrafo del brano, il termine "soggetto" si riferisce:**

- A a un bambino che ha già conosciuto il personaggio o l'oggetto che deve disegnare
- B al bambino che non è in grado di esprimere graficamente ciò che vede in un personaggio o in un oggetto
- C al bambino che disegna
- D a ciò che il bambino ha intenzione di disegnare, personaggio od oggetto

**Brano 3** **In base alle informazioni contenute nel brano seguente, rispondere alle successive domande.**

La piena comprensione di Piero della Francesca non poteva che essere in età moderna, e non tanto nelle interpretazioni della critica quanto nelle intuizioni dei pittori. Lo vediamo, ad esempio, in un'opera di Georges Seurat, la *Grande-Jatte*. Seurat è il primo che intuisce l'ordine matematico della composizione geometrica delle opere di Piero, ne intende la ricerca prospettica e l'incidenza della luce. In Seurat, per un atto critico, Piero sembra rivivere. Parimenti, Piero è essenziale per la visione di Cézanne, che si applica a trovare nella realtà le forme geometriche elementari del cono, della sfera, del cilindro, del cubo. Inevitabile, in seguito a questa esperienza, ritrovarne le proporzioni nei cubisti e, poco dopo, nella visione metafisica di Giorgio de Chirico e, ancora, nel nuovo ordine di *Valori* Plastici. La lezione di Piero è determinante anche nella formazione di Balthus; e non mancherà di incidere, in diverso modo, sulla pittura di Giovanni Colacicchi e di Giorgio Morandi. Con una così eloquente efficacia sull'arte tra Otto e Novecento, Piero della Francesca, intrinsecamente metafisico, non poteva non essere il pittore più moderno dell'intera storia dell'arte, determinando l'attenzione critica dei più straordinari studiosi del Novecento: di Bernard Berenson, che ne avrebbe ammirato la pittura non eloquente, e di Roberto Longhi, che ne individuò la sintesi prospettica di forma e colore. Con queste considerazioni, sembrerà evidente come osservare un affresco di Piero sia un'esperienza filosofica del tutto estranea a qualunque residuo narrativo o illustrativo. È un'esperienza così radicale, che Francesco Arcangeli poteva illustrarcene l'opera ponendo a confronto gli affreschi con le *Storie della Vera Croce* ad Arezzo – in particolare l'*Incontro tra Salomone e la regina di Saba* – con alcuni dei dipinti astratti di Piet Mondrian. Un confronto illuminante se si osserva lo spirito con cui Piero espone i personaggi nell'aulico spazio delle architetture, rendendo corpi geometrici le ancelle al seguito della Regina di Saba e i dignitari che accompagnano Salomone. Una formidabile potenza d'astrazione governa tutti gli episodi delle Storie – dal *Sogno di Costantino* al *Miracolo della Vera Croce* – in uno straordinario equilibrio. Lo stesso che troviamo in uno dei capolavori della maturità: la *Flagellazione di Cristo*, con il gruppo in primo piano e il soggetto religioso in secondo piano entro uno spazio prospettico di matematica precisione. Piero è mentale, astratto. Lo conferma nella *Pala di San Bernardino* a Urbino, ora a Brera: pura architettura dipinta, con evidenti richiami al mondo classico studiato a Roma. Piero è atarattico, lontano da ogni mozione degli affetti, da ogni declinazione sentimentale. Il suo Dio è immanente, calato nell'ordine delle cose.

Vittorio Sgarbi, *Gli anni delle meraviglie*, vol. II

---

**11 Secondo l'autore del brano, la comprensione dell'opera di Piero della Francesca:**

- **A** avviene nel Medioevo ma è perfezionata nel Novecento
- **B** è contemporanea al pittore, che quindi vede riconosciuti i suoi meriti artistici
- **C** non è ancora avvenuta pienamente
- **D** non poteva che avvenire in tempi moderni, attraverso l'opera di autori che intuiscono l'ordine matematico che sottende alle sue creazioni

---

**12 Osservare un'opera di Piero della Francesca, secondo l'autore del brano, può rivelarsi un'esperienza di tipo:**

- **A** narrativo e illustrativo
- **B** scientifico
- **C** illustrativo e didattico
- **D** filosofico

---

**13 Quale delle seguenti affermazioni è contenuta nel brano?**

- **A** Con una così eloquente efficacia sull'arte tra Otto e Novecento, Piero della Francesca non poteva non essere il pittore più controverso dell'intera storia dell'arte, insospettendo così i più straordinari studiosi del Novecento
- **B** La lezione di Piero della Francesca è determinante anche nella formazione di Seurat e non mancherà di incidere sulla pittura di Courbet
- **C** La lezione di Piero della Francesca è stato fondamentale soprattutto per i pittori francesi a cavallo tra Otto e Novecento
- **D** L'efficacia sull'arte tra Otto e Novecento dell'opera di Piero della Francesca, intrinsecamente metafisico, ha risvegliato l'attenzione critica dei più straordinari studiosi del Novecento

---

**14 Il termine *atarattico*, riferito a Piero della Francesca:**

- **A** descrive uno stato d'animo imperturbabile perché estraneo alla dimensione emotiva degli affetti
- **B** si riferisce all'approccio mentale del pittore verso la sua opera
- **C** è un termine tecnico che si riferisce all'abilità manuale del pittore
- **D** significa eloquente

---

**15 Il carattere del brano è:**

- **A** critico
- **B** scientifico
- **C** descrittivo
- **D** narrativo

**Brano 4** **In base alle informazioni contenute nel brano seguente, rispondere alle successive domande.**

In Gran Bretagna, tra il 1907 e il 1921, si sviluppano numerose esperienze di educazione libertaria. In questi anni, in modo particolare, abbiamo una concentrazione di tante scuole e attività pedagogiche che si richiamano ai principi libertari. Da questo punto di vista la Gran Bretagna non fa eccezione rispetto ad altri paesi europei anche perché pure qui le condizioni storiche, culturali e sociali, risentono di un comune sentire europeo.

L'inizio del Novecento raccoglie l'eredità dei secoli passati e per la prima volta l'infanzia viene indicata e riconosciuta come un'entità a sé stante, degna di essere così studiata, rispettata e seguita con attenzione. Proprio nel 1900 una femminista svedese, Ellen Key, pubblica un libro che fin dal titolo proclama l'avvento del "secolo del bambino". In questo testo la Key riconosce fondamentale l'educazione del bambino come individuo socialmente inserito e quindi determinante per il futuro dell'intera società. Per educarlo è indispensabile, secondo l'autrice, che l'educatore, o l'adulto, si trasformi in bambino, in modo da poter cogliere e conservare la semplicità del carattere infantile, permettendo così anche la trasformazione del vecchio ordine sociale. Questo libro attrae i riformatori e i propugnatori di un rinnovamento radicale dell'educazione in tutta Europa e, in Gran Bretagna, si inserisce perfettamente in una tendenza filosofica che, muovendo da John Locke, attraversa tutto il periodo della rivoluzione del 1688-89, soprattutto nei suoi elementi più radicali. In particolare nella filosofia dell'empirismo di Locke, e nella sua contrapposizione con lo storicismo di Vico, noi possiamo trovare l'incipit di una tradizione di forte sperimentalismo e di autonomia, di libertà, di confronto e di tolleranza, che caratterizza anche la formazione di esperienze educative libertarie, spontaneamente createsi, grazie ad una visione culturale pragmatica e nonostante una ridotta presenza e influenza dell'anarchismo.

Francesco Codello, *La buona educazione*

**16** **Lo sviluppo dell'educazione libertaria in Gran Bretagna:**

- A è un'eccezione rispetto al resto dell'Europa
- B prende avvio a seguito della pubblicazione del testo di EllenKey
- C si afferma contemporaneamente alla sua diffusione in Europa
- D ha luogo nonostante le condizioni sociali del Paese

**17** **Secondo Ellen Key, l'agire di un adulto che si "trasformi" in bambino nell'ambito dell'educazione:**

- A confermerebbe l'avvento del "secolo del bambino"
- B faciliterebbe il cambiamento dell'ordine sociale
- C è indice di confronto e tolleranza
- D porrebbe le basi di un sentire comune europeo

**18** **Quale tra le seguenti affermazioni NON è deducibile dal brano?**

- A Key riconosce l'importanza dei bambini vedendo in loro la società del futuro
- B Locke visse in epoca precedente rispetto a Ellen Key
- C L'empirismo è più vicino all'educazione libertaria dello storicismo
- D L'educazione libertaria nasce in Gran Bretagna

**19** **Quale delle seguenti affermazioni NON è deducibile dal brano?**

- A In Gran Bretagna sono sorte diverse scuole pedagogiche nel corso del primo lustro del Novecento
- B L'inizio del secolo scorso si fa carico delle problematiche affrontate nei secoli precedenti
- C Il "secolo del bambino" vuole riscattare l'importanza sociale dell'infanzia, facendola divenire oggetto di studio
- D Il libro della Key è ben accolto nel clima culturale d'Oltremanica

**20 Dal brano si deduce che l'educazione libertaria:**

A si rifà all'empirismo di Locke

B si rifà allo storicismo di Vico

C è anarchica

D rompe con la tradizione filosofica inglese

**Brano 5** **In base alle informazioni contenute nel brano seguente, rispondere alle successive domande.**

Il processo educativo è un continuo processo di sviluppo che ha come scopo a ogni stadio una nuova capacità di crescita. Questa concezione contrasta fortemente con altre idee che hanno influenzato la pratica. Il significato di questa concezione verrà messo meglio in luce con il chiarirne tale contrasto. Il primo contrasto si ha con l'idea che l'educazione è un processo di preparazione, un "prepararsi". Ciò a cui ci si prepara sono naturalmente la responsabilità e i privilegi della vita adulta. I bambini non sono considerati membri della società regolari e di pieno diritto, ma candidati; sono in lista d'attesa. Si va ancora un po' più in là quando si considera la vita degli adulti come priva di significato per sé stessa, ma come uno stadio preparatorio di tirocinio – per un'"altra vita". Questa idea non è che un'altra forma di quella del carattere privativo e negativo della crescita che già abbiamo criticato; perciò non staremo a ripetere le critiche, ma passeremo alle cattive conseguenze che derivano dal porre l'educazione su questa base.

In primo luogo questo implica una perdita di slancio. Il potere impulsivo non è utilizzato. I bambini vivono, per definizione, nel presente; questo non solo è un fatto al quale non si sfugge, ma è un bene. Il futuro come tale manca di corpo e di urgenza.

Prepararsi a qualcosa senza sapere a che cosa, né perché, significa gettare la leva che già esiste, per cercare un potere impulsivo in una vaga possibilità, e da ciò discende, in secondo luogo, un premio assegnato alla tergiversazione e alla procrastinazione. L'avvenire al quale ci si prepara è lontano; passerà tanto tempo prima che diventi presente. Perché aver fretta di prepararsi? La tentazione di rimandare è tanto più grande per il fatto che il presente offre tante occasioni meravigliose, e porge tanti inviti all'avventura. Naturalmente l'attenzione e l'energia vanno a questi; ne consegue anche qui un'educazione, ma un'educazione minore di quella che si sarebbe ottenuta se tutto lo sforzo fosse stato dedicato a creare condizioni della maggior carica educativa possibile. Un terzo risultato indesiderabile è la sostituzione di una norma convenzionale media di aspettazione e di bisogni, a una norma che tenga conto dei poteri specifici dell'individuo sotto istruzione. Si sostituisce a un giudizio, severo e rigoroso, basato sui lati forti e deboli dell'individuo, un'opinione vaga ed oscillante che ha di mira ciò che il giovane dovrebbe, in media, diventare in un avvenire più o meno remoto; per esempio alla fine dell'anno, quando avvengono le promozioni, o al momento di entrare all'università oppure di cominciare ciò che, a paragone del periodo di tirocinio, si considera il serio problema della vita. È impossibile sopravvalutare la perdita che risulta dallo sviare l'attenzione dal punto strategico a un punto relativamente improduttivo: proprio il presunto successo – riuscire a ottenere una preparazione per l'avvenire – è un insuccesso. In fine il principio della preparazione rende necessario ricorrere su larga scala all'uso dei surrogati dei motivi di piacere e di dolore. Poiché l'avvenire non ha un potere stimolante e direttivo, quando è separato dalle possibilità del presente, bisogna agganciarvi qualcosa per farlo funzionare. S'impiegano allora promesse di ricompense e minacce di pena. Il lavoro sano, eseguito per ragioni concrete è come fatto vitale e in gran parte inconscio. Lo stimolo risiede nella situazione alla quale si è concretamente posti di fronte. Ma se s'ignora questa situazione, agli alunni bisogna dire che, se non seguono il corso stabilito, ne deriverà una punizione; mentre se lo seguono possono aspettarsi in avvenire delle ricompense per i loro sacrifici presenti. Tutti sanno quanto si è dovuto ricorrere ai sistemi di punizioni da parte di concezioni educative che trascurano le possibilità presenti in favore di una preparazione per l'avvenire. Poi nel disgusto per la durezza e l'impotenza di questo metodo, il pendolo oscilla fino all'altro estremo [1], e la dose di informazioni necessarie per il futuro è ricoperta di zucchero in modo da indurre gli alunni a prendere qualcosa che non vorrebbero. Naturalmente non vi è dubbio che l'educazione deve preparare per l'avvenire. Se l'educazione è crescita, deve realizzare progressivamente le possibilità presenti, e così rendere gli individui più adatti ad affrontare i bisogni ulteriori. Il crescere non è cosa che si compia a tempo perso: è un ininterrotto cammino verso l'avvenire. Un ambiente, a scuola e fuori, che fornisca condizioni che utilizzino adeguatamente le capacità presenti dell'immaturo, certamente provvede all'avvenire che procede dal presente. L'errore non sta nel dare importanza alla preparazione per i bisogni futuri, ma nel fare di questi la molla principale degli sforzi presenti. Poiché il bisogno di prepararsi per una vita in continuo sviluppo è grande, è necessario che ogni energia sia dedicata a rendere l'esperienza presente più ricca e significativa possibile. Allora, mentre il presente si fonde insensibilmente nel futuro, viene provveduto al futuro.

John Dewey, *Democrazia e educazione*

---

**21 Secondo quanto riportato nel brano, la tentazione di rimandare la preparazione:**

- **A** è legata al fatto che l'avvenire al quale ci si prepara è lontano
- **B** tutte le altre risposte sono corrette
- **C** deriva dall'idea di prepararsi a qualcosa senza sapere a che cosa, né perché
- **D** è il frutto di una particolare educazione autoritaria

---

**22 Secondo quanto riportato nel brano, a che scopo sono usate promesse di ricompense e minacce di pena nell'educazione?**

- **A** Nessuna delle altre risposte è corretta
- **B** Per far fare agli alunni qualcosa che non vorrebbero
- **C** Per far cogliere al meglio agli alunni le possibilità presenti, a discapito della preparazione per l'avvenire
- **D** Per spronare gli alunni a un lavoro sano, eseguito per ragioni concrete e come fatto vitale

---

**23 Nel brano, l'espressione «il pendolo oscilla fino all'altro estremo [1]»:**

- **A** riguarda l'alternarsi delle ricompense alle punizioni in un certo processo educativo
- **B** sottolinea il disgusto per la durezza e l'impotenza del metodo dei sacrifici
- **C** introduce la descrizione di un metodo opposto a quello descritto nelle righe precedenti
- **D** nessuna delle altre risposte è corretta

---

**24 L'autore del brano sostiene che:**

- **A** l'educazione non si cura di realizzare per gradi le possibilità presenti
- **B** l'educazione non deve necessariamente preoccuparsi del futuro degli individui
- **C** l'educazione a volte può preparare per il futuro
- **D** l'educazione deve preparare per il futuro

---

**25 L'autore del brano sostiene che:**

- **A** è un errore dare importanza alla preparazione per i bisogni futuri
- **B** il presente si fonde e si trasforma visibilmente nel futuro
- **C** i bisogni futuri sono la molla indispensabile degli sforzi presenti
- **D** il bisogno di prepararsi per una vita in sviluppo è grande

---

**Brano 6 In base alle informazioni contenute nel brano seguente, rispondere alle successive domande.**

I bambini che frequentano le elementari non si chiedono «perché?». La loro morale si basa soprattutto sull'obbedienza alla volontà dei genitori. I ragazzini che frequentano le medie sono interessati più ai rapporti con i coetanei che con gli insegnanti. La loro identità si costituisce prevalentemente sull'appartenenza al gruppo di cui condividono le regole e i modelli di comportamento. L'*io sociale*, a quel livello d'età, prevale sull'*io individuale*. Essere approvati dal gruppo, sentirsi in sintonia con i suoi ideali, condividere le sue regole, costituisce una risorsa fondamentale per l'accettazione e la valorizzazione di sé. Nella scuola media inferiore, poi, il gruppo-classe svolge una funzione importante nel fluidificare i rapporti tra insegnanti e alunni, temperando la contrapposizione frontale tra le parti.

Nelle scuole superiori invece i ragazzi, ormai entrati nella piena adolescenza, si confrontano con motivazioni autonome rispetto all'attesa degli adulti. La domanda «perché mai dovrei stare seduto per mezza giornata nel banco?» diventa molto più perentoria. Spesso non scorgono alcun nesso tra il sapere e il saper fare e tutto risulta inutile e tedioso. Tanto più che le aspettative della scuola tendono a rimanere le stesse, come se il procedere dell'età non richiedesse un diverso "contratto scolastico". È vero che la scuola non può limitarsi all'insegnamento, alla trasmissione di procedure e contenuti di sapere, ma deve anche saper educare. Tuttavia l'educazione è molto difficile in una società che non ha più valori incontestabili da proporre, granitiche certezze da trasmettere, concezioni della vita condivise da tutti. La riforma prevede di organizzare l'educazione intorno alla formazione del cittadino, dei diritti e doveri che ne conseguono, ma si tratta sinora più di un progetto che di una realtà.

---

**26 Secondo quanto riportato nel brano, la scuola tende:**

A a recuperare le concezioni della vita condivise da tutti
B a ricercare la contrapposizione frontale fra le parti
C ad applicare la sperimentazione di nuovi modelli educativi
D ad avere le medesime aspettative per le diverse età degli alunni

---

**27 A proposito della riforma che orienta l'educazione sulla formazione del cittadino e sui diritti e doveri che ne derivano, l'autore del brano pensa che:**

A sia un'utopia
B una volta implementata, consentirà efficacemente alla scuola di non limitarsi all'insegnamento e alla trasmissione di procedure e contenuti di sapere
C ha buone opportunità per divenire realtà
D al momento sia solo un proponimento

---

**28 In base a quanto affermato nel brano, qual è l'origine della demotivazione allo studio che caratterizza i ragazzi delle scuole superiori?**

A Il maggior interesse che ripongono nel gruppo al quale appartengono
B La pretesa della scuola di educare e non solo di trasmettere sapere
C L' incapacità di cogliere il nesso tra sapere e vita pratica
D La mancanza di nesso tra apprendimento scolastico e contratto scolastico

---

**29 Nel brano si afferma che lo studente della scuola media inferiore:**

A costruisce il proprio *Sé* in relazione al gruppo dei coetanei dei quali ricerca l'approvazione
B è impegnato a valorizzare il proprio *Sé* nel conflitto con gli adulti
C definisce il proprio *Sé* in modo autonomo e indipendente dal giudizio altrui
D ricerca la propria identità conformandosi alle aspettative dei genitori e degli insegnanti

---

**Brano 7 Leggere il brano seguente e rispondere alle relative domande.**

La storia dell'umanità, così come ci è tramandata, è un enorme vuoto di dati. A cominciare dalla teoria dell'Uomo cacciatore, gli studiosi del passato hanno lasciato poco spazio al ruolo delle donne nell'evoluzione culturale o biologica. Al contrario: si è deciso che le vite degli uomini dovessero rappresentare il percorso di tutto il genere umano. E così non sappiamo nulla di come vivesse l'altra metà: sulle donne, spesso, non vi è altro che silenzio.

Ed è un silenzio onnipresente, che pervade tutta la nostra cultura. Cinema, giornalismo, letteratura, scienza, urbanistica, economia: le storie che ci raccontiamo riguardo al nostro passato, al presente e al futuro sono tutte contrassegnate – deturpate – da una «presenza-assenza» che ha la sagoma di un corpo femminile. È il *gender data gap*: la mancanza di dati di genere.

Ma il problema non finisce qui. Quei silenzi, quei vuoti, hanno effetti che si ripercuotono sulla vita quotidiana delle donne in modi che a volte potrebbero sembrare marginali: ci sono donne che tremano dentro uffici la cui temperatura è regolata in base alle esigenze maschili, altre che devono fare acrobazie per raggiungere un ripiano comodissimo per un uomo di statura media, ma troppo alto per loro. Sono cose antipatiche, di sicuro anche ingiuste, ma almeno non si rischia la pelle. Non è come avere un incidente su un'auto con dispositivi di sicurezza che non tengono conto delle misure femminili. Non è come avere un attacco di cuore che non viene diagnosticato perché i sintomi sono considerati «atipici». In situazioni come queste, vivere in un mondo costruito a misura di maschio può costare la vita. [...]

Nel mondo contemporaneo, dunque, la necessità di colmare il vuoto dei dati di genere diventa ancor più urgente. Al giorno d'oggi l'intelligenza artificiale aiuta i medici a formulare le diagnosi, esamina i curriculum e talvolta intervista i candidati per un posto di lavoro: il problema è che i dati di cui dispone sono molto lacunosi. E poiché gli algoritmi sono spesso protetti in quanto software proprietario, nessuno può sapere se l'incompletezza dei dati è stata in qualche modo tenuta in considerazione. A giudicare dalle prove che abbiamo sotto gli occhi, non sembra affatto così.

Numeri, tecnologie, algoritmi sono elementi cruciali delle realtà che racconteremo in questo libro, ma sono solo metà della storia. La parola «dati» non è che un sinonimo di «informazioni», e le informazioni, si sa, provengono da molte fonti. Le statistiche, certo, ma anche l'esperienza umana. Per questo io sostengo che se vogliamo progettare un mondo che funzioni per tutti c'è bisogno anche delle donne. Se le decisioni che condizionano la nostra vita vengono prese soltanto da maschi con la pelle bianca, di sana e robusta costituzione, nove volte su dieci di nazionalità americana, anche questo è un vuoto di dati; proprio come lo è, nel campo della ricerca medica, l'assenza di informazioni sul corpo delle donne. Senza contare che l'esclusione a priori della prospettiva femminile alimenta una sorta di involontaria propensione al maschile che vorrebbe, spesso in buona fede, spacciarsi per assenza di connotazioni di genere. È questo che intendeva Simone de Beauvoir quando diceva che gli uomini tendono a confondere il loro punto di vista con la verità assoluta. [...]

Se già scarseggiano i dati per la popolazione femminile in generale (perché non li raccogliamo, oppure non li separiamo da quelli dei maschi), quando si tratta di donne di colore, o disabili, o di estrazione proletaria, l'assenza di dati diventa totale. Non è che non vengano raccolti: il problema è che non vengono distinti (o «disaggregati») dalle informazioni relative agli uomini. Per esempio, le statistiche sulla rappresentanza proporzionale in vari ambiti, dalle cattedre universitarie ai ruoli cinematografici, sono suddivise in base al sesso o alla provenienza etnica, ma le donne che appartengono alle etnie minoritarie finiscono sempre per confondersi nei gruppi più ampi. [...]

La mia tesi è che il vuoto dei dati di genere sia al tempo stesso causa ed effetto di quella sorta di non-pensiero che concepisce l'umanità come quasi soltanto maschile. Vi mostrerò quanto sia frequente e diffuso questo inganno, e in che modo esso distorca i dati apparentemente oggettivi che condizionano una parte sempre più ampia delle nostre vite. Vi mostrerò che persino nel nostro mondo iperrazionale guidato da inflessibili supercomputer le donne sono ancora in buona parte il «secondo sesso» di cui parlava Simone de Beauvoir, un secondo sesso che rischia di essere trattato – quando va bene – come una sottocategoria dell'umano.

Caroline Criado Perez, *Invisibili*, Einaudi, 2020.

---

**30 Nel passaggio «le storie che ci raccontiamo riguardo al nostro passato, al presente e al futuro sono tutte contrassegnate – deturpate – da una «presenza-assenza» che ha la sagoma di un corpo femminile», il termine *sagoma* è sinonimo di:**

**A** presenza

**B** modello

**C** volume

**D** forma

**31 Con la frase «Non è come avere un attacco di cuore che non viene diagnosticato perché i sintomi sono considerati 'atipici'», l'autrice allude a una situazione in cui:**

A l'attacco di cuore non viene diagnosticato perché i parametri di riferimento per la diagnosi sono quelli di un cuore maschile

B la funzionalità alterata del cuore prima di un attacco non consente una diagnosi affidabile

C i sintomi di un paziente non consentono di diagnosticare un attacco di cuore a causa di altre patologie

D il medico che formula la diagnosi dedica poca attenzione a una paziente in quanto donna

**32 Nella prima metà del brano, l'autrice svolge un discorso:**

A di tipo argomentativo, ovvero presenta una serie concatenata di argomenti al fine di sostenere una tesi

B di tipo narrativo, ovvero racconta una storia o un frammento di essa

C di tipo regolativo, ovvero orienta o determina il comportamento del lettore

D di tipo espositivo, ovvero illustra fatti e concetti con lo scopo di arricchire le conoscenze del lettore

**33 Qual è la migliore sintesi di quanto esposto nel penultimo paragrafo?**

A Nei confronti delle donne appartenenti a minoranze etniche la discriminazione è maggiore

B I dati relativi alle donne appartenenti a minoranze etniche e alle classi popolari sono i più scarsi perché le elaborazioni statistiche non sono sufficientemente approfondite

C I dati relativi alle donne appartenenti a minoranze etniche sono i più scarsi perché esse non partecipano alle rilevazioni statistiche

D Le statistiche relative alle donne più emarginate risentono delle difficoltà nella raccolta dei relativi dati

**34 Leggendo il brano, ci si può aspettare che il libro che l'autrice sta presentando:**

A prenderà in considerazione esclusivamente i dati su cui si basano le tecnologie, per dimostrare quanto il *gender data gap* incida negativamente sulla vita delle donne nella società contemporanea

B sarà un tentativo di colmare, almeno parzialmente, il *gender data gap*, grazie alla pubblicazione di una gran mole di dati inediti relativi alle donne, comprese quelle delle minoranze etniche

C sarà interamente dedicato a illustrare il concetto di *gender data gap*

D svilupperà una lettura del *gender data gap*, mostrandone le ricadute sulla vita delle donne e cercando di metterne in luce anche gli aspetti più nascosti

**35 In relazione al passaggio «nel nostro mondo iperrazionale guidato da inflessibili supercomputer», il termine in*flessibile* è sinonimo di:**

A iper efficiente

B intransigente

C infaticabile

D super tecnologico

## 2.2 | Soluzioni e commenti



1 Questo quesito nasconde un'insidia. Le alternative, infatti, elencano figure retoriche di significato che possono essere scartate facilmente, tranne una, la personificazione, cioè l'attribuzione di tratti, comportamenti, pensieri e azioni umani a oggetti inanimati. Nel nostro caso i *comignoli che fumavano* potrebbero trarre in inganno, ma "fumare", nel suo significato di "emettere, produrre fumo", non richiede un soggetto umano (come sarebbe stato invece se i camini avessero per esempio "soffiato"). La soluzione è pertanto la D.

2 Si può rispondere a questo quesito scartando le alternative errate a partire da quanto ritroviamo nel paragrafo: se *il cielo, sebbene grigio, era leggero ed ampio come da lunghi giorni non appariva*, significa che il tempo non era peggiorato (A errata); se *la terra era fradicia* e *i calzoni di Milton erano schizzati di fango fin sulla coscia e gli scarponi erano due gnocchi di mota*, molto probabilmente nei giorni precedenti aveva piovuto molto, ma quel giorno *non faceva gran freddo*. Anche la C è pertanto errata. Tanta umidità potrebbe anche essere stata causata da una nebbia particolarmente densa e prolungata ma, se il cielo era *leggero ed ampio*, la nebbia non poteva essersi diradata soltanto "un poco", come proposto dalla B: possiamo dunque optare per la piovosità dei giorni precedenti e scegliere la risposta D (soluzione), trovandone poi conferma anche in un passaggio successivo in sui si dice che la notte precedente *la pioggia crosciava sul tetto buono del fienile*.

3 Il quesito non è semplice e perciò conviene procedere per gradi. Escludiamo subito la risposta B considerando che "cartilagine in metallo" non equivale a "cartilagine e metallo". Osserviamo poi che se "cartilagine in metallo" stesse per "cartilagine metallica", il verbo dovrebbe essere "fatte (di/da)" e non "fattesi (da)": escludiamo così la A e la D. Ci dobbiamo a questo punto chiedere se possa trattarsi di una mutazione della materia (da cartilagine a metallo), "Farsi" può però significare anche "divenire", "diventare" (si è fatto tardi), ed quindi C la soluzione al quesito.

4 Occorre prima di tutto individuare dove rintracciare nel brano le informazioni utili a rispondere. Si tratta, in particolare, dell'attraversamento del torrente, ed è sul quarto paragrafo che dobbiamo concentrare l'attenzione: *L'acqua era scura e pastosa, ma ancora lontana dallo straripare e la passerella era certamente in piedi. Il solo pensiero di dover passare a guado lo scuoteva come una febbre.* Sappiamo inoltre che aveva smesso di piovere, mentre non sono dati altri elementi, né qui né altrove nel testo, per avere certezze, né sulla passerella né sull'arrivo di Milton a Santo Stefano. A e B esprimono invece certezze e possono quindi essere escluse. Per la C vale analogo ragionamento: infatti è vero che non sappiamo se Milton arriverà a Santo Stefano, ma non possiamo essere certi nemmeno che se ciò accadrà sarà grazie alla passerella. La soluzione è dunque la più cauta risposta D (nel seguito del romanzo Milton arriverà a Santo Stefano attraversando il torrente sulla passerella).

5 Il testo è evocativo ma non oscuro: non dovrebbe essere difficile stabilire che la migliore riformulazione è la D. Scartate la A e la B, che propongono un confronto tra la capacità di resistere della notte e quella di Milton che non si ritrova nel testo, si tratta di interpretare il desiderio del protagonista, la sua speranza relativamente alla durata del giorno e/o della notte. Ricostruendo la narrazione sviluppata nel brano alla luce del quesito, notiamo che Milton si sveglia e sa che quel giorno dovrà compiere quella *terribile cosa*: per allontanarla, desidera che la notte possa durare più a lungo, lasciare spazio al giorno più tardi.

6 L'autore del brano afferma che il disegno del bambino si pone a metà strada tra il gioco simbolico e l'immagine mentale, e che con quest'ultima divide lo sforzo d'imitazione della realtà circostante. La risposta esatta è così la B.

7 Prima di Luquet, gli autori sostenevano opinioni opposte tra loro: da una parte, ammettevano che i primi disegni infantili sono sostanzialmente ancorati al reale poiché si rifanno a modelli effettivi slegati dalla dimensione immaginativa; dall'altra, insistevano sull'idealizzazione di cui sono prova i disegni primitivi. La risposta A è pertanto quella corretta.

8 L'approccio del bambino nel disegno, fin verso gli 8-9 anni è – secondo Luquet – intenzionalmente realista, ma il bambino inizia a disegnare ciò che sa di un personaggio o di un oggetto prima di rendere graficamente il modo in cui lo vede. L'immagine mentale è infatti per Luquet concettualizzazione prima che tentativo di rappresentazione del reale ma tra l'immagine mentale o interiore e l'immagine grafica esistono numerose interazioni, poiché entrambe derivano direttamente dall'istinto imitativo del bambino. L'alternativa C deve quindi essere la risposta esatta.

9 Luquet esprime chiaramente la sua interpretazione del disegno infantile come atto semiotico: il bambino, infatti, rappresenta disegnando ciò che sa del soggetto (quindi restituisce, del soggetto, l'immagine mentale che conserva interiormente) prima ancora di dare voce al suo richiamo mimetico della realtà. La risposta B risulta essere quindi quella corretta.

10 Non è difficile individuare nella C la risposta esatta: il soggetto non può che essere il bambino che disegna.

11 L'autore esprime chiaramente la sua opinione in apertura del brano: crede infatti che la vera interpretazione dell'opera di Piero della Francesca – per le sue implicazioni matematiche e geometriche e per il rigore prospettico che sta alla base di ogni suo dipinto, dove niente è spazialmente lasciato al caso – potesse avvenire sono in epoca moderna. La risposta D è quindi corretta. Il primo vero interprete dell'opera di Piero della Francesca è stato, secondo l'autore, Georges Seurat, seguito da Paul Cézanne, dai cubisti, di Piet Mondrian e da Giorgio Morandi in Italia.

12 Nel brano l'autore mostra come il carattere essenziale della pittura di Piero della Francesca sia di tipo formale (ordine matematico, geometria, colore, valenza metafisica). Per questo osservare un suo dipinto conduce a una comprensione filosofica (risposta D corretta) più che narrativa o illustrativa (A o C errate).

13 La risposta esatta è la D. In questo caso è facile individuare la risposta procedendo per esclusione. La A è facilmente scartabile perché in nessun punto del brano si dice – ma neanche vagamente si può leggere tra le righe – che Piero della Francesca sia un pittore controverso, né che la sua opera sia guardata con sospetto dalla critica recente. La B non è corretta per due ragioni: l'influenza dell'opera di Piero della Francesca su quella di Seurat non ha riguardato la sua formazione (e comunque ciò non è affermato nel brano); Courbet è un pittore che nel brano non viene citato affatto. La C potrebbe essere oggetto di una deduzione, ma non è assolutamente un'affermazione contenuta nel brano (quindi da scartare).

14 Come si può verificare attraverso una ricerca del significato del termine, *atarattico* (più comune: *atarassico*), significa "immune da affetti, passioni, emozioni" (risposta A). L'aggettivo deriva dal greco *a-* (prefisso privativo) + *tarasìa*, "turbamento", cioè "senza turbamento".

15 Il brano non è evidentemente scientifico, narrativo o giornalistico. Più difficile è scartare "descrittivo" (alternativa C). In realtà però, qui non si descrive l'opera di un autore, ma se ne analizzano la natura e l'influenza sull'opera di artisti moderni. L'alternativa corretta è dunque la A.

 

**16** La soluzione a questa domanda si trova nel primo capoverso del brano. Lo sviluppo dell'educazione libertaria si diffonde in Europa – e contemporaneamente in Gran Bretagna – agli inizi del Novecento. Non è quindi esatto dire che in Gran Bretagna il fenomeno è isolato rispetto al resto d'Europa (escludere risposta **A**), né che prende le mosse dall'opera di Key (escludere risposta **B**), né che la diffusione dell'educazione libertaria avviene nonostante le condizioni sociali del Paese (escludere risposta **D**) perché è proprio il comune sentire europeo – frutto di condizioni sociali, storiche e culturali affini – che alimenta questa vocazione libertaria. La risposta esatta è la **C**.

**17** La soluzione al quesito si trova circa a metà del brano ed è riportata dall'alternativa **B**. Secondo l'autrice svedese, se l'adulto si "cala" nella parte del bambino – assumendone la prospettiva infantile e conservandone il carattere autentico – favorisce la trasformazione del vecchio ordine sociale perché solo il bambino socialmente inserito riesce ad avere un ruolo determinante nella società futura. Le risposte **A**, **C** e **D** offrono interpretazioni non desumibili dal brano.

**18** La soluzione da indicare è la **D**. La vocazione libertaria si sviluppa in Europa, contemporaneamente nei suoi vari Stati. Dal brano non si deduce che questo orientamento sia nato specificamente in Gran Bretagna.

**19** La risposta al quesito si trova nel primo capoverso del brano, che afferma: «In Gran Bretagna, tra il 1907 e il 1921, si sviluppano numerose esperienze di educazione libertaria. In questi anni, in modo particolare, abbiamo una concentrazione di tante scuole e attività pedagogiche che si richiamano ai principi libertari». Il *primo lustro* è invece il primo quinquennio. Perciò la **A** è l'alternativa da indicare.

**20** Le ultime righe del brano spiegano che le prime esperienze educative libertarie inglesi si muovono nel solco della tradizione filosofica dell'empirismo inglese di Locke (**D** errata, **A** corretta), in contrapposizione allo storicismo (**B** errata) e con ridotta presenza di temi anarchici (**C** errata).

**21** La soluzione esatta è in questo caso facilmente individuabile nell'alternativa **B**. Dal brano si evince che la tentazione del bambino di "rimandare" – in altre parole, il suo vivere nel presente – nasce da diverse sensazioni: la lontananza nel tempo dell'avvenire, l'incertezza di ciò che riserva il futuro, il carattere privativo dell'educazione e la ricca offerta di esperienze avventurose dell'età infantile.

**22** Secondo Dewey, ricompense e punizioni sono surrogati dei motivi di piacere e di dolore. Dal momento che il bambino non considera il futuro interessante né stimolante (proprio perché sganciato dalla dimensione del presente), per rendere funzionali ed efficaci le direttive dell'adulto è necessario agganciarle a invitanti promesse o paurose minacce. In questo modo si mette in moto l'attenzione del soggetto verso un obiettivo futuro, anche quando ciò significa portare a termine qualcosa che non si vorrebbe. La risposta corretta è pertanto la **B**.

**23** L'espressione «il pendolo oscilla fino all'altro estremo [1]» si riferisce alla contrapposizione con quanto detto poco prima nel brano. In particolare, ai metodi punitivi di una certa concezione educativa che ignora i bisogni del presente a favore delle potenzialità future, Dewey contrappone quel metodo educativo che per rendere invitante l'avvenire, lo infarcisce di stimoli e mette l'individuo nella condizione di ricevere ciò che in realtà non vorrebbe. La soluzione esatta è quindi la **C**.

**24** L'autore del brano sostiene che l'educazione, in quanto percorso di crescita e cammino, deve preparare il soggetto sfruttando le sue capacità nel presente di affrontare le possibilità dell'avvenire. La soluzione esatta è dunque la **D**.

25 La soluzione esatta è, anche in questo caso, la D. L'autore del brano conclude sottolineando l'intrinseca necessità di prepararsi per una vita in continuo e progressivo sviluppo. Questa necessità si traduce nella inevitabile fusione del presente nel futuro, anche se il soggetto non ne è consapevole. Preoccuparsi del presente, prendendosene cura, significa già provvedere al futuro.

26 Secondo l'autore del brano, la scuola deve saper educare e non solo trasmettere sapere e conoscenze. Partendo da questo presupposto, l'autore ritiene che uno dei limiti della scuola stia nel non modificare le aspettative nei confronti degli alunni con il procedere dell'età (la risposta esatta è la D). Infatti, lo studente, a partire dalle elementari, poi alle medie e più ancora alle superiori, sviluppa progressivamente motivazioni autonome nei confronti dell'adulto; la scuola, di conseguenza, dovrebbe tener conto di questi passaggi evolutivi nel modificare il "contratto scolastico".

27 L'autore dichiara apertamente, in chiusura del brano, che il progetto di riforma dell'educazione orientato verso la formazione del cittadino è ancora lontano dall'essere una realtà. La risposta esatta è così la D. Non si spinge fino a definirla un'utopia (è facile quindi escludere la risposta A), mentre le alternative B e C non sono desumibili dal brano.

28 La risposta esatta è la C. I ragazzi delle scuole superiori – secondo l'autore del brano – non riconoscono l'utilità dell'educazione perché sfugge loro la connessione tra il sapere e il saper fare, tra la teoria appresa o apprendibile sui banchi di scuola e la pratica nella vita di tutti i giorni. Demotivati da questa assenza di nesso, sviluppano verso la scuola disinteresse e noia.

29 Lo studente della scuola media inferiore – a differenza del bambino della scuola elementare, che si relaziona essenzialmente con i genitori attraverso un rapporto di obbedienza – sviluppa il proprio *Sé* in relazione al gruppo-classe, che assume un importante ruolo nel gioco delle parti interpretate da insegnanti e alunni. Fuori dalla scuola, costruisce la propria identità nel gruppo dei pari, così che l'*io sociale* prevale sull'*io individuale*. La risposta esatta è pertanto la A.

30 La risposta corretta è la D. Rileggendo e analizzando il periodo proposto, ricaviamo che la *sagoma* è quella della *presenza-assenza*, ovvero del *vuoto di dati* citato già nel primo paragrafo e poi definito *gender data gap* nel quinto. Nelle ricostruzioni storiche, ma anche a tutt'oggi, scrive l'autrice, vi è una mancanza di dati relativi alle donne, e questa mancanza ha la *sagoma*, cioè la forma di un corpo femminile, nel linguaggio figurato del testo.

31 Prestando attenzione alle alternative proposte alla luce del contenuto complessivo del brano, vediamo che la B e la C si scartano facilmente, perché propongono considerazioni su sintomi, patologie e preparazione del medico che non sono argomenti trattati.

Tra le due opzioni restanti, la D potrebbe trarre in inganno solo in un primo momento, visto che propone sì una situazione di discriminazione della donna, ma non dovuta al *vuoto di dati* di cui il brano tratta. La situazione cui l'autrice fa riferimento è invece quella indicata dall'alternativa A (soluzione). Scorrendo il testo, infatti, in [3] troviamo esempi che dimostrano come il mondo sia *costruito a misura di maschio* (si veda la fine del paragrafo). Nella prima parte le donne *tremano dentro uffici* e *fanno acrobazie* perché gli ambienti di lavoro sono progettati e regolati secondo parametri maschili; nella seconda parte le donne rischiano la vita perché le auto sono costruite secondo misure maschili e perché anche i parametri diagnostici in medicina sono ricavati da statistiche in cui le donne sono sottostimate o assenti, a causa del *gender data gap*.

32 La risposta esatta è la A. Le quattro alternative propongono e descrivono correttamente le tipologie testuali individuate dal modello di classificazione funzionale più diffuso, elaborato da Egon Werlich. Non vi sono dubbi che nei paragrafi dal primo al sesto l'autrice sviluppi un testo di tipo argomentativo. L'attacco dell'ultimo paragrafo «La mia tesi è che [...]» toglie ogni dubbio.

 

**33** Per rispondere occorre mettere a fuoco l'argomento specifico del paragrafo sesto, cioè l'assenza di dati relativi alle donne *di colore, o disabili, o di estrazione proletaria*, come si ricava dal primo periodo. Non è la generica discriminazione nei loro confronti (A errata). Tali dati *non è che non vengano raccolti*, chiarisce l'autrice, e sono dunque disponibili (C e D errate), ma *il problema è che non vengono distinti (o «disaggregati») dalle informazioni relative agli uomini*. Le informazioni sulle donne delle minoranze o proletarie, insomma, *finiscono sempre per confondersi nei gruppi più ampi*, restano cioè indistinte entro le elaborazioni relative o alle donne in generale, o alle minoranze in generale: il problema è dunque un'insufficiente approfondimento delle elaborazione statistiche, come sostenuto dalla risposta B, soluzione al quesito.

**34** L'opzione D appare subito l'ipotesi più plausibile ed è in effetti la risposta esatta al quesito. Nell'ultimo paragrafo del brano, l'autrice anticipa ai lettori che nel libro mostrerà loro «quanto sia frequente e diffuso questo inganno, e in che modo esso distorca i dati apparentemente oggettivi che condizionano una parte sempre più ampia delle nostre vite e che persino nel nostro mondo iperrazionale guidato da inflessibili supercomputer le donne sono ancora in buona parte il 'secondo sesso'».

**35** A una prima lettura, tutti e quattro gli aggettivi proposti potrebbero essere riferiti ai supercomputer e sostituire nel testo l'aggettivo "inflessibile" (che significa letteralmente "che non si flette, che non si piega", "rigido", e che in senso figurato indica "chi non cede a pressioni e a influenze esterne, non desiste per alcun motivo dal proprio proposito"). Bisogna allora stabilire quale sia il senso attribuito al termine dall'autrice nel contesto del brano: i *supercomputer* che guidano il *nostro mondo iperrazionale* sono da lei chiamati in causa in quanto, nell'opinione comune, essi sono "oggettivi", cioè, in un certo senso, "non cedono a pressioni e a influenze". Possiamo dunque scartare le opzioni A, C e D, che indicano caratteristiche riferite all'efficienza dei computer. Tra le alternative restanti, poi, "spietato" ha un'accezione eccessivamente negativa, non presente nel testo mentre è "intransigente" il sinonimo da indicare (B soluzione),.

# 3 | Problemi di natura logica e matematica

## 3.1 | Esercizi proposti

**Leggere il testo del seguente problema e rispondere alle domande successive.**

Luisa, Marcella, Giulia e Riccardo devono sostenere l'esame finale di lingua inglese il giorno venerdì 14 ottobre e desiderano ripassare insieme almeno per una volta, solamente al pomeriggio o alla sera, prima dell'esame. Si risponda ai quesiti che seguono sapendo che:

- Luisa può studiare soltanto lunedì sera, martedì sera, mercoledì sera e giovedì pomeriggio e sera.
- Marcella può studiare soltanto lunedì sera, mercoledì sera, giovedì sera e martedì pomeriggio e sera.
- Giulia può studiare soltanto mercoledì sera e giovedì sera, martedì pomeriggio e lunedì pomeriggio e sera.
- Riccardo può studiare i pomeriggi e le sere del martedì e del giovedì, il pomeriggio del lunedì e la sera del mercoledì.

1 **Se il gruppo dovesse incontrarsi due volte, i giorni potrebbero essere:**

A mercoledì e giovedì
B martedì e mercoledì
C lunedì e venerdì
D martedì e giovedì

2 **Quale dei quattro studenti ha il maggior numero di disponibilità?**

A Luisa
B Marcella
C Giulia
D Riccardo

3 **Se Luisa decidesse di studiare tutte le sere:**

A avrebbe almeno due compagni di studio per sera
B l'incontro con gli altri tre studenti potrebbe avvenire soltanto lunedì o martedì
C dovrebbe studiare da sola il lunedì sera
D non riuscirebbe mai a incontrare Riccardo

4 **Se l'esame venisse anticipato a giovedì mattina, quale delle seguenti affermazioni sarebbe esatta?**

**1) I quattro studenti non riuscirebbero mai a studiare tutti insieme**
**2) Luisa non potrebbe mai studiare al pomeriggio**
**3) Giulia e Marcella potrebbero studiare insieme tre volte**

A La 1), la 2) e la 3)
B Soltanto la 1) e la 2)
C Soltanto la 1) e la 3)
D Soltanto la 2) e la 3)

**5 Daniele vorrebbe aggiungersi al gruppo di studio. Qualora il gruppo accettasse di studiare tutti insieme, Daniele dovrebbe essere disponibile:**

- A giovedì pomeriggio
- B martedì pomeriggio
- C lunedì sera
- D mercoledì sera o giovedì sera

**Leggere il testo del seguente problema e rispondere alle domande successive.**

Un semitono è l'intervallo più piccolo possibile tra due note.
La nota T è un semitono più alta della nota V
La nota V è un tono intero più alta della nota W
La nota X è un tono intero più bassa della nota T
La nota Y è un tono intero più bassa della nota W

**6 Quale delle seguenti soluzioni indica la sequenza delle note dalla più bassa alla più alta?**

- A X, Y, W, V, T
- B Y, W, X, V, T
- C W, V, T, Y, X
- D Y, W, V, T, X

**7 Se viene aggiunta una nota Z, quale delle seguenti condizioni non può essere vera?**

- A Z è più alta di T
- B Z è più bassa di Y
- C Z è più bassa di W
- D Z è compresa tra W e X

**8 Quale delle seguenti affermazioni è falsa?**

- A La nota W è di un tono più bassa della nota V
- B La nota T è di un tono più alta della nota X
- C La nota Y è di un tono più bassa della nota X
- D La nota X è più alta della nota W

**9 Quale delle seguenti affermazioni sarebbe vera se la nota W fosse più alta di un tono?**

- A La nota W sarebbe più alta della nota V
- B La nota T sarebbe più bassa della nota W
- C La nota W coinciderebbe con la nota V
- D La nota X coinciderebbe con la nota W

**Leggere il testo del seguente problema e rispondere alle domande successive.**

In Polinesia ci sono quattro minuscoli isolotti (si consideri irrilevante la loro dimensione) uguali per forma, allineati ed equidistanti: da sinistra a destra i loro nomi sono rispettivamente A, B, C, D. Rispondere alle domande che seguono sapendo che:

- in uno di essi è sepolto un tesoro e in un altro c'è un naufrago;
- la distanza tra un isolotto e quello successivo è di 1 km;
- su due degli isolotti c'è una palma, ma dove c'è una palma non c'è il naufrago né vi è sepolto il tesoro;
- il tesoro è nel secondo isolotto a destra rispetto a quello del naufrago, e adiacente all'isolotto del tesoro ce n'è uno solo con la palma;
- il tesoro fu accuratamente nascosto dal capitano Flint a una profondità di un metro sotto la sabbia.

10 **In quale isolotto è nascosto il tesoro?**

A A   B B   C C   D D

11 **Si risolva la seguente somma: distanza in km fra i due isolotti con le palme + distanza fra l'isolotto con la palma situato più a sinistra e l'isolotto in cui si trova il tesoro.**

A 2   B 4   C 5   D 7

12 **Si risolva la seguente somma: distanza in km fra l'isolotto con la palma situato più a sinistra e l'isolotto con il naufrago + distanza fra l'isolotto con il naufrago e l'isolotto in cui si trova il tesoro.**

A 5   B 7   C 3   D 2

13 **Su quale isolotto si trova il naufrago?**

A A   B B   C C   D D

14 **Considerando tutti gli isolotti, qual era il più prossimo al capitano Flint nel momento in cui scavava?**

A A   B B   C C   D D

**Leggere il testo del seguente problema e rispondere alle domande successive.**

Sei amici d'infanzia, tutti nati fra il 1965 e il 1970, si ritrovano per caso e ricordano i vecchi tempi. I loro cognomi sono: Perotti, Forloni, Amadei, Garavaglia, Banfi, Candiani. È inoltre noto che:

1. le ultime due cifre degli anni bisestili sono divisibili per quattro;
2. Banfi compie gli anni tre giorni dopo Garavaglia;
3. Perotti compie gli anni due giorni prima di Forloni;
4. Amadei ha la sfortuna di poter festeggiare il suo compleanno nel giorno giusto solo una volta ogni quattro anni, ma, quando può, la festa è doppia, perché il suo amico Candiani ha il suo compleanno il giorno dopo;
5. Candiani mette sulla torta una candelina in meno rispetto ad Amadei e a Banfi;
6. due degli amici festeggiano il proprio compleanno lo stesso giorno, ma con un numero diverso di candeline;
7. uno (e solo uno) dei personaggi è nato il 13 marzo 1966;
8. Forloni ha compiuto nel marzo 1995 ventisei anni;
9. Garavaglia è nato il 15 marzo 1968.

15 **Quando è nato Candiani?**

A Nel primo trimestre del 1968
B Nel primo trimestre del 1969
C Nel secondo trimestre del 1967
D Nel terzo trimestre del 1969

16 **Qual è la differenza di età tra Banfi e Perotti?**

A Perotti è più giovane di circa tre anni
B Perotti è più giovane di circa due anni
C Banfi è più giovane di circa due anni
D Banfi è più giovane di circa un anno

**17** **Qual è la somma degli anni di nascita (considerando solo le ultime due cifre) dei tre amici più giovani?**

A 205
B 204
C 203
D 206

**18** **Ordinando i sei amici in base alla data di nascita (dal più anziano al più giovane), qual è la differenza d'età tra il secondo e il terzo?**

A Un giorno
B Circa quindici giorni
C Quasi un anno
D Quasi due anni

**19** **Chi compie gli anni per primo durante il corso dell'anno?**

A Banfi
B Forloni
C Amadei
D Candiani

**20** **In data 15 marzo 2017 i sei amici si ritrovano per festeggiare due compleanni. Chi sono i due festeggiati e quanti anni compiono?**

A Banfi (49) e Garavaglia (49)
B Forloni (48) e Garavaglia (49)
C Amadei (51) e Forloni (49)
D Candiani (47) e Banfi (49)

**Rispondere ai seguenti quesiti.**

**21** **Considerando che è certamente vero che:**

- **nessuna cosa tevaga è gilena**
- **ogni cosa ropaba è gilena**

**si scelga fra le seguenti l'affermazione che necessariamente ne consegue.**

A ogni cosa ropaba è tevaga
B qualche cosa tevaga è ropaba
C ogni cosa tevaga è ropaba
D nessuna cosa ropaba è tevaga

**22** **In una classe ci sono tre studentesse (Roberta, Serena e Tiziana) e cinque banchi numerati da 1 a 5. Nessun banco è occupato da più di una studentessa e nessuna studentessa occupa più di un banco. Tenendo conto che è certamente vero che:**

- **se Roberta occupa il banco 1, allora Serena occupa il 2**
- **se Serena occupa il banco 2, allora Tiziana occupa il 3**

**si scelga la conclusione che segue necessariamente dalle premesse.**

A Se Roberta non occupa il banco 1, allora Tiziana non occupa il 3
B Se Roberta occupa il banco 1, allora Tiziana occupa il 3
C Roberta occupa il banco 1 e Tiziana occupa il 3
D Tiziana non occupa il banco 3

**23** **Sebastian afferma che tutti i gatti argentini sono rossi. Quale delle seguenti condizioni è necessario che si verifichi affinché l'affermazione di Sebastian risulti falsa?**

A Deve esistere almeno un gatto argentino non rosso
B Deve esistere almeno un gatto argentino bianco
C Nessun gatto argentino deve essere rosso
D Deve esistere almeno un gatto rosso che non sia argentino

**24** **Ci sono tre studenti in fila per entrare in aula: Dario, Emilio e Fabio. Ciascuno può vedere solo chi ha davanti, così Fabio vede Dario ed Emilio, Emilio vede Dario, e Dario non vede nessuno. Un venditore ambulante di bandane mostra loro 3 bandane gialle e 2 verdi. Quindi ne mette una in testa a ciascuno studente (senza mostrargliela) e**

**nasconde le due rimanenti. Il venditore ambulante chiede: "C'è qualcuno che sa con certezza di che colore sia la bandana che gli ho messo in testa?". Fabio subito risponde positivamente. Cosa possiamo sapere con certezza?**

A Dario ha un bandana gialla, Emilio la ha verde
B Dario e Emilio hanno bandane gialle
C Dario e Fabio hanno bandane verdi
D Dario ha un bandana verde, Fabio la ha gialla

**25** **Sul pianeta Ankeron ci sono solo due popolazioni: i Makith e i Chunath. Alcuni abitanti di Ankeron sono alti più di 4 metri. Se non è vero che è necessario essere Makith per essere alti più di 4 metri, allora sarà sicuramente vero che:**

A i Makith e i Chunath sono più alti di 4 metri
B almeno un Chunath è più alto di 4 metri
C è necessario non essere un Makith per essere più alto di 4 metri
D è sufficiente essere Makith per essere più alto di 4 metri

**26** **Se è vero che "chi trova un quadrifoglio è fortunato", allora:**

A trovare un quadrifoglio è condizione sia necessaria, sia sufficiente, per essere fortunati
B è sufficiente evitare di trovare quadrifoglio per non essere fortunati
C è sufficiente trovare un quadrifoglio per essere fortunato
D è necessario trovare un quadrifoglio per essere fortunato

**27** **Massimiliano mangia i 2/7 dei 210 grammi di miele contenuto in un barattolo. Quanto miele è rimasto nel barattolo?**

A 150 grammi
B 60 grammi
C 20 grammi
D 180 grammi

**28** **"Tutti i bambini sono affettuosi; Max è affettuoso; tutte le persone affettuose hanno un buon carattere". In base alle precedenti affermazioni, quale delle seguenti NON è necessariamente vera?**

A Max è un bambino
B Chi non ha un buon carattere non è affettuoso
C Tutti i bambini hanno un buon carattere
D Non è possibile che Max non abbia un buon carattere

**29 Tre sorelle hanno un'età complessiva pari a 75 anni. La maggiore delle tre ha un'età pari a tre mezzi dell'età della minore delle tre. La sorella di mezzo ha 5 anni di meno della sorella maggiore. Quanti anni ha la sorella maggiore?**

A 30

B 32

C 25

D 20

**30 Il cinema Pellicano di Saronno ha una piccola sala di proiezione con solo cinque file di sedili. Cinque ragazze (Marzia, Olivia, Federica, Giulia e Adele) siedono ognuna in una fila diversa. Guardando la sala dallo schermo, Federica si trova tre file indietro rispetto ad Adele, che non occupa un posto in prima fila. Giulia, invece, siede tre file avanti rispetto a Marzia. In base alle precedenti affermazioni si può dedurre con certezza che, guardando dallo schermo:**

A Olivia è seduta nella fila immediatamente davanti a quella dove siede Marzia

B Giulia è seduta nella fila immediatamente dietro a quella dove siede Adele

C Federica è seduta in quarta fila

D Marzia è seduta nella fila immediatamente dietro Federica

**31 Non vi è motivo di escludere la possibilità di vita su Urano. Dunque dobbiamo intraprendere l'esplorazione di questo pianeta.**

**L'argomentazione sopra riportata presuppone che:**

A la vita su Urano esista

B Urano sia l'unico pianeta del Sistema solare sul quale è possibile incontrare forme di vita

C la ricerca della vita sia una ragione sufficiente per l'esplorazione dei pianeti

D nessuno prima abbia mai tentato l'esplorazione di Urano

**32 Alla domanda: «Quanti cugini hai?» Luca risponde: «Se il numero dei miei cugini è divisibile per sei, allora è pari».**

**Basandosi sulla precedente proposizione, individuare quale delle seguenti alternative è esatta:**

A il numero dei cugini di Luca è un multiplo di sei

B il numero dei cugini di Luca è un numero pari

C se il numero dei cugini di Luca non è divisibile per sei, è un numero dispari

D non è possibile aggiungere alcuna informazione certa sul numero dei cugini di Luca

**33 Quale delle seguenti affermazioni è logicamente equivalente a: «Gli assenti non hanno mai ragione»?**

A I presenti hanno sempre ragione

B I presenti non hanno torto

C Chi ha torto è sempre assente

D Gli assenti hanno sempre torto

**34 Se le tre affermazioni riportate di seguito sono vere, quale fra le alternative proposte è vera?**

**1) Luca ama la pesca**

**2) Chi è pigro ama la pesca**

**3) Gino è pigro**

A Luca è pigro

B Gino ama la pesca

C Chi ama la pesca è pigro

D Chi non ama la pesca è pigro

**35 Quale delle seguenti informazioni aggiuntive rispetto alle tre dell'esercizio precedente consentirebbe di concludere che Luca è pigro?**

**1) Chi ama la pesca è pigro**

**2) Gino ama la pesca**

**3) Luca e Gino sono amici**

A La 1

B La 3

C La 1 e la 2

D Né la 1, né la 2, né la 3

**36 Marco: «Giorgio suona il sassofono meglio di tutti, è lui il campione del nostro gruppo».**

**Giorgio: «Alessandro suona il sassofono meglio di tutti, è lui il campione del nostro gruppo».**

**Alessandro: «Io non suono il sassofono meglio di tutti, non sono io il campione del gruppo».**

**Matteo: «Io non suono il sassofono meglio di tutti, non sono io il campione del gruppo».**

**Se solo una delle quattro affermazioni precedenti è vera, chi è il campione del gruppo nel suonare il sassofono?**

A Non è possibile stabilirlo

B Matteo

C Alessandro

D Giorgio

**37 Il partito guidato dall'onorevole Rossi riscuote particolare successo tra gli imprenditori e i lavoratori autonomi e assai meno presso i lavoratori dipendenti. In vista delle prossime elezioni politiche, sarebbe dunque opportuno che l'onorevole Rossi proponesse misure economiche a favore dei lavoratori dipendenti.**

**Tutte le seguenti affermazioni indeboliscono l'argomentazione sopra riportata tranne una. Quale?**

A Le proposte dell'onorevole Rossi non sono mai apprezzate dai lavoratori dipendenti

B Le misure economiche a favore dei lavoratori dipendenti sono inevitabilmente sfavorevoli per i lavoratori autonomi e per gli imprenditori

C Le misure economiche a favore dei lavoratori dipendenti sono inconciliabili con un programma di risanamento della finanza pubblica

D Le ragioni per le quali l'onorevole Rossi non è gradito ai lavoratori dipendenti non riguardano il programma economico di quest'ultimo

**38** **Anna dice a Luigi: «Se domenica farà bello, andrò al mare. Se starà bene, porterò anche la nonna». È domenica pomeriggio; Luigi vede Anna a passeggio sotto i portici di piazza San Carlo. Allora sicuramente:**

A fa bello, ma la nonna di Anna non sta bene
B non fa bello e la nonna non sta bene
C fa bello, ma la nonna non ha voluto andare
D non fa bello

**39** **In una scuola milanese gli studenti studiano l'inglese e/o il francese. Il 70% studia l'inglese e il 60% studia il francese. Quale percentuale di studenti studia entrambe le lingue?**

A 65%
B 30%
C I dati del problema sono insufficienti per rispondere
D 10%

**40** **I 300 seggi in un Parlamento sono divisi tra i 5 partiti politici presenti. Non ci sono due partiti con lo stesso numero di posti e ciascun partito ha almeno 10 posti. Quale è il numero massimo di seggi che può avere il terzo più grande partito?**

A 95
B 94
C 93
D 92

**41** **La Commissione del Turismo bandisce il Premio Traveller. I premi sono indicati di seguito.**

**1° premio: un viaggio di due settimane alle isole Comore;**

**2° premio: un viaggio di tre giorni a Venezia;**

**3° premio: uno zaino.**

**A chi saprà effettuare una corretta previsione circa l'esito del concorso verrà consegnato, a scelta della giuria, o il primo o il secondo premio. Coloro che invece faranno una previsione errata riceveranno il terzo premio come consolazione. Ipotizzando che voi vogliate il primo premio, quale delle seguenti previsioni dovete esprimere per obbligare la giuria a soddisfare il vostro desiderio?**

A Non riceverò il terzo premio
B Riceverò il secondo premio
C Non riceverò il secondo premio
D Non riceverò il primo premio

**42** **Recenti ricerche hanno mostrato che le università che hanno introdotto il numero programmato sono riuscite a conseguire una significativa riduzione del numero di studenti che abbandonano gli studi prima della laurea. È dunque opportuno che tutte le università introducano il numero programmato.**

**L'argomentazione sopra riportata presuppone che:**

A vi è una percentuale elevata di studenti che abbandonano gli studi prima della laurea
B le università che hanno introdotto il numero programmato sono ancora poche
C la riduzione del numero di studenti che abbandonano gli studi prima della laurea è una ragione sufficiente per l'introduzione del numero programmato
D il numero programmato consente di migliorare la didattica

**43** **Data una coppia di genitori, ogni figlio (maschio o femmina) può dire di avere almeno 3 fratelli e 3 sorelle. Quanti sono come minimo i figli di questa coppia?**

A 6
B 7
C 8
D 9

**44** **A una gara podistica partecipano 100 persone: fra loro almeno una è donna. Prendendo a caso due persone, almeno una sarà sempre un uomo. Quanti sono gli uomini iscritti?**

A 50
B 77
C 90
D 99

**45** **Una vettura di grossa cilindrata pesa 1.400 kg più di una piccola city car. Insieme pesano 2.000 kg. Quanto pesa la city car?**

A 1.700
B 600
C 300
D 400

**46** **«Solamente dopo la firma si può chiudere il contratto». Se la precedente informazione è corretta, quale delle seguenti affermazioni NON rappresenta una conclusione corretta?**

A Se il contratto non è stato chiuso allora non è stato firmato
B Se il contratto è stato firmato allora può essere chiuso
C Se il contratto è stato chiuso allora è stato firmato
D Se il contratto non è stato firmato allora non può essere chiuso

**47** **«Se gli studenti si applicano, conseguiranno la promozione».**
**Se quanto affermato è vero, quale delle seguenti affermazioni è vera?**

A Se uno studente si applica, conseguirà il massimo risultato
B Verranno promossi solo gli studenti che si sono applicati
C Se uno studente non si applica, verrà bocciato
D Se uno studente è stato promosso è possibile che si sia applicato

**48** **Marianna dice a Simona: «Se mi dai 5 euro, avrò il doppio dei tuoi soldi». Simona risponde: «Se mi dai tu 5 euro, avremo gli stessi soldi». Quanti euro hanno rispettivamente Marianna e Simona?**

A 40 e 35
B 15 e 10
C 35 e 25
D 25 e 20

**49** **«Solo se Walter esce incontra Fabrizio».**
**Se quanto affermato è vero, quale delle seguenti è certamente vera?**

A Walter e Fabrizio sono amici
B Nulla si può dire di quel che accade se Walter non esce
C Se Walter esce incontra sicuramente Fabrizio
D Se Walter ha incontrato Fabrizio significa che è uscito

**50** **Nessuno di quanti sono stati destinatari della promozione per il rinnovo del contratto ha telefonato al call center. Qualcuno di quelli che hanno telefonato al call center ha chiesto il rinnovo del contratto. Possiamo pertanto dedurre che:**

- A nessuno tra i destinatari della promozione ha chiesto il rinnovo del contratto
- B non tutti quelli che hanno chiesto il rinnovo del contratto sono stati destinatari della promozione
- C qualcuno tra i destinatari della promozione non ha chiesto il rinnovo del contratto
- D qualcuno tra i destinatari della promozione ha chiesto il rinnovo del contratto

**51** **Quale delle seguenti frazioni è la maggiore?**

- A 3/5
- B 8/9
- C 10/12
- D 5/6

**52** **30 è il 60% di:**

- A 90
- B 180
- C 40
- D 50

**53** **Il 10% di *X* è pari a 15; *X* è il 30% di *Y*. Quanto vale *Y*?**

- A 500
- B 300
- C 1.500
- D 250

**54** **Lo stipendio di Daniele è stato ridotto del 20%. Se prima guadagnava 1.800 euro, quanti ne guadagnerà ora?**

- A 1.640 euro
- B 1.550 euro
- C 1.600 euro
- D 1.440 euro

**55** **Tra 150 persone si trovano 30 maggiorenni. Quale percentuale del gruppo di persone è minorenne?**

- A 20%
- B 30%
- C 70%
- D 80%

**56** **Nel gennaio del 2017 Stefano ha pagato la sua nuova moto 7.000 euro. A giugno dello stesso anno la moto aveva perso il 10% del suo valore iniziale, mentre a dicembre la perdita dal valore iniziale era del 30%. Quanto valeva in più la moto a giugno rispetto a dicembre?**

- A 30%
- B 1.400 euro
- C 2.100 euro
- D 700 euro

 

**57 Lavorando insieme, Aldo, Giovanni e Giacomo fabbricano 10 tubi in 2 ore; Aldo da solo impiegherebbe 5 ore e Giovanni da solo ne impiegherebbe 10. Quanto impiegherebbe Giacomo da solo a fabbricare i 10 tubi?**

A 10 ore

B 5 ore

C 30 minuti

D 3 ore

**58 Giorgio impiega 4 giorni per costruire una barca. Mario ne impiega 6 e Alfredo 12. Quanto tempo impiegano i tre insieme per costruire la stessa barca?**

A 2 giorni

B 3 giorni

C 36 ore

D 4 giorni

**59 Se un bambino mangia dapprima 1/3 di un barattolo di marmellata e poi i 3/4 della parte rimanente, che parte del contenuto iniziale rimane alla fine?**

A 1/4

B 5/12

C 1/6

D 1/12

**60 Se tre muratori, lavorando allo stesso ritmo, impiegano 40 minuti per demolire una parete, quanto impiegherebbe uno solo di essi a demolire la stessa parete?**

A 110 min

B 2 ore

C 100 min

D 25 min

**61 Lanciando in aria 2 monete qual è la probabilità di ottenere 1 testa e 1 croce?**

A 1/4

B 1/2

C 3/4

D 4/4

**62 In una gara di Formula 1, Hamilton impiega esattamente 21 giri di un percorso lungo 5.000 metri per raggiungere e "doppiare" Alonso. Sapendo che Hamilton guadagna su di lui 5 secondi al giro, a che velocità sta andando Alonso approssimativamente?**

A 171,5 km/h

B 18 m/sec

C 20 min

D 180 km/h

**63 Un rappresentante ha percorso la strada dalla città A alla città B in *x* ore. Nel viaggio di ritorno, lungo la stessa strada, la sua velocità media è raddoppiata. Quale delle seguenti espressioni rappresenta il numero totale di ore impiegate dal rappresentante per effettuare l'intero viaggio?**

A) $2/3\,x$
B) $3/2\,x$
C) $5/3\,x$
D) $2x$

**64 Alfonso pedala in bicicletta a una velocità costante di 45 metri al minuto, mentre Marisa pedala a una velocità costante di 0,8 metri al secondo. Se partono insieme lungo lo stesso percorso, quanti metri separeranno i due dopo un'ora?**

A) 120
B) 162
C) 168
D) 180

**65 Piero ha due libri più di Matteo, che ne possiede la metà di Luca, mentre Enrico ne ha il quadruplo di Luca. Se i quattro amici posseggono complessivamente 122 libri, quanti di questi sono di proprietà di Matteo?**

A) 17
B) 10
C) 12
D) 23

**66 Se quattro panettieri, lavorando allo stesso ritmo, impiegano 2 ore per preparare 10 kg di pane, quanto impiegherebbe uno solo di essi per preparare 5 kg di pane?**

A) 2 ore
B) 4 ore
C) 8 ore
D) 12 ore

**67 Un fiorista ha a disposizione 672 rose, 816 margherite e 624 garofani. Vuole confezionare mazzi tutti uguali in modo da esaurire tutti i fiori a disposizione e in modo che ciascun mazzo contenga il massimo numero possibile di fiori della stessa tipologia. Quanti fiori complessivi conterrà ciascun mazzo?**

A) 48
B) 17
C) 96
D) 44

**68 In un sacchetto sono contenute molte palline rosse, nere e bianche. Quante palline bisogna estrarre come minimo dal sacchetto, per essere sicuri di averne almeno due dello stesso colore?**

A) 4
B) 6
C) 3
D) Tutte

**69** **Una sarta confeziona un abito ogni 2 settimane. Quante sarte devono lavorare per confezionare 3 abiti ogni settimana?**

A 2

B 3

C 6

D 20

**70** **Una scatola contiene 12 penne: 8 rosse e 4 nere. Qual è la probabilità che estraendo due penne dalla scatola queste siano entrambe nere?**

A 9/25

B 1/3

C 1/11

D 6

**71** **In un sacchetto ci sono 8 caramelle alla menta e 2 alla frutta. Quante caramelle alla frutta bisogna aggiungere per fare in modo che la probabilità di estrarre una caramella alla frutta sia pari a 1/3?**

A 4

B 6

C 5

D 2

**72** **Se 3 kg di pomodori, del peso di 600 grammi ciascuno, costano 4 euro, quanto costa una dozzina degli stessi pomodori?**

A 9,00 euro

B 8,60 euro

C 8,20 euro

D 9,60 euro

**73** **Se $\log_x 196 = -2$, quanto vale x?**

A 7

B 1/7

C 14

D 1/14

**74** **Luca invia 10.000 euro a Pippo che ne spende una quota imprecisata. Il resto viene da Pippo "girato" ad Andrea che, dopo avere speso il 75% di quanto ricevuto, ha ancora disponibili 1.200 euro. Quale quota percentuale della somma originaria ha speso Pippo?**

A Il 48%

B Il 52%

C Il 75%

D Il 65%

**75** **Una scatola contiene 12 cioccolatini: 4 sono fondenti e 8 al latte. Tre cioccolatini vengono estratti a caso dalla scatola, uno dopo l'altro. Qual è la probabilità che i tre cioccolatini estratti siano al latte?**

A 3/12

B 12/55

C 7/11

D 14/55

**76** **A quanto ammonta lo sconto se il prezzo di 10.000 euro è ribassato del 15%?**

A 1.200 euro

B 1.000 euro

C 1.500 euro

D 2.000 euro

**77** **Un'urna contiene 10 palline: 6 rosse e 4 bianche. Qual è la probabilità che estraendo due palline dall'urna queste siano rosse?**

A 9/25

B 3/10

C 1/3

D 1/4

**78** **Gli abitanti di Timbuctu sono 420.000 e i 4/7 sono di sesso femminile. Se ogni 250 abitanti di sesso maschile ci sono 200 persone minorenni di sesso femminile, qual è il rapporto tra abitanti di sesso femminile maggiorenni e non?**

A 3/2

B 5/3

C 2/5

D 2/3

**79** **Una lepre e una tartaruga, che si muovono rispettivamente a 40 km/h e 10 km/h, fanno una gara; la lepre concede alla tartaruga un vantaggio di 15 chilometri. Quanto tempo impiega la lepre a raggiungere la tartaruga?**

A 1 ora

B 30 min

C 45 min

D 25 min

**80** **Il 40% degli studenti di una scuola è rappresentato da ragazze. Di queste, l'80% sono brune. Sapendo che le ragazze non brune sono 160, quanti sono in totale gli studenti della scuola?**

A 200

B 400

C 5.000

D 2.000

**81** **A un concorso pubblico vengono ammessi 3 candidati su 15. Sapendo che per tale concorso vi sono 335 candidati, si determini il numero di posti disponibili.**

A 23

B 67

C 45

D 30

**82** **Un supermercato occupa una superficie rettangolare e ha al suo interno tre linee di scaffali. Calcolare, sulla base della piantina riportata in figura, la superficie calpestabile del supermercato.**

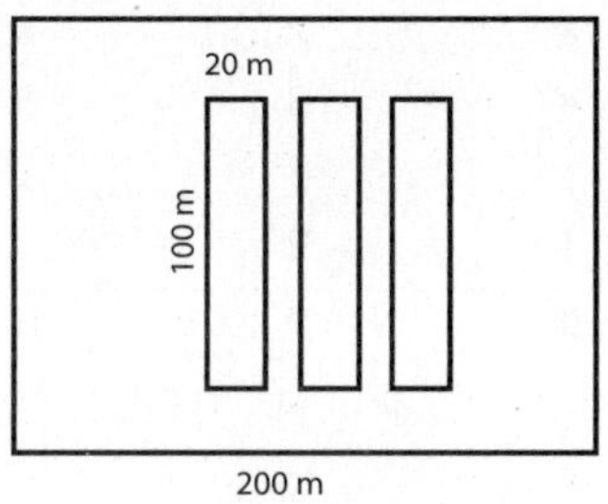


A 20.000 m$^2$

B 24.000 m$^2$

C 16.000 m$^2$

D 30.000 m$^2$

**83** **Un test è costituito da 10 quesiti per ognuno dei quali sono presentate 4 risposte alternative (di cui una sola è esatta). Si determini la probabilità di indovinare, rispondendo a caso, tutte e dieci le risposte.**

A 1/40

B 1/4

C 1/10

D $(1/4)^{10}$

**84** **Qual è la somma che, impiegata per 4 mesi a un tasso di interesse annuo del 4%, frutta 800 euro?**

A 30.000 euro

B 8.000 euro

C 16.000 euro

D 60.000 euro

**85** **Individuare il numero mancante identificato dal punto interrogativo.**

| | | | | | |
|---|---|---|---|---|---|
| 21 | + | 3 | : | 4 | 6 |
| – | | × | | + | |
| 10 | × | … | + | 2 | 42 |
| + | | : | | : | |
| 1 | × | 2 | + | … | 8 |
| 12 | | ? | | 1 | |

A 13
B 6
C 11
D 4

**86** **Individuare il numero mancante identificato dal punto interrogativo.**

| | | | | | |
|---|---|---|---|---|---|
| … | × | … | : | … | ? |
| × | | × | | × | |
| 4 | + | 3 | + | 5 | 12 |
| : | | : | | : | |
| 1 | + | 2 | + | 1 | 4 |
| 28 | | 9 | | 10 | |

A 7
B 2
C 22
D 21

**87** **Individuare il numero mancante identificato dal punto interrogativo.**

| | | | | | | | |
|---|---|---|---|---|---|---|---|
| 30 | + | 6 | – | 12 | + | 8 | 32 |
| : | | × | | + | | : | |
| … | + | … | + | … | + | … | ? |
| × | | : | | – | | × | |
| 3 | × | 2 | × | 5 | : | 3 | 10 |
| 18 | | 15 | | 10 | | 6 | |

A 15
B 16
C 17
D 18

**88** **Individuare il numero mancante identificato dal punto interrogativo.**

| | | | | | | | |
|---|---|---|---|---|---|---|---|
| 9 | : | 3 | × | 5 | : | 5 | 3 |
| + | | + | | + | | – | |
| 6 | + | 5 | + | 8 | + | 3 | 22 |
| – | | + | | – | | + | |
| … | × | … | × | … | : | … | ? |
| 13 | | 13 | | 7 | | 4 | |

A 30
B 60
C 32
D 40

**89 Individuare il numero mancante identificato dal punto interrogativo.**

| | | | | | |
|---|---|---|---|---|---|
| 35 | : | … | × | 12 | 60 |
| − | | × | | + | |
| … | × | … | : | 4 | ? |
| + | | : | | − | |
| 3 | × | … | × | 5 | 30 |
| 15 | | 14 | | 11 | |

A 7
B 13
C 42
D 23

**90 Cinque carpentieri, lavorando allo stesso ritmo, impiegano 12 giorni per realizzare un mosaico. Quanto impiegherebbe un solo carpentiere a compiere lo stesso lavoro?**

A 36 giorni
B 6 giorni
C 120 giorni
D 60 giorni

**91 Qual è la probabilità che, lanciando due dadi da gioco tradizionali, la somma delle facce sia uguale a 3?**

A 3/12
B 1/18
C 3/36
D 1/12

**92 Claudia e Elena mangiano 10 mandarini in 10 minuti. Claudia mangia 4 volte i mandarini mangiati da Elena. Quanto impiegherà Elena da sola a mangiare 12 mandarini?**

A 10 min
B 60 min
C 50 min
D 30 min

**93 Per 150 studenti che si iscrivono all'università, se ne laureano 25. Tra quanti non si laureano, 3 su 5 hanno abbandonato l'università prima del terzo anno. Per 600 studenti iscritti, quanti sono quelli che abbandonano l'università dal terzo anno in poi?**

A 200
B 300
C 125
D 175

**94 La circonferenza di equazione $x^2 + y^2 - 2x = 0$ ha il centro:**

A sull'asse x
B sull'asse y
C sulla retta x = y
D nel punto di coordinate (0, 2)

**95** **Il fatturato annuo di una società è sceso da 450 a 360 milioni di euro. Calcolare il decremento percentuale.**

A 25%
B 20%
C 15%
D 90%

**96** **Cinque persone si dividono una somma di denaro. Se il denaro, anziché per cinque, fosse stato diviso per quattro, ciascuno avrebbe ricevuto 40 euro in più. A quanto ammonta la somma di denaro da dividere?**

A 800 euro B 620 euro C 300 euro D 250 euro

**97** **Una coppia di amici parte per un viaggio in macchina. La loro velocità di crociera sarebbe costantemente pari a 120 km/h, senonché una coda li costringe a procedere a 10 km/h per un tratto lungo 4 km. Quale ritardo accuserà la macchina all'arrivo a causa della coda?**

A 24 min B 26 min C 2 min D 22 min

**98** **Alla festa di compleanno di Marika sono stati invitati tutti gli amici di infanzia, tutti i compagni di scuola e tutti i colleghi del conservatorio. Gli amici di infanzia sono la metà più uno dei compagni di scuola e il numero di colleghi del conservatorio è uguale a quello degli amici di infanzia meno tre. Sapendo che Marika ha fatto stampare 47 inviti e che non vi sono elementi comuni ai tre gruppi di persone, quanti sono i suoi compagni di scuola?**

A 13 B 24 C 20 D 26

**99** **Se il sestuplo di *z* diviso 3 è uguale al quadruplo di 10/2 quanto vale *z*?**

A 10 B 8 C 5 D 12

**100** **Se:**

**@ + # = $ – #**

**# = 2**

**$ = 3**

**Allora @ è uguale a:**

A 0 B –2 C 1 D –1

## 3.2 | Soluzioni e commenti

**1** L'esercizio non richiede deduzioni, ma solo di saper usare i dati noti. I quesiti relativi al testo del problema possono essere risolti compilando una tabella a doppia entrata in cui inserire le informazioni disponibili.

| | **Lunedì** | | **Martedì** | | **Mercoledì** | | **Giovedì** | |
|---|---|---|---|---|---|---|---|---|
| | Pom. | Sera | Pom. | Sera | Pom. | Sera | Pom. | Sera |
| Luisa | | X | | X | | X | X | X |
| Marcella | | X | X | X | | X | | X |
| Giulia | X | X | X | | | X | | X |
| Riccardo | X | | X | X | | X | X | X |

Le caselle barrate con una X indicano la disponibilità dello studente. Osservando la tabella è possibile constatare come gli unici due giorni in cui tutti i quattro studenti sono disponibili sono il *mercoledì sera* e il *giovedì sera*. La risposta esatta è dunque la **A**.

**2** Osservando la tabella è facile notare che il numero maggiore di X è presente nella riga corrispondente a *Riccardo* (6). La risposta esatta è dunque la **D**.

**3** La risposta esatta è la **A**. Infatti la tabella mostra che ogni sera, oltre alla disponibilità di Luisa (prima riga) vi è sempre la disponibilità di almeno altri due studenti. La **B** è errata in quanto né il lunedì sera né il martedì sera sarebbero disponibili tutti gli altri tre studenti. La **C** è errata in quanto anche il lunedì sera Luisa avrebbe due compagni di studio (Marcella e Giulia). La **D** è errata in quanto Luisa potrebbe incontrare Riccardo sia martedì sera sia mercoledì sera sia giovedì sera.

**4** La 1) è falsa in quanto, anche escludendo il giovedì, i quattro studenti avrebbero l'opportunità di trovarsi tutti insieme il mercoledì sera; la 2) è esatta in quanto l'unico pomeriggio disponibile per Luisa era proprio quello di giovedì; la 3) è esatta in quanto Giulia e Marcella potrebbero studiare insieme lunedì sera, martedì pomeriggio e mercoledì sera. La risposta da indicare è la **D**.

**5** La risposta esatta è la **D**. Infatti *mercoledì sera* e *giovedì sera* sono le uniche occasioni in cui i quattro studenti sono tutti disponibili.

**6** Anche in questo caso, per rispondere è sufficiente organizzare i dati noti. Il metodo migliore è tracciare uno schema grafico per visualizzarli e poter poi rispondere più agevolmente a tutte le domande. Le relazioni date consentono di rappresentare la *sequenza delle note* (partendo dalla nota più bassa a sinistra fino a quella più alta):

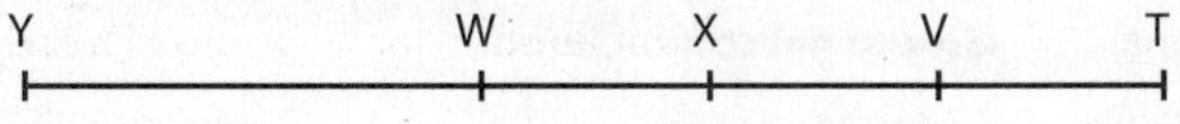


La distanza maggiore tra Y e W sta a indicare che l'intervallo tra le due note non è di un *semitono*, come per le altre, ma di un *tono*. Dallo schema appena visto risulta che la risposta corretta è la **B**.

**7** La domanda chiede di individuare *la condizione che non può essere vera*. Poiché W e X sono a distanza di un semitono e poiché un semitono è l'intervallo più piccolo possibile tra due note, Z non può essere compresa tra W ed X. La risposta da indicare è dunque la **D**.

**8** A questa domanda si può rispondere semplicemente esaminando lo schema tracciato inizialmente. Poiché il testo richiede di individuare l'affermazione falsa, la risposta da indicare è la C. La nota Y è infatti di un tono e mezzo più bassa della nota X e non di un tono soltanto.

**9** La risposta esatta è la C. Se la nota W fosse più alta di un tono, verrebbe a coincidere, come altezza nella scala, con la nota V.

**10** Ancora una volta, per risolvere i quesiti dell'esercizio è necessario compilare uno schema che ricapitoli le informazioni fornite. Si tratta poi di dedurne la collocazione sui quattro isolotti delle due palme, del naufrago e del tesoro.

| Isolotto | A | B | C | D |
|---|---|---|---|---|
| Oggetto | | | | |

Sapendo che il tesoro si trova nel secondo isolotto a destra rispetto a quello del naufrago (penultima informazione), bisogna concludere che il tesoro è sepolto o nell'isolotto C o in D: infatti il naufrago deve stare o sull'isolotto A o su B, gli unici che riescono ad avere altri due isolotti a destra (e rispettare la condizione data). Inoltre, poiché l'isolotto del tesoro ha come adiacente un solo isolotto con la palma, se ne deduce che deve essere l'isolotto D. Ne segue che l'isolotto con il naufrago è B, mentre A e C sono gli isolotti con le palme. Da cui:

| Isolotto | A | B | C | D |
|---|---|---|---|---|
| Oggetto | palma | naufrago | palma | tesoro |

Osservando lo schema è possibile concludere che il tesoro è sepolto sull'isolotto D. La risposta esatta è dunque la D.

**11** Essendo gli isolotti distanti 1 km fra loro, la distanza fra i due isolotti con le palme (A e C) è pari a 2 km e quella fra l'isolotto con la palma più a sinistra (A) e l'isolotto con il tesoro (D) è pari a 3 km. Ne segue che la somma è pari a 5. La risposta esatta è dunque la C.

**12** La distanza fra l'isolotto con la palma situato più a sinistra (A) e l'isolotto con il naufrago (B) è pari a 1 km, mentre quella fra l'isolotto con il naufrago (B) e l'isolotto in cui si trova il tesoro (D) è pari a 2 km. La somma è dunque pari a 3 km. La risposta esatta è quindi la C.

**13** Il naufrago è situato sull'isolotto B. La risposta esatta è dunque la B.

**14** Si tratta in questo caso di una domanda tranello. Verrebbe infatti intuitivo rispondere che l'isolotto più vicino al capitano Flint nel momento in cui scavava era l'isolotto più vicino a quello del tesoro, ossia C. In realtà, l'isolotto più prossimo a Flint era proprio l'isolotto del tesoro, ossia D. D'altra parte, a tale conclusione è possibile giungere anche sulla base della parte iniziale del quesito, che spinge a considerare tutti gli isolotti. La risposta esatta è dunque la D.

**15** Per rispondere alle domande bisogna inserire in uno schema le informazioni disponibili e integrarle con opportune deduzioni. Si può cominciare inserendo in tabella i dati direttamente noti:

| **Persona** | **Giorno del compleanno** | **Anno di nascita** |
|---|---|---|
| Garavaglia | 15 marzo | 1968 [9] |
| Banfi | 3 giorni dopo Garavaglia [2] | |
| Amadei | | |
| Candiani | | |
| Perotti | 2 giorni prima di Forloni [3] | |
| Forloni | marzo [8] | |

 

Sulla base delle successive informazioni si possono operare semplici deduzioni: se *Amadei* festeggia ogni quattro anni, è nato un 29 febbraio e l'anno deve essere il 1968 perché (nell'intervallo 1965-1970 indicato dal testo) è l'unico anno con le ultime due cifre divisibili per quattro; *Candiani*, il cui compleanno cade il giorno dopo quello di Amadei, è nato perciò il 1° di marzo ma è più giovane di Amadei un anno; *Banfi* è del 1968 come Amadei e il suo compleanno cade tre giorni dopo quello di Garavaglia, cioè il 18 marzo. In tabella si riportano in corsivo i dati nuovi:

| Persona | Giorno del compleanno | Anno di nascita |
|---|---|---|
| Garavaglia | 15 marzo | 1968 |
| Banfi | *18 marzo* (si ricava da [2]) | *1968* (si ricava da [4]e [5]) |
| Amadei | *29 febbraio* (si ricava da [4]) | *1968* (si ricava da [1]) |
| Candiani | *1° marzo* (si ricava da [4]) | *1969* (si ricava da [5]) |
| Perotti | 2 giorni prima di Forloni | |
| Forloni | marzo | *1969* (si ricava da [8]) |

Avendo, siamo ora in grado di usare le informazioni residue che prima non sapevamo a chi riferire. Per esempio, mancando l'anno di nascita del solo *Perotti* è ovvio attribuire a lui la data fornita dalla [7]. A questo punto ci manca di stabilire solo il giorno di compleanno di Forloni: grazie alla [3] sappiamo che cade due giorni dopo quello di Perotti e deve essere il 15 marzo. In questo modo è anche verificata la condizione posta dalla [6], per cui due amici condividono il giorno ma non l'anno di nascita. Ecco la tabella completa con i nuovi dati in corsivo:

| Persona | Giorno del compleanno | Anno di nascita |
|---|---|---|
| Garavaglia | 15 marzo | 1968 |
| Banfi | 18 marzo | 1968 |
| Amadei | 29 febbraio | 1968 |
| Candiani | 1° marzo | 1969 |
| Perotti | *13 marzo* (si ricava da [7]) | *1966*(si ricava da [7]) |
| Forloni | *15 marzo* (si ricava da [3]) | 1969 |

A questo punto possiamo rispondere alla domanda: Candiani è nato nel primo trimestre del 1969 e la risposta esatta è dunque la B.

---

**16** Banfi è nato il 18 marzo 1968 e Perotti è nato il 13 marzo 1966. Banfi è dunque più giovane di circa due anni. La risposta esatta è quindi la C.

---

**17** I tre amici più giovani sono Forloni (15 marzo 1969), Candiani (1 marzo 1969) e Banfi (18 marzo 1968). La somma degli anni di nascita considerando solo le ultime due cifre è dunque pari a 206 (69+69+68). La risposta esatta è quindi la D.

---

**18** Il secondo per anzianità è Amadei (29 febbraio 1968) e il terzo Garavaglia (15 marzo 1968). La risposta esatta è dunque la B.

---

**19** Il primo a compiere gli anni è Amadei (29 febbraio). La risposta esatta è dunque la C.

---

**20** La risposta esatta è la B. Il 15 marzo è infatti il compleanno di Forloni, nato nel 1969, e di Garavaglia, nato nel 1968: compiono rispettivamente 48 e 49 anni nel 2017.

**21** Dal momento che Tevaga e Gilena sono due insiemi completamente distinti (*nessuna cosa Tevaga è Gilena*) e che Robapa è invece un insieme contenuto completamente all'interno dell'insieme Gilena (*ogni cosa Robapa è Gilena*), ne consegue che anche l'insieme Tevaga e l'insieme Robapa non hanno alcun punto di contatto perché sono totalmente distinti. Questa considerazione permette di escludere le alternative A, B e C e di trovare nell'alternativa D la soluzione del quesito.

**22** In questo esercizio ci si trova davanti a due condizioni sufficienti:

- se (A) Roberta occupa il banco 1 → (B) Serena occupa il banco 2;
- se (B) Serena occupa il banco 2 → (C) Tiziana occupa il banco 3.

Si può notare da subito che se A → B e B → C, le due condizioni si possono unire in un'unica conseguenza, cioè: se A → B → C. Quindi, se si verifica A, si verificherà necessariamente anche C (visto che dopo A si è avuto B e B ha come conseguenza diretta C). L'alternativa B è perciò quella corretta. Le altre alternative pongono invece di fronte al lettore delle situazioni che – essendo in presenza di due condizioni sufficienti – non ci permettono di fare delle considerazioni certe. Pertanto, A: se NON (A) → ?; C: non è certo che ci sia A (e di conseguenza non è certo nemmeno C); D: non è certo nemmeno che Tiziana non occupi il banco 3 dal momento che non si sa se al banco 1 c'è Roberta oppure no.

**23** Se tutti i gatti argentini devono avere la caratteristica di essere rossi e si volesse dimostrare la falsità di questa affermazione, basterebbe trovare un gatto che – pur essendo argentino – non è rosso. L'alternativa A è quindi quella corretta. Si faccia attenzione all'alternativa D che può confondere il lettore in quanto, se è vero che tutti i gatti argentini sono rossi, non è invece necessariamente vero che tutti i gatti rossi sono argentini. Sarebbe come dire che tutti i romani sono italiani ma non tutti gli italiani sono romani.

**24** Si deve porre l'attenzione sul fatto che ognuno dei tre può vedere tutto ciò che sta davanti a sé, quindi è chiaro che Fabio – essendo l'ultimo della fila – potrà vedere sia Emilio sia Dario e quindi sarà in una posizione privilegiata che gli permette di avere più informazioni rispetto agli altri due. Visto che la bandane verdi sono solo due, è ovvio che se Fabio le vede entrambe assegnate alle due persone che gli stanno davanti per esclusione, è sicuro che la sua sarà dell'altro colore rimanente, cioè gialla. In tutte le altre situazioni non potrebbe avere certezze riguardo a quello che lui indossa. La soluzione è quindi fornita dall'alternativa D.

**25** Se fosse necessario essere Makith per essere alti più di 4 metri, significherebbe che chi è alto più di 4 metri appartiene soltanto a questa popolazione (attenzione: questo non significa che tutta la popolazione Makith è alta più di 4 metri – alternative A e D errate). Dal momento che questo non è necessario, cioè non è vero, significa che qualcuno, tra quelli che sono alti più di 4 metri, non appartiene alla popolazione Makith, e visto che sul pianeta Ankeron l'altra popolazione presente è soltanto la Chunath, significa che sarà uno di loro. L'alternativa corretta è quindi la B. Infine, in merito all'alternativa errata C, si consideri che: se non è necessario essere Makith per essere più di 4 metri, non significa che comunque tra i Makith non ci siano elementi alti più di 4 metri.

**26** È questo il caso di una condizione sufficiente:

- se/chi trova un quadrifoglio (A) → è fortunato (B).

L'alternativa A è sbagliata perché cita sia la condizione necessaria sia la sufficiente. L'alternativa B è errata perché ipotizza una situazione NON (A) → NON (B), ma nella condizione sufficiente si sa che in realtà si potrebbe avere la conseguenza anche in mancanza della premessa (quindi è possibile B anche se NON A) perciò non si hanno certezze con la mancanza della premessa. L'alternativa C è corretta perché sostanzialmente ricalca la condizione sufficiente. L'alternativa D infine non è corretta perché riporta *necessario* ma – di nuovo – questo è il caso di una condizione sufficiente.

 

**27** Se Massimiliano mangia i 2/7 del contenuto significa che quel che rimane equivale ai 5/7. Si dovranno calcolare quindi i 5/7 di 210. Dividendo 210 per 7 si trova 1/7 di 210 grammi, che equivale a 30 grammi. Il contenuto rimasto nel barattolo (5/7) sarà quindi dato da 30 x 5 = 150 grammi. L'alternativa **A** è la soluzione del quesito.

**28** Si può risolvere graficamente il presente esercizio disegnando l'insieme dei bambini che sarà totalmente all'interno dell'insieme degli affettuosi (*tutti i bambini sono affettuosi*). *Max è affettuoso* significa solamente che Max è sicuramente all'interno dell'insieme degli affettuosi ma non si può sapere con certezza se anche all'interno dell'insieme dei bambini oppure no (con le informazioni in nostro possesso a questo punto potrebbero essere valide entrambe, quindi certa nessuna). Si è già però arrivati alla soluzione (alternativa corretta **A**) perché se non si hanno certezze sulla posizione di Max, non si può dire che sia un bambino.

**29** La maggiore ha un'età che è tre mezzi della minore. Ciò significa che l'età della minore è i due terzi dell'età della maggiore (se per esempio 9 è i tre mezzi di 6, si avrà che 6 è i due terzi di 9).
Se si imposta un'equazione indicando con X l'età della sorella maggiore si avrà:

$$X + (2/3)X + (X-5) = 75$$

che sviluppata diventa $X + 2/3X + X = 75 + 5$ cioè $8/3X = 80$ ovvero $X = 30$. Alternativa corretta **A**.

**30** Se Adele non occupa un posto in prima fila, significa che si può trovare soltanto in seconda fila visto che tre file dietro di lei deve sedere Federica (se Adele per esempio si fosse seduta in terza fila, Federica si sarebbe dovuta sedere tre file indietro, cioè in sesta fila...ma la sesta fila al cinema Pellicano di Saronno non esiste). Abbiamo quindi messo Adele in seconda fila e Federica in quinta. Dal momento che Giulia siede tre file avanti rispetto a Marzia, possiamo metterla soltanto in prima fila (se fosse in terza o quarta fila per esempio, Marzia dovrebbe stare in sesta o settima fila che, come abbiamo già visto, non esistono). Abbiamo quindi Giulia in prima fila e Marzia in quarta. rimane libera la terza fila (quella centrale) che quindi per esclusione viene occupata da Olivia. Tutte queste semplici considerazioni ci portano alla soluzione rappresentata dall'alternativa **A**.

**31** L'argomentazione è composta da una premessa (*Non vi è motivo di escludere la possibilità di vita su Urano*) e da una conseguente conclusione (*Dunque dobbiamo intraprendere l'esplorazione di questo pianeta*). Essendo le due strettamente legate, la logica sottostante è che se esiste la possibilità di vita su un pianeta, allora tale pianeta deve essere esplorato. In altre parole, la ricerca della vita è una ragione sufficiente per l'esplorazione dei pianeti (risposta **C**). L'alternativa **A** è errata in quanto l'argomentazione di partenza si limita ad affermare la possibilità di vita su Urano. Analogamente, l'alternativa **B** è errata in quanto l'argomentazione di partenza si limita a considerare il caso di Urano e non afferma nulla circa gli altri pianeti del Sistema solare. Infine, l'alternativa **D** è errata in quanto l'argomentazione di partenza non fornisce indicazioni che consentano di escludere che qualcuno abbia già tentato, magari senza successo, l'esplorazione di Urano.

**32** La risposta di Luca (*Se il numero dei miei cugini è divisibile per sei, allora è pari*) rappresenta una tautologia: è evidente che un numero divisibile per sei è anche pari. Trattandosi inoltre di un condizionale («Se ...») tale risposta non offre alcuna informazione utile. Sono dunque da scartare sia l'alternativa **A** sia la **B**. L'alternativa **C** è errata in quanto un numero non divisibile per sei potrebbe comunque essere pari. In altre parole, potrebbe darsi il caso che il numero dei cugini di Luca sia pari pur non essendo divisibile per sei. La risposta esatta è quindi la **D**.

**33** *Avere ragione* e *avere torto* sono due condizioni che si escludono a vicenda (o è vera l'una o è vera l'altra); inoltre, in ambito logico, non esiste una terza possibilità (*tertium non datur*). Dire dunque che *gli assenti non hanno mai ragione* equivale a dire che essi *hanno sempre torto* (risposta esatta **D**). Le alternative **A** e **B** sono errate perché dall'affermazione di partenza sugli *assenti* non è possibile trarre alcuna deduzione circa i *presenti*: non è pertanto possibile dire nulla, senza informazioni ulteriori, sull'avere ragione o torto dei presenti. L'alternativa **C** è una fallacia logica, in quanto rovescia la relazione insiemistica fra *assenti* e *coloro che hanno torto*. L'insieme dei primi, infatti, è sottoinsieme dei secondi e non viceversa: possono esistere cioè persone che *hanno torto* e che non appartengono all'insieme *assenti*; quest'ultima possibilità non contraddice l'affermazione iniziale.

---

**34** La risposta esatta è la B. Infatti, per la proprietà transitiva, se Gino è pigro e chi è pigro ama la pesca, allora Gino ama la pesca. In altre parole, poiché *Gino* è un elemento dell'insieme *pigri* e quest'ultimo è sottoinsieme dell'insieme *amanti della pesca*, è evidente che *Gino* è un elemento anche dell'insieme *amanti della pesca*. L'alternativa A è errata in quanto il fatto che i pigri amino la pesca non implica necessariamente che tutti gli amanti della pesca siano pigri. Vi possono anche essere amanti della pesca che non sono pigri. L'alternativa C è errata per lo stesso motivo.

---

**35** La risposta esatta è la A. Infatti, poiché Luca ama la pesca, la 1), specificare che chi ama la pesca è pigro, permette di concludere, per la proprietà transitiva, che Luca è pigro. La 2), affermando che Gino ama la pesca, altro non fa che fornire in modo diretto un'informazione che era già stata ricavata in modo indiretto nell'esercizio precedente. Infine, la 3) è del tutto irrilevante e priva di contenuto informativo ai fini della conclusione che interessa (Luca è pigro).

---

**36** È importante ricordare che una sola delle affermazioni è vera. Se fosse vera l'affermazione di Marco (Giorgio è il campione) sarebbe vera anche quella di Matteo: dunque il campione non può essere Giorgio. Se fosse vera l'affermazione di Giorgio (Alessandro è il campione) sarebbe vera anche quella di Matteo: dunque nemmeno Alessandro è il campione. Dal momento che l'affermazione di Giorgio non può essere vera, è vera quella di Alessandro e se quest'ultima è vera significa che non è vera quella di Matteo. Il campione è quindi Matteo (risposta B).

---

**37** La risposta esatta è la C. Infatti, l'argomentazione di partenza si compone di una premessa («Il partito guidato dall'onorevole Rossi riscuote particolare successo tra gli imprenditori e i lavoratori autonomi e assai meno presso i lavoratori dipendenti») e di una conclusione («In vista delle prossime elezioni politiche, sarebbe dunque opportuno che l'onorevole Rossi proponesse misure economiche a favore dei lavoratori dipendenti»). La conclusione suppone dunque l'efficacia di realizzare proposte economi per aumentare il consenso del partito guidato dall'onorevole Rossi. È solo smentendo tale supposta efficacia che si indebolisce l'argomentazione, e non sostenendo l'inconciliabilità delle proposte con il risanamento della finanza pubblica. Sia l'alternativa A, sia la B, sia la D contrastano tale efficacia. L'alternativa C avrebbe indebolito l'argomentazione di partenza solo se questa si fosse basata anche sulla conciliabilità delle misure economiche a favore dei lavoratori dipendenti con il risanamento della finanza pubblica.

---

**38** L'esercizio esprime due condizioni, l'una successiva all'altra, entrambe *sufficienti*:

1) "se domenica farà bello": condizione sufficiente perché Anna vada al mare;

2) "se la nonna starà bene": condizione sufficiente e successiva alla 1) perché Anna porti la nonna con sé al mare.

Da quanto detto sopra è dunque possibile trarre con certezza solo le seguenti conclusioni:

1a) se Anna non va al mare, allora non ha fatto bello;

2a) se Anna non porta anche la nonna, allora la nonna non sta bene.

Sulla base della prima conclusione risulta evidente che, poiché Anna non è andata al mare, il tempo certamente non è bello. Ciò consente di escludere le alternative A e C. Poiché però le due condizioni sono in successione tra loro, dalla presenza di Anna in città non possiamo concludere alcunché circa la salute della nonna. Infatti, solo il verificarsi della prima condizione può darci elementi utili circa il verificarsi della seconda condizione. Se Anna fosse andata al mare, la presenza o meno della nonna ci avrebbe detto qualcosa sulla sua salute. La risposta al quesito è dunque la D: poiché Anna non è andata al mare, l'unica certezza è che il tempo non è bello.

**39** La risposta esatta è la **B**. Infatti, ogni studente della scuola ha tre possibilità: o studia solo l'inglese, o studia solo il francese, o studia entrambe le lingue. Si tratta di capire come si ripartiscono, in termini percentuali, gli studenti della scuola nei tre gruppi. Se il 70% studia l'inglese, ciò significa che il rimanente 30% studia solo il francese. È stata così individuata la percentuale degli studenti del primo gruppo. Se inoltre il 60% degli studenti studia solo il francese, se ne deduce che la percentuale di studenti che studiano solo l'inglese è pari al 40%. In questo modo si conosce la percentuale di studenti del secondo gruppo. Il terzo gruppo (studenti che studiano sia l'inglese sia il francese) sarà dunque composto dal 30% (100% – 30% – 40%) degli studenti della scuola.

**40** Il punto cruciale dell'esercizio sta nell'espressione "massimo numero": se un partito deve avere il *massimo numero possibile* dei seggi, tutti gli altri devono per forza averne il *minimo possibile*. Per calcolare questi numeri bisogna allora procedere come segue, rispettando tutti i vincoli stabiliti dal problema:

- se ciascun partito ha almeno 10 seggi, allora il quinto partito deve averne esattamente 10 e il quarto partito, di conseguenza, giusto uno in più, cioè 11;
- i restanti 279 seggi saranno dunque divisi tra gli altri tre partiti, in modo che i primi due abbiano solo la quantità di seggi strettamente sufficiente a renderli appunto primo e secondo: cioè rispettivamente 2 seggi e 1 seggio in più del terzo;
- il terzo partito deve pertanto contare appena meno di 279 : 3 = 93 seggi, per consentire il vantaggio degli altri due. Ne ha allora 94 il primo, 93 il secondo e 92 il terzo.

La risposta esatta è dunque la **D**.

**41** Per arrivare alla soluzione occorre procedere verificando le alternative proposte. Si valuti dapprima l'alternativa **A**: se la giuria decide di darvi il terzo premio, la previsione non è valida e dunque è corretto che vi venga assegnato il terzo premio. Ne segue che questa prima alternativa non obbliga la giuria a darvi il primo premio. Alternativa **B**: se la giuria vi attribuisce il secondo premio, avrete azzeccato la previsione, la giuria avrà dunque agito correttamente scegliendo di darvi il secondo premio (la giuria è libera di scegliere fra il primo e il secondo premio) e dunque non avrete ottenuto quanto desiderato. Alternativa **C**: in questo caso la giuria non può darvi né il secondo premio (perché non avreste indovinato la previsione) né il terzo premio (perché avreste indovinato la previsione e dunque vi spetterebbe o il primo o il secondo premio). Ne consegue che in questo caso la giuria sarebbe obbligata a darvi il primo premio. La risposta esatta è dunque la **C**.

**42** L'argomentazione è composta da una premessa ("recenti ricerche hanno mostrato che le università che hanno introdotto il numero programmato sono riuscite a conseguire una significativa riduzione del numero di studenti che abbandonano gli studi prima della laurea") e da una conseguente conclusione ("È dunque opportuno che tutte le università introducano il numero programmato"). Essendo le due proposizioni strettamente legate, la logica sottostante è che se un certo strumento consente di ridurre il numero di abbandoni degli studi, allora tale strumento deve essere utilizzato. In altre parole, la riduzione del numero di abbandoni degli studi è una ragione sufficiente per l'introduzione del numero programmato. La risposta esatta è dunque la **C**. L'alternativa **A** è errata in quanto il punto di partenza riguarda solo la possibilità di ridurre la percentuale di studenti che abbandonano gli studi prima della laurea, ma non fornisce alcuna indicazione circa il loro numero. Analogamente, l'alternativa **B** è errata in quanto il testo non fornisce alcun dato circa il numero di università che già hanno introdotto il numero programmato. L'alternativa **D**, infine, è errata in quanto non è stato introdotto il tema degli effetti sulla qualità della didattica prodotti dall'introduzione del numero programmato.

**43** Proviamo a a considerare il caso di un figlio maschio della coppia: per avere almeno 3 fratelli e 3 sorelle bisogna che in tutto i maschi siano almeno 4 (cioè il soggetto stesso più altri 3) e le femmine 3. Considerando invece il caso di una figlia femmina, per avere almeno 3 fratelli e 3 sorelle, bisogna che i maschi siano almeno 3 e le femmine almeno 4. Unendo i due casi, si può ricavare che la coppia deve avere almeno 4 maschi e 4 femmine: in totale almeno 8 figli. La **C** è la soluzione del quesito.

**44** Per risolvere il quesito l'informazione cruciale è la seconda: qualunque coppia si sorteggi, non si avranno mai due donne. Quindi alla gara podistica è iscritta una sola donna (se fossero anche solo due, non si avrebbe la certezza, sorteggiando due persone a caso, di trovare sempre almeno un uomo, avrei una possibilità di sorteggiare due donne. Gli uomini iscritti alla gara saranno, allora, 99 e la soluzione quella fornita dall'alternativa **D**.

**45** Il quesito è assai semplice, purché lo si legga con attenzione. L'alternativa **B** (errata) gioca appunto sulla distrazione che può far considerate 1.400 kg come il peso dell'auto di grossa cilindrata e non come la *differenza* di peso tra le due auto.

Sottraendo invece tale differenza al peso complessivo, si possono considerare le due auto come se avessero peso uguale: 2.000 kg – 1.400 kg = 600 kg. Dividendo per due il risultato si ottiene il peso della city car: 300 kg. A controprova, si verifica che 300 + 1400 = 1700 kg è il peso dell'altra auto; sommandolo a quello della city car si ottiene appunto 2.000 kg. La risposta esatta è la **C**.

**46** L'esercizio configura una condizione necessaria ma non sufficiente: solo se si verifica l'evento A (= *firma*) può verificarsi l'evento B (= *chiusura del contratto*). Sono lecite solo due deduzioni:

- se non A allora non B (= se non c'è firma allora non si può chiudere il contratto);
- se B allora A (= se si può chiudere il contratto, allora c'è stata firma).

A questo punto è semplice valutare quali alternative di risposta sono *ricavabili con certezza*: se il contratto non è stato firmato, non può essere chiuso (alternativa **D** corretta); se il contratto è stato chiuso, allora è stato firmato (alternativa **C** corretta); se il contratto è stato firmato può venire chiuso (alternativa **B** corretta), in quanto la firma non è condizione sufficiente al verificarsi dell'evento ma solo un prerequisito obbligatorio. La deduzione NON corretta è quella dell'alternativa **A**: come è già stato spiegato, anche dopo la firma la chiusura del contratto non è scontata, ma solo possibile e la mancata chiusura del contratto può dipendere da altre ragioni.

**47** Il fatto che uno studente si applichi è condizione *sufficiente* per la promozione: l'applicazione però non è indispensabile, possono verificarsi anche altre condizioni che consentono di essere promossi. È quindi solo possibile, ma *non necessario*, che uno studente promosso si sia applicato. Ciò dimostra che la risposta corretta è la **D** e che l'alternativa **C** è errata. L'alternativa **A** è sbagliata perché la promozione non corrisponde al massimo risultato, mentre l'alternativa **B** è sbagliata perché pone l'impegno degli studenti quale condizione *necessaria* affinché essi siano promossi.

**48** Per risolvere l'esercizio conviene partire dalle alternative e provare a verificare se queste soddisfano le condizioni poste dal quesito. Ci si accorge così che la riposta esatta è **C**. Poniamo infatti che Marianna abbia 35 euro e Simona 25: quando Simona dà 5 euro all'amica, le restano 20 euro mentre Marianna ne ha 40, cioè il doppio. Se invece è Marianna a dare 5 euro a Simona, entrambe ne avranno 30.

**49** L'affermazione data indica una condizione *necessaria* perché si verifichi un fatto: *solo se* Walter esce (evento A) allora capita che incontri Fabrizio (evento B). Stabilito che quanto detto è vero, dobbiamo ricavare quale delle conseguenze proposte nelle alternative è certa. Sappiamo: 1) che se Walter incontra Fabrizio, allora è uscito, perché abbiamo definito come necessario il fatto che esca affinché possa incontrarlo; 2) che se Walter non esce, allora sicuramente non incontra Fabrizio. Si ricava allora che **D** è la risposta esatta e **B** non può esserlo. Attenzione alla alternativa **C**: il fatto che Walter esca non comporta di per sé che incontri Fabrizio. Quella di uscire è una condizione *necessaria* ma non è *sufficiente* a garantire l'incontro. Perciò la risposta non è accettabile.

 

**50** Sia PR l'insieme dei destinatari della promozione, TCC l'insieme di coloro che hanno telefonato al call center e RC l'insieme di quelli che hanno chiesto il rinnovo del contratto. È possibile rappresentare graficamente le relazioni proposte dall'esercizio in uno dei seguenti modi:

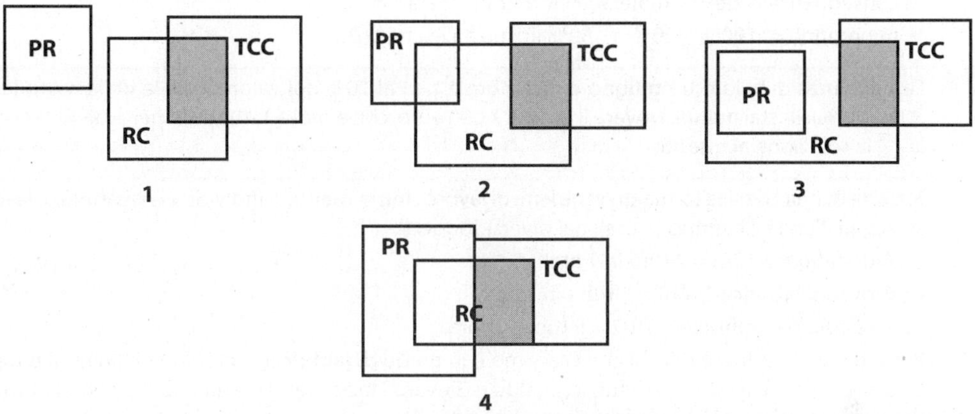


Infatti, se da una parte si sa con sicurezza che gli insiemi PR e TCC sono tra loro separati e che gli insiemi TCC e RC si intersecano fra loro, nulla si può dire con certezza sulla relazione esistente tra gli insiemi PR e RC. Perciò non possiamo dedurre **A**, **C** e **D**. È, però, sempre vero che alcuni di quelli che hanno chiesto il rinnovo del contratto, avendo chiamato il call center non possono essere anche parte dell'insieme dei destinatari della promozione. La soluzione al quesito è quindi la **B**, in quanto non tutti quelli che hanno chiesto il rinnovo del contratto possono essere stati oggetto della promozione.

**51** Da un primo sguardo alle alternative proposte si può eliminare immediatamente la **A**: infatti il basso denominatore e il basso numeratore indicano quantità molto lontane dall'unità. Ci si accorge inoltre, semplificando, che 10/12 è pari a 5/6 e quindi nessuna delle due può essere l'alternativa che si cerca perché si avrebbero due soluzioni al quesito. Senza svolgere calcoli si arriva, quindi, a individuare nella **B** la risposta esatta.

**52** Per trovare la quantità cercata si deve risolvere la seguente equazione:

$$30 = 60\% \cdot X \text{, cioè:}$$

$$30 = \frac{60}{100} \cdot X \text{ che ha come risultato } X = 50.$$

La soluzione al quesito è, quindi fornita dall'alternativa **D**.

**53** Se 15 = 10% di $X$, significa che $X = 150$. Ma 150 è il 30% di Y, il cui valore sarà:

$$150 = \frac{30}{100} \cdot Y = 500.$$

La soluzione al quesito è, quindi, fornita dall'alternativa **A**.

**54** Per trovare la soluzione del quesito è necessario calcolare il 20% di 1.800 e sottrarlo a 1.800.

$$1800 - \frac{20}{100} \cdot (1800) = 360$$

La soluzione è, dunque, fornita dall'alternativa **D**, infatti 1800 – 360 = 1440.

**55** La percentuale dei maggiorenni è data da:

$$\% \text{ maggiorenni} = \frac{30}{150} = \frac{1}{5} = 20\%$$

Di conseguenza la percentuale dei minorenni è data da:
% minorenni = 100% – 20% = 80% (risposta esatta **D**).

**56** La differenza di valore tra giugno e dicembre è pari al 20% del valore iniziale della moto (cioè 30% – 10%). Basta, quindi, trovare il 20% di 7.000 euro, che è pari a 1.400 euro per individuare nella **B** la soluzione al quesito.

**57** Si tratta di una classica forma di "problemi di lavoro". Inizialmente si individua la quantità di lavoro svolta, nell'unità di tempo (1 ora), dai diversi soggetti:

- Aldo fabbrica 10/5 = 2 tubi in 1 ora;
- Giovanni fabbrica 10/10 = 1 tubo in 1 ora;
- i tre insieme fabbricano 10/2 = 5 tubi in 1 ora.

Per ottenere il numero di tubi che Giacomo è in grado di fabbricare da solo nell'unità di tempo, bisogna sottrarre il numero di tubi che Aldo e Giovanni fabbricano insieme (2 + 1 = 3), al numero di tubi che tutti e tre insieme fabbricano in un'ora (5):

5 – 3 = 2 = numero di tubi fabbricati da Giacomo nell'unità di tempo.

Il ragionamento conclusivo è il seguente: se Giacomo in 1 ora fabbrica 2 tubi, per fabbricarne 10 impiegherebbe 5 ore (risposta esatta **B**).

**58** Poiché Giorgio impiega 4 giorni per costruire una barca, in un giorno egli compie 1/4 del lavoro. Analogamente, Mario e Alfredo compiono in un giorno rispettivamente 1/6 e 1/12 del lavoro; i tre soggetti insieme compiono quindi in un giorno:

1/4 + 1/6 + 1/12 = 1/2 del lavoro complessivo.

Per l'intero lavoro sono dunque necessari 2 giorni; la risposta corretta è quindi la **A**.

**59** Sia $x$ la quantità di marmellata contenuta inizialmente nel barattolo. Il bambino mangia inizialmente 1/3 di $x$ e quindi nel barattolo rimangono i 2/3 di $x$. In seguito mangia i 3/4 di ciò che ancora resta e quindi la rimanenza finale è pari a 1/4 dei 2/3 di $x$, ossia 2/12 = 1/6 della quantità iniziale. La risposta esatta è quindi la **C**.

**60** I tre soggetti hanno lo stesso ritmo di lavoro, quindi per demolire la stessa parete un solo muratore impiega 40 · 3 = 120 minuti = 2 ore (risposta esatta **B**).

**61** Si tratta di un problema di probabilità complessa, dato cioè dalla combinazione delle probabilità di due eventi tra loro indipendenti. Poiché è indifferente quale delle due monete sia testa e quale croce, i 4 *casi possibili* sono indicati nella tabella seguente:

| 1ª moneta | 2ª moneta |
|---|---|
| T | T |
| T | C |
| C | T |
| C | C |

È evidente che i casi favorevoli sono 2 (TC e CT). Quindi la probabilità di ottenere 1 testa *e* 1 croce è pari a 2/4 = 1/2 (risposta corretta **B**).

**62** Al compimento del ventesimo giro di Alonso, Hamilton ne ha compiuti 21, rubando 5 secondi a giro. Ciò significa che per fare un giro Hamilton in media impiega 5 x 20 = 100 secondi (5 secondi per ogni giro che fa Alonso, portano complessivamente al giro in più di Hamilton). Ne consegue che per fare un giro Alonso impiega esattamente 105 secondi (5 in più di Hamilton). A questo punto si conosce sia lo spazio (5.000 metri), sia il tempo (105 secondi) ed è agevole calcolare la velocità di Alonso applicando la formula: V = S/T.

In questo caso si ha che: 5.000/105 = 47,6 che rappresentano i metri al secondo (risposta **B** errata). Per avere i chilometri all'ora si moltiplica per 3600 (numero di secondi in un'ora) e si divide per 1.000 (ora la distanza è ancora espressa in metri). Il risultato dell'operazione è circa 171,5 km/h. La soluzione è fornita dall'alternativa **A**.

---

**63** A parità di distanza, se la velocità raddoppia, il tempo si dimezza. Pertanto il tempo impiegato al ritorno sarà x/2. Il numero totale di ore impiegate per compiere l'intero viaggio è dunque pari a:

$$x + \frac{x}{2} = \frac{3}{2}x$$ (risposta **B**).

---

**64** Innanzitutto è necessario riportare le due velocità alla stessa unità di misura:

$$v_{Alfonso} = 45\ \frac{m}{min}\ ;\quad v_{Marisa} = 0,8\ \frac{m}{s} = 0,8 \cdot 60\ \frac{m}{min} = 48\ \frac{m}{min}$$

Se si suppone Alfonso fermo, rispetto a lui Marisa ha una velocità di (48 – 45) m/min. Quindi dopo 1 h la distanza fra i due è pari a:

$$s = v \cdot t = 3\ \frac{m}{min} \cdot 60\ min = 180\ m$$

La risposta corretta è la **D**.

---

**65** Detto $x$ il numero di libri posseduti da Matteo, si ha che:

- Piero possiede $x + 2$ libri;
- Matteo possiede $x$ libri;
- Luca possiede $2x$ libri;
- Enrico possiede $8x$ libri.

I quattro amici posseggono complessivamente 122 libri e quindi si ha:

$(x + 2) + x + 2x + 8x = 122$ da cui $x = 10$.

La risposta esatta è quindi la **B**.

---

**66** Poiché per preparare 10 chilogrammi di pane quattro panettieri impiegano 2 ore, per preparare 5 chili di pane impiegheranno 1 ora. Poiché i 4 panettieri lavorano allo stesso ritmo, per compiere lo stesso lavoro un singolo panettiere impiegherà quindi 1 h · 4 = 4 ore (risposta esatta **B**).

---

**67** Per sapere quanti sono i mazzi totali che il fiorista prepara è necessario trovare il Massimo Comun Divisore tra 672, 816 e 624. Il MCD si ottiene moltiplicando tra loro i divisori (che siano numeri primi) comuni tra i numeri considerati. Nel nostro caso, i fattori primi comuni sono 3 $2^4$ (16), perciò il MCD è 48. Si presti però attenzione: 48 non è il valore cercato, perché indica il numero dei mazzi che si possono formare usando lo stesso numero di fiori: ma noi dobbiamo trovare quanti fiori contiene ciascuno di questi mazzi. Per trovare questo valore si deve dividere ciascun gruppo di fiori per 48, ottenendo 14 rose, 17 margherite e 13 garofani per mazzo, con un totale di 44: la soluzione al quesito è fornita dall'alternativa **D**.

---

**68** Diversamente da ciò che potrebbe sembrare inizialmente, per rispondere non è necessario conoscere il numero di palline contenute nel sacchetto. Tenendo conto che l'esercizio richiede il numero minimo di estrazioni per essere *certi* di avere due palline di ugual colore, si ragioni ipotizzando sempre di estrarre colori diversi.

Prima estrazione: la pallina estratta è bianca, rossa o nera.

Seconda estrazione: la seconda pallina estratta ha uno degli altri due colori disponibili.

Terza estrazione: la terza pallina estratta ha il terzo e ultimo colore presente nella scatola.

Quarta estrazione: se le prime tre palline estratte erano di colori diversi (una rossa, una nera e una bianca) il colore della quarta pallina deve necessariamente coincidere con uno di quelli già estratti. La risposta esatta è la **A**.

---

**69** Una sarta confeziona un abito ogni 2 settimane e quindi in 1 settimana confeziona mezzo abito. Pertanto, per confezionare 3 abiti in una settimana, occorrono 6 sarte (risposta corretta **C**).

---

**70** La probabilità che la prima penna pescata sia nera è pari a 4/12 (=1/3). Dopo l'estrazione, le penne sono diventate 11 e la probabilità di pescarne una seconda nera è 3/11. Quindi la probabilità totale è $\frac{1}{3} \cdot \frac{3}{11} = \frac{1}{11}$. La risposta corretta è la **C**.

---

**71** La probabilità di estrarre una caramella alla frutta, in base alla definizione di probabilità, è data dal rapporto tra il numero di casi favorevoli e il numero di casi possibili. Pertanto se $x$ è il numero di caramelle alla frutta da aggiungere, allora si ottiene:

- numero casi favorevoli = numero caramelle alla frutta = $2 + x$;
- numero casi possibili = numero totale di caramelle = $10 + x$;
- $P(E) = \frac{x+2}{10+x} = \frac{1}{3}$ da cui $3(x+2) = 10 + x$ ossia $x = 2$

La risposta corretta è quindi la **D**.

---

**72** Poiché ogni pomodoro pesa 600 grammi, il numero di pomodori contenuto in 3 kg è pari a3000 g / 600 = 5. Se 5 pomodori costano 4 euro, per ottenere il costo di una dozzina, basta impostare la proporzione 5 : 4 = 12 : x da cui x = 9,60 euro (risposta esatta **D**).

---

**73** La risposta corretta è la **D**, infatti, per la definizione di logaritmo, occorre trovare il valore di x per cui:

$$x^{-2} = 196 \rightarrow \frac{1}{x^2} = 196 \rightarrow x^2 = \frac{1}{196} \rightarrow x = \frac{1}{\sqrt{196}} = \frac{1}{14}$$

---

**74** Chiamando $x$ la quota spesa da Pippo, l'affermazione contenuta nel testo si traduce nella seguente equazione:

$$(10.000 - x) - \frac{75}{100} \cdot (10.000 - x) = 1200$$

dove $(10.000 - x)$ è la quota somma girata ad Andrea e $75/100 \cdot (10.000 - x)$ è la quota spesa da Andrea. Risolvendo l'equazione si ottiene:

$$\frac{1}{4} \cdot (10.000 - x) = 1.200 \Rightarrow x = 5.200 \text{ euro}$$

La risposta esatta è dunque la **B** (5.200 è appunto il 52% di 10.000).

---

**75** La probabilità che il primo cioccolatino estratto sia al latte è pari a 8/12 = 2/3. Dopo la prima estrazione, nella scatola sono rimasti 11 cioccolatini di cui 7 al latte e quindi la probabilità che la seconda estrazione dia come risultato un cioccolatino al latte (supposto al latte il primo estratto) è pari a 7/11. Allo stesso modo, dopo la seconda estrazione sono rimasti 10 cioccolatini di cui 6 al latte; pertanto la probabilità che il terzo cioccolatino estratto sia al latte (supposti al latte i primi due) è pari a 6/10.

Per il teorema delle probabilità composte, la probabilità che i 3 eventi tra loro indipendenti si verifichino contemporaneamente cioè uno dopo l'altro è data dal prodotto delle probabilità dei singoli eventi:

P = 2/3 · 7/11 · 3/5 = 14/55; per cui la risposta corretta è la **D**.

**76** Per calcolare il valore di uno sconto del 15% su 10.000 euro è scontata del 15% si applica la formula:

sconto = costo · tasso di sconto

e si ottiene:

sconto = 10.000 · 0,15 = 1.500 (risposta esatta **C**).

**77** La probabilità che la prima pallina pescata non sia rossa è pari a 6/10 (cioè 3/10 + 3/10, la somma delle probabilità di pescare una pallina bianca o verde. Dopo l'estrazione, le palline sono diventate 9 e la probabilità di pescarne una seconda non rossa è 5/9 (cioè 3/9 + 2/9, la somma delle probabilità di pescare una delle restanti palline verdi o bianche). Quindi la probabilità totale è $\frac{6}{10} \cdot \frac{5}{9} = \frac{1}{3}$. La risposta corretta è la **C**.

**78** Per risolvere il quesito è necessario fare diversi calcoli. Bisogna, innanzi tutto, trovare il numero di persone di sesso maschile e femminile. Le donne saranno i 4/7 di 420.000, cioè 240.000 e gli uomini quindi 180.000 (420.000 – 240.000). Se ogni 250 uomini ci sono 200 donne minorenni significa, semplificando, che i queste ultime saranno pari ai 4/5 (200/250) di 180.000 e cioè 144.000. Le donne maggiorenni saranno allora pari a 96.000 (240.000 – 144.000), il rapporto tra queste e le minorenni quindi sarà pari a 2/3 (96.000/144.000) e la soluzione al quesito verrà fornita dall'alternativa **D**.

**79** Lo spazio che separa la lepre dalla tartaruga è pari a 15 km e la velocità relativa della lepre rispetto alla tartaruga è pari a 30 km/h. Il tempo necessario alla lepre per raggiungere la tartaruga è:

$$t = \frac{15\ \text{km}}{30\ \text{km/h}} = 30\ \text{min}$$ (risposta esatta **B**).

**80** Le ragazze brune sono l'80% del totale delle ragazze; quindi 160 (ragazze non brune) rappresenta il 20% del numero complessivo di ragazze. Pertanto il numero di ragazze della scuola è pari a:

$$x \cdot 20\% = 160 \text{ da cui si ricava } x = \frac{160}{20} \cdot 100 = 800$$

Poiché le ragazze costituiscono il 40% degli studenti, il numero complessivo di studenti è pari a:

$$\frac{800}{40} \cdot 100 = 2.000$$

Quindi, l'alternativa corretta è la **D**.

**81** Il problema può essere risolto impostando la seguente proporzione:

3 : 15 = x : 335

da cui si ricava x = 335 : 3/15 = 67 (risposta esatta **B**).

**82** Il supermercato ha una superficie rettangolare e quindi la sua area complessiva è data da 200 m · 150 m = 30.000 $m^2$. Ogni linea di scaffali occupa una superficie pari a 100 m · 20 m = 2.000 $m^2$. Pertanto la superficie calpestabile del supermercato è data da: 30.000 – 6.000 = 24.000 $m^2$. La risposta corretta è quindi la **B**.

**83** La probabilità di individuare la risposta corretta rispondendo in modo casuale a una singola domanda (con 4 alternative, di cui una sola esatta) è pari a 1/4. La probabilità di indovinare rispondendo a caso a tutte e dieci le domande si calcola applicando il teorema delle probabilità composte. Poiché i 10 eventi (individuare casualmente la risposta esatta di ciascuna domanda) sono tra loro indipendenti, la probabilità che si verifichino contemporaneamente è data dal prodotto delle probabilità dei singoli eventi:

$$\underbrace{\frac{1}{4}\cdot\frac{1}{4}\cdot\frac{1}{4}\cdot\ldots\cdot\frac{1}{4}}_{\text{10 volte}} = (1/4)^{10}$$

La risposta corretta è quindi la **D**.

---

**84** Ricordando che 4 mesi sono un terzo di anno, si ricava la somma investita applicando la seguente formula:

$$\text{somma} = \frac{\text{interesse}}{\text{tasso} \cdot \text{tempo}} = \frac{800}{4\% \cdot \frac{1}{3}} = \frac{800}{4} \cdot 100 \cdot 3 = 60.000$$

per cui la risposta corretta è la **D**.

---

**85** Per ricavare il numero incognito richiesto (rappresentato dal punto interrogativo) occorre dapprima calcolare il numero mancante sulla seconda riga. Moltiplicando tale numero per 10 e aggiungendo 2 il risultato deve essere 42; quindi il numero mancante è 4:
10 x 4 (= 40) + 2 = 42.

A questo punto la seconda colonna risulta: 3 x 4 (= 12) : 2 = 6. Quindi la risposta corretta è la **B**.

---

**86** Per trovare il numero indicato dal punto interrogativo è necessario completare la prima riga; per farlo bisogna considerare le singole . Il numero mancante nella prima colonna è 7 (infatti 7 x 4 : 1 = 28), il numero mancante della seconda colonna è 6 e quello della terza è 2. Il numero sostituito dal "?" è, quindi, il risultato dell'operazione: 7 x 6 : 2, quindi 21. La soluzione al quesito è fornita, dunque dall'alternativa **D**.

---

**87** È necessario completare la seconda riga per trovare il numero sostituito dal punto interrogativo. Lavorando sulle singole colonne si trova che i numeri mancanti sono rispettivamente 5 per la prima, 5 per la seconda, 3 per la terza e 4 per la quarta. La somma di questi quattro numeri ha come risultato 17 (**C** soluzione del quesito).

---

**88** Per poter individuare il numero sostituito dal punto interrogativo è necessario completare l'ultima riga della matrice, risolvendo le operazioni in colonna. I numeri mancanti, partendo dalla prima colonna sono: 2, 5, 6 e 2; operando poi nel modo indicato dalla matrice, si ottiene come risultato un valore pari a 30. L'alternativa **A** è, quindi, la soluzione del quesito.

---

**89** Per trovare il numero sostituito dal punto di domanda, è necessario completare la seconda la seconda riga; per farlo bisogna integrare i numeri mancanti di altre operazioni. Si comincia risolvendo la prima colonna: 35 – *23* + 3 = 15. In seguito si va a completare la prima riga (35 : *7* × 12 = 60) e quindi la terza (3 × *2* × 5 = 30). In tal modo si può arrivare a definire il numero mancante nell'operazione della seconda colonna: 7 × *4* : 2 = 14. A questo punto è ricostituita l'operazione della seconda riga, da cui ricavare il numero richiesto che ne è il risultato: 23 × 4 : 4 = *23*. La soluzione al quesito è, dunque, fornita dall'alternativa **D**.

---

**90** Dal momento che i cinque carpentieri lavorano allo stesso ritmo, uno di essi in un giorno svolge un lavoro pari a:

$\frac{1}{5} \cdot \frac{1}{12} = \frac{1}{60}$ del lavoro totale.

Quindi per compiere da solo l'intero lavoro un carpentiere impiega 60 giorni.

Alternativamente si può calcolare che un solo carpentiere impiega cinque volte il tempo impiegato dal gruppo per realizzare il mosaico: 12 giorni · 5 = 60 giorni (risposta esatta **D**).

Si osservi che l'alternativa **B** è facile da scartare poiché propone un valore inferiore a 12 (se 5 persone impiegano 12 giorni è impossibile che una persona sola impieghi un tempo minore).

**91** La probabilità di un evento è definita come il rapporto tra il numero di casi favorevoli all'evento e il numero di casi possibili. Si tratta quindi di valutare quanti sono i casi favorevoli, sapendo che i casi possibili sono 36 ($6 \cdot 6$).

| 1° dado | 2° dado |
|---|---|
| 1 | 2 |
| 2 | 1 |

Nei due casi riportati nella tabella, la somma dei dadi è pari a 3; dunque i casi favorevoli sono 2 e la probabilità dell'evento è $P = 2/36 = 1/18$ (risposta esatta **B**).

**92** Detti $x$ i mandarini di Elena, si può scrivere $x + 4x = 10$, da cui si ricava che, in 10 minuti, Claudia ha mangiato 8 mandarini ed Elena 2. Ma se Elena mangia 2 mandarini ogni 10 minuti significa che per mangiarne 12 impiega 60 minuti. La risposta corretta è quindi la **B**.

**93** Su 150 iscritti, 125 non si laureano (150 – 125). Di essi, 50 lasciano dopo il terzo anno ($125 \cdot 2/5$). Per conoscere il loro numero su 600 iscritti, è sufficiente impostare la seguente proporzione:

$150 : 50 = 600 : x$ da cui si ricava $x = \frac{600 \cdot 50}{150} = 200$ (risposta corretta **A**).

**94** Nell'equazione proposta dal quesito manca il termine in y, quindi ci si trova nel caso particolare b = 0: il centro si trova sull'asse delle x (risposta **A**). Infatti, data l'equazione generale della circonferenza $x^2 + y^2 + ax + by + c = 0$, le coordinate del centro sono:

$$C\left(-\frac{a}{2}; -\frac{b}{2}\right)$$

**95** Applicando la formula per il calcolo della variazione percentuale, si ottiene:

$\frac{360 - 450}{450} \cdot 100 = -20\%$ (risposta corretta **B**).

**96** Sia $x$ la quantità di denaro percepita da ciascuna persona dividendo per 5 la somma iniziale di denaro. Poiché la somma iniziale da dividere non cambia, vale la seguente equazione: $x \cdot 5 = (x + 40) \cdot 4$ da cui si ricava $x = 160$. Pertanto la somma di denaro da dividere è pari a $160 \cdot 5 = 800$ euro (risposta esatta **A**).

**97** Alla velocità di crociera, la macchina percorrerebbe 4 km in 2 minuti dato che:

$$t = \frac{4 \text{ km}}{120 \text{ km/h}} = \frac{1}{30} \text{h} = 2 \text{ min.}$$

A causa della coda, la velocità della macchina scende a 10 km/h; quindi 4 km vengono percorsi in un tempo pari a:

$$t = \frac{4 \text{ km}}{10 \text{ km/h}} = \frac{2}{5} \text{h} = 24 \text{ min.}$$

Il ritardo causato dalla vettura è dunque pari a 24 – 2 = 22 minuti (risposta esatta **D**).

**98** Se $I$ = amici di infanzia, $S$ = compagni di scuola e $C$ = colleghi del conservatorio, si possono scrivere le seguenti relazioni:

$I + C + S = 47$;

$I = S/2 + 1$;

$C = I - 3 = S/2 + 1 - 3 = S/2 - 2$.

PARTE PRIMA

Sostituendo la seconda e la terza nella prima, in modo da esprimere la prima equazione solo in funzione di S si ha:

$S/2 + 1 + S/2 - 2 + S = 47$ cioè $2S = 48$, da cui $S = 24$. La soluzione al quesito è, dunque, fornita dall'alternativa **B**.

---

**99** Parlare di sestuplo di $z$ (cioè $6z$) diviso 3 è come dire il doppio di $z$ ($2z$). Così, il quadruplo di 10/2 è uguale a $2 \cdot 10 = 20$. Se $2z = 20$ allora $z = 10$ e la soluzione al quesito risulta essere l'alternativa **A**.

---

**100** In base ai dati forniti la parte destra dell'equazione (\$ – #) fornisce come risultato 1. Per avere lo stesso risultato nella parte sinistra, sapendo che # è uguale a 2, il simbolo @ deve assumere il valore di – 1, come correttamente proposto dall'alternativa **D**.

# 4 | Problemi di logica figurale

## 4.1 | Diagrammi insiemistici

**Per ciascuno degli esercizi seguenti, indicare la rappresentazione insiemistica che soddisfa la relazione esistente tra i 3 termini dati (le alternative proposte in ciascun esercizio si riferiscono ai diagrammi numerati raffigurati qui sotto).**

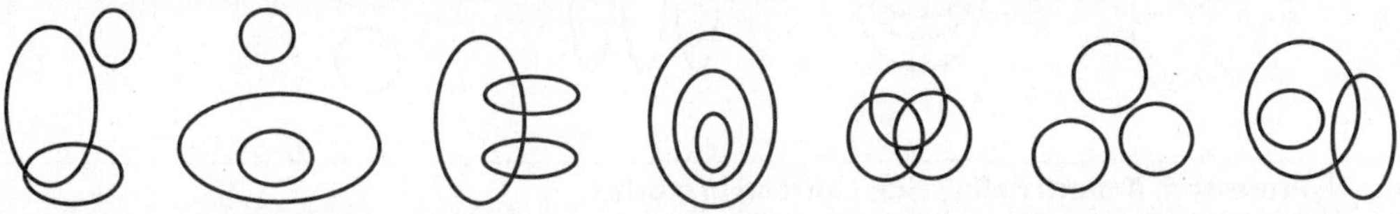


**1** **Articoli, verbi transitivi, nomi propri.**

- A Diagramma 5
- B Diagramma 7
- C Diagramma 2
- D Diagramma 6

**2** **Lettere della parola "preparazione", Lettere della parola "arpa", Lettere della parola "soluzione".**

- A Diagramma 6
- B Diagramma 7
- C Diagramma 4
- D Diagramma 3

**3** **Musei di arte moderna, Musei francesi, Quadri.**

- A Diagramma 1
- B Diagramma 2
- C Diagramma 3
- D Diagramma 4

**4** **Intestino, Organi dell'apparato digerente, Proteine.**

- A Diagramma 7
- B Diagramma 2
- C Diagramma 6
- D Diagramma 5

**5 Avvocati, Architetti, Persone bionde.**

A Diagramma 4

B Diagramma 2

C Diagramma 3

D Diagramma 6

**Per ciascuno degli esercizi seguenti, indicare la rappresentazione (A, B, C, D) che soddisfa la relazione insiemistica esistente tra i 3 termini dati (le alternative proposte per ciascun esercizio sono quelle raffigurate qui sotto).**

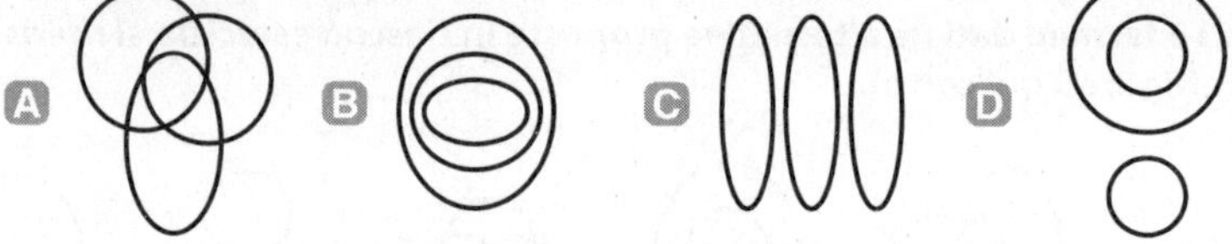


**6 Professori, Amanti della lirica, Laureati in storia**
A B C D

**7 Polmoni, Tumori, Sigarette**
A B C D

**8 Laureati, Medici, Studenti del liceo**
A B C D

**9 Diplomati, Medici, Laureati**
A B C D

**10 Città, Appartamento, Salotto**
A B C D

**11 Medicinali, Polmoniti, Antibiotici**
A B C D

**12 Racchette, Sport, Tennis**
A B C D

**13 Insetti, Animali, Mosche**
A B C D

**14 Mucche, Pecore, Allevatori**
A B C D

**15 Dischi, Chitarre, Cantanti**
A B C D

16 **Separati, Celibi, Coniugati**

Ⓐ Ⓑ Ⓒ Ⓓ

17 **Attori, Italiani, Biondi**

Ⓐ Ⓑ Ⓒ Ⓓ

**Per ciascuno degli esercizi seguenti, indicare il diagramma (Ⓐ, Ⓑ, Ⓒ, Ⓓ) che soddisfa la relazione insiemistica esistente tra i tre termini dati (le alternative proposte per ciascun esercizio sono quelle raffigurate qui di seguito).**

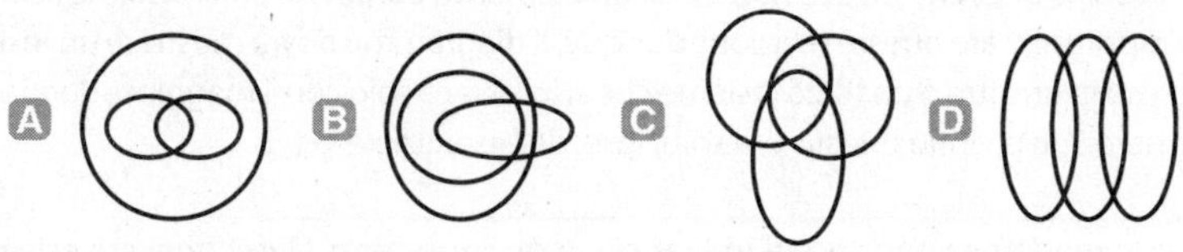


18 **Bruni, Italiani, Coloro che si chiamano Mario**

Ⓐ Ⓑ Ⓒ Ⓓ

19 **Uomini, Persone intelligenti, Abitanti di Busto Arsizio**

Ⓐ Ⓑ Ⓒ Ⓓ

20 **Donne lavoratrici, Donne maggiorenni, Donne**

Ⓐ Ⓑ Ⓒ Ⓓ

21 **Studenti, Persone con più di 40 anni di età, Laureati**

Ⓐ Ⓑ Ⓒ Ⓓ

22 **Vegani, Italiani, Carnivorii**

Ⓐ Ⓑ Ⓒ Ⓓ

23 **Poeti, Italiani, Romani**

Ⓐ Ⓑ Ⓒ Ⓓ

24 **Tedeschi, Attori, Francesi**

Ⓐ Ⓑ Ⓒ Ⓓ

25 **Scrittori, Pittori, Laureati**

Ⓐ Ⓑ Ⓒ Ⓓ

## 4.2 | Soluzioni e commenti

1 *Articoli*, *Verbi transitivi* e *Nomi propri* rappresentano tre insiemi interamente separati tra loro, cioè senza alcun elemento in comune; il diagramma che rappresenta correttamente la relazione insiemistica è il numero 6 e la soluzione è la D.

2 L'insieme *Lettere della parola "arpa"* è interamente compreso dall'insieme *Lettere della parola "preparazione"*: tutti gli elementi di quello sono infatti anche elementi di quest'ultimo, ma non viceversa. Inoltre, alcuni elementi dell'insieme *Lettere della parola "preparazione"* appartengono anche all'insieme *Lettere della parola "soluzione"*, che invece non ha alcun elemento condiviso con l'insieme *Lettere della parola "arpa"*. Per rappresentare queste relazioni, dunque, il diagramma dovrà mostrare un insieme interamente compreso in un altro e un terzo insieme che si interseca solo con il maggiore degli altri due: il diagramma numero 7 fa proprio questo e la soluzione dell'esercizio è la B.

3 Alcuni *Musei di arte moderna* sono situati in Francia, e dunque sono *Musei francesi*; esistono dei *Musei di arte* che non sono *francesi* o *Musei francesi* che non sono di *arte moderna*. Tra i due insiemi esiste quindi un rapporto di intersezione. Sebbene i *Musei* contengano dei *quadri*, tra questo insieme e quello dei *Musei* non esiste alcun rapporto di appartenenza o intersezione. Il diagramma che soddisfa la relazione insiemistica richiesta è quindi il numero 1 e la soluzione è la A.

4 L'insieme *Intestino* è un insieme cosiddetto "unitario" poiché è costituito da un solo elemto. Esso è parte dell'insieme *Organi dell'appartato digerente*, per cui il rapporto tra questi due insiemi è di inclusione del primo nel secondo. Nessun rapporto hanno, invece, questi due insiemi con l'insieme *Proteine*: il diagramma 2 è quindi quello corretto e la B è la soluzione del quesito.

5 *Avvocati* e *Architetti* sono due insiemi distinti (infatti l'iscrizione a un ordine professionale esclude che ci si possa iscrivere a un altro). Tra gli *Avvocati*, come tra gli *Architetti* ci possono essere *Persone bionde*, come possono esistere *Persone bionde* al di fuori di questi due insiemi. La relazione corretta è quindi quella mostrata dal diagramma 3 (C soluzione del quesito) con l'insieme *Persone bionde* che interseca gli altri due insiemi (che sono tra loro separati).

6 La rappresentazione insiemistica corretta prevede in questo caso l'intersezione di ciascun insieme con gli altri due, sia tutti sia separatamente (alternativa corretta: A). Esistono infatti *Professori* che sono *Amanti della lirica* e che sono *laureati in storia*, ma anche professori che amano la lirica ma non sono laureati in storia o che non sono né l'una né l'altra cosa e così via.

7 Anche se esiste una relazione logica tra i tre termini in esame, questa non ha alcuna rilevanza dal punto di vista insiemistico. Infatti l'insieme *Polmoni*, (sebbene questi ultimi possano essere colpiti da tumore), non presenta elementi comuni con l'insieme *Tumori*. Allo stesso modo, *Sigarette* e *Polmoni* sono correttamente rappresentati come due insiemi distinti, sebbene le sigarette possano causare danni ai polmoni. La soluzione esatta è dunque rappresentata dall'alternativa C.

8 Per essere medico è necessaria la laurea, quindi l'insieme *Medici* è contenuto in quello dei *Laureati*. Sono invece estranei a questa relazione gli *Studenti del liceo*, il cui insieme è esterno al primo. La risposta esatta è dunque la D.

9 Gli elementi dell'insieme *Medici* sono tutti compresi nell'insieme *Laureati*, i cui elementi a loro volta appartengono tutti all'insieme *Diplomati*. Il diagramma B mostra la relazione corretta.

**10** Sebbene gli insiemi *Città*, *Appartamento* e *Salotto* possano sembrare in relazione spaziale tra loro, sono elementi di insiemi distinti: il salotto non rientra nell'insieme *Appartamento* che a sua volta non è una città. La risposta esatta è dunque la **C**.

**11** In questo esercizio risulta evidente che la soluzione esatta deve presentare un insieme (*Antibiotici*) interamente contenuto in un insieme più grande (*Medicinali*), perché gli antibiotici sono un tipo di medicinali. L'insieme *Polmoniti*, invece, sebbene i suoi elementi siano malattie curabili con gli antibiotici, non condivide elementi con l'insieme *Medicinali* e quindi rimane separato dagli altri due (risposta **D**).

**12** Il tennis è uno sport e dunque la soluzione a tale esercizio deve rappresentare un insieme (*Tennis*) interamente contenuto in un altro insieme (*Sport*). L'insieme *Racchette* è invece completamente separato. L'alternativa **D** è dunque quella che soddisfa le relazioni esistenti tra i tre termini dati. Si osservi che *Tennis* identifica un insieme unitario, cioè di un solo elemento.

**13** Dal momento che le *Mosche* sono *Insetti* e che gli insetti sono una classe di *Animali*, la soluzione di questo esercizio è rappresentata dall'alternativa **B**.

**14** In questo esercizio, i tre termini identificano elementi propri di insiemi privi di intersezioni e, quindi, correttamente rappresentati dall'alternativa **C**.

**15** Sebbene esistano evidenti connessioni logiche tra i termini presentati, da un punto di vista insiemistico i tre insiemi *Dischi*, *Chitarre* e *Cantanti* sono tra loro separati (alternativa **C**).

**16** Se si è celibi non si è coniugati, né separati. Sono tre stati civili che si escludono l'un l'altro e per questa ragione l'insieme che ne rappresenta la relazione è quello indicato dalla risposta **C**.

**17** La rappresentazione insiemistica che soddisfa la relazione tra i tre termini dati è quella indicata dall'alternativa **A**. Esistono infatti attori italiani e non, attori biondi e non, italiani biondi e non.

**18** La soluzione è rappresentata dall'alternativa **C**. I tre insiemi sono infatti caratterizzati da un legame di intersezione, sia a due a due sia tutti e tre contemporaneamente.

**19** *Uomini*, *Persone intelligenti* e *Abitanti di Busto Arsizio* rappresentano insiemi che possono parzialmente intersecarsi l'uno con l'altro: un uomo può sia essere una persona intelligente, sia un abitante di Busto Arsizio così come un abitante di Busto Arsizio può essere un uomo e anche una persona intelligente. Questa relazione è espressa dall'alternativa **C**.

**20** Gli insiemi *Donne lavoratrici* e *Donne maggiorenni* si intersecano tra loro, poiché esistono donne che lavorano e sono maggiorenni ma anche donne maggiorenni che non lavorano e donne lavoratrici minorenni. I due insiemi, per definizione, sono entrambi contenuti nell'insieme *Donne*; la rappresentazione corretta è dunque la **A**.

**21** La soluzione esatta è in questo caso rappresentata dall'alternativa **C**. È opportuno chiarire che una persona può appartenere all'insieme *Studenti* pur essendo già *Laureata*.

**22** In questo esercizio è facilmente riconoscibile l'intersezione tra *Italiani* e *Carnivori* e tra *Italiani* e *Vegani*: un italiano può infatti essere sia carnivoro, sia vegano. Certamente non esiste intersezione tra *Carnivori* e *Vegani* perché l'insieme di coloro che mangiano la carne esclude quello di chi non la mangia. La relazione insiemistica corretta è perciò quella rappresentata dalla risposta **D**.

**23** I *Romani* sono tutti *Italiani* per definizione. L'insieme dei *Poeti* interseca i primi due nel modo raffigurato dall'alternativa B.

**24** I due insiemi *Tedeschi* e *Francesi* sono disgiunti e ognuno di essi interseca l'insieme *Attori*. La risposta corretta è quindi la D.

**25** La risposta esatta è la C. Infatti, vi sono scrittori laureati e no, pittori laureati e no, infine scrittori e pittori che non sono laureati.

 

## 4.3 | Interpretazione di grafici e tabelle

**Il grafico seguente rappresenta il fatturato in milioni ottenuto nel 2022 da alcune aziende di moda italiane, suddiviso per segmento di mercato. Leggere attentamente il grafico e rispondere alle domande che seguono.**

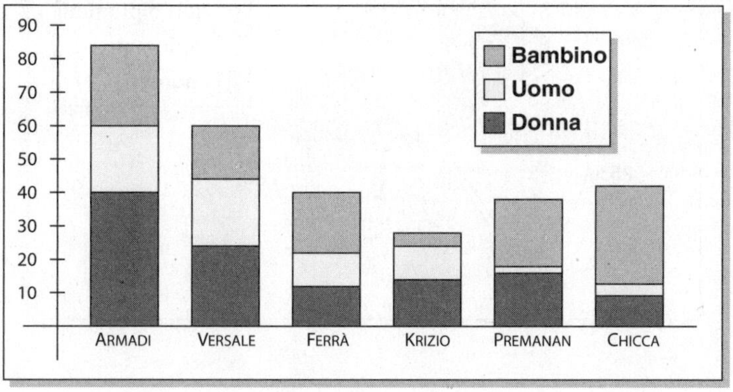


**1 Quale azienda ha ottenuto il maggior fatturato?**

A Versale
B Ferrà
C Armadi
D Premanan

**2 Quale azienda ha ottenuto il minor fatturato dal segmento uomo?**

A Armadi
B Ferrà
C Premanan
D Chicca

**3 Quale azienda ha ottenuto il maggior fatturato dal segmento donna?**

A Krizio
B Armadi
C Versale
D Ferrà

**4 Se non esistesse il segmento bambino, quale sarebbe l'azienda con il minor fatturato?**

A Versale
B Chicca
C Armadi
D Ferrà

**5** **Sapendo che la ripartizione per titolo di studio dei dipendenti dell'azienda Nipponk è quella rappresentata nel grafico seguente e che il numero di laureati è pari a 18, individuare qual è il numero di non diplomati presenti in azienda.**

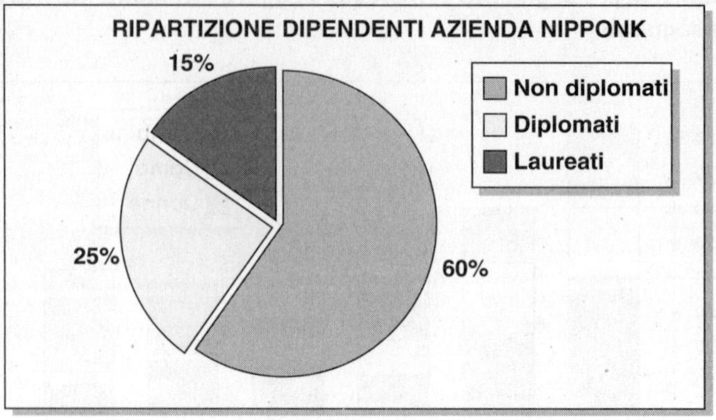


A) 72

B) 67

C) 94

D) 62

---

**L'azienda BetaMax commercializza 4 prodotti diversi (1, 2, 3, 4). I responsabili dell'azienda hanno fatto alcune previsioni riguardanti le vendite per il 2021 e per il 2022 e hanno prodotto il seguente grafico:**

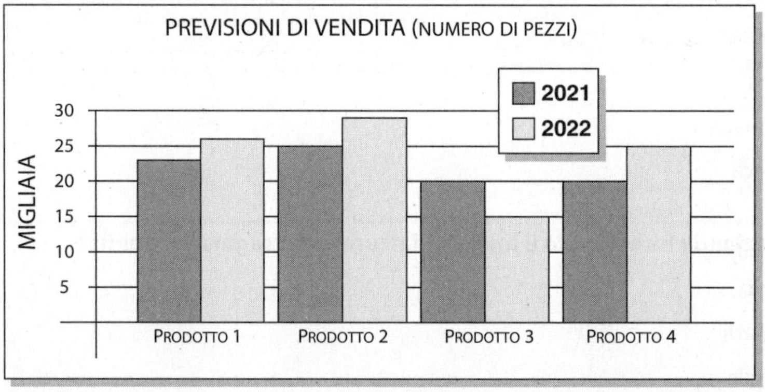


**6** **Sulla base delle informazioni contenute nel grafico, quale prodotto avrà il maggiore incremento percentuale, come numero di pezzi venduti, passando dal 2021 al 2022?**

A) 2

B) 4

C) 1

D) 3

 

**7** **Sempre sulla base delle informazioni contenute nel grafico precedente, se il prezzo unitario dei singoli prodotti è quello rappresentato nella seguente tabella, quale prodotto genererà il maggior fatturato nel 2021?**

| Prodotto | Prezzo (in euro) |
|---|---|
| 1 | 100 |
| 2 | 80 |
| 3 | 90 |
| 4 | 110 |

A 4 B 3 C 1 D 2

**8** **Sulla base dei seguenti grafici a torta, quale tra i prodotti 1, 2, 3, 4 e 5 ha avuto il maggiore incremento percentuale, in termini di fatturato, passando dal 2021 al 2022?**

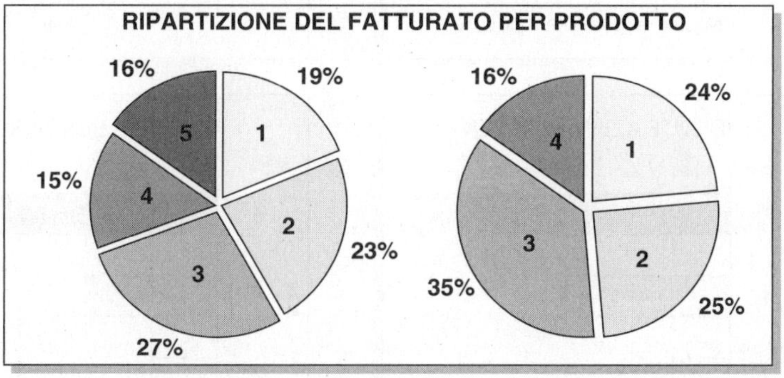


A 3
B 1
C 4
D Non è possibile rispondere sulla base delle informazioni fornite

**Nel 2021 viene rilevata la seguente ripartizione percentuale delle persone di sesso femminile che si sono rivolte a uno psicologo nel Paese Alfa:**

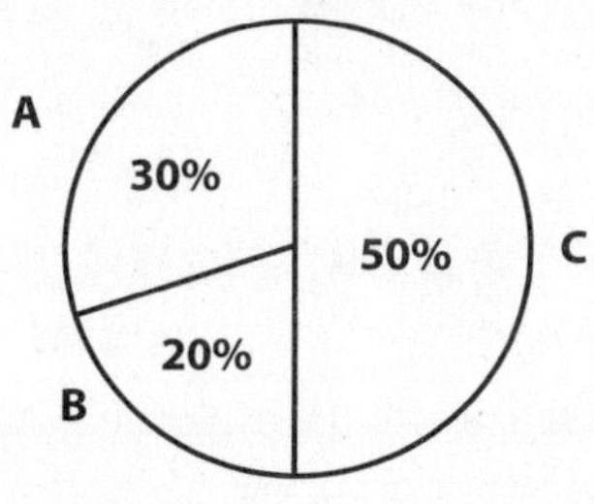


**A = donne con meno di 18 anni.**
**B = donne con più di 65 anni.**
**C = donne tra i 18 e i 65 anni.**

**Si sa inoltre che la popolazione totale del Paese Alfa è pari a 50 milioni di persone e che la popolazione maschile è pari ai 1/4 di quella femminile. Le donne del Paese Alfa che si rivolgono a uno psicologo sono il 30% del totale della popolazione femminile.**

**9** **Quanti milioni di donne sopra i 65 anni del Paese Alfa si sono rivolte a uno psicologo nel 2021?**

A 12 B 2,4 C 3,2 D 4,4

PARTE PRIMA

**10** **Il numero di orologi venduti dalla società Rolek raddoppia ogni anno. Quale dei seguenti grafici rappresenta in modo corretto tale informazione?**

A
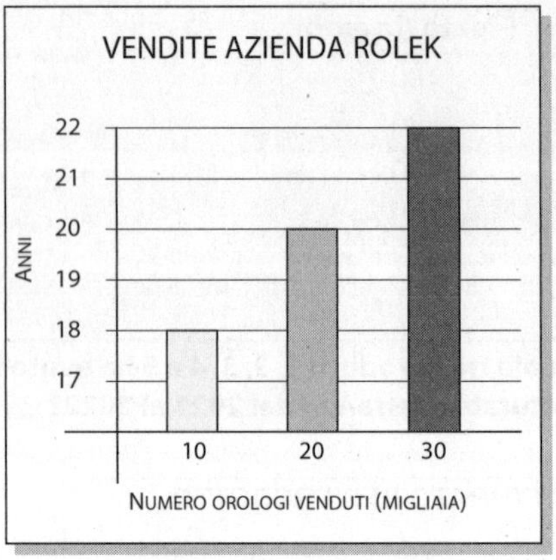


B
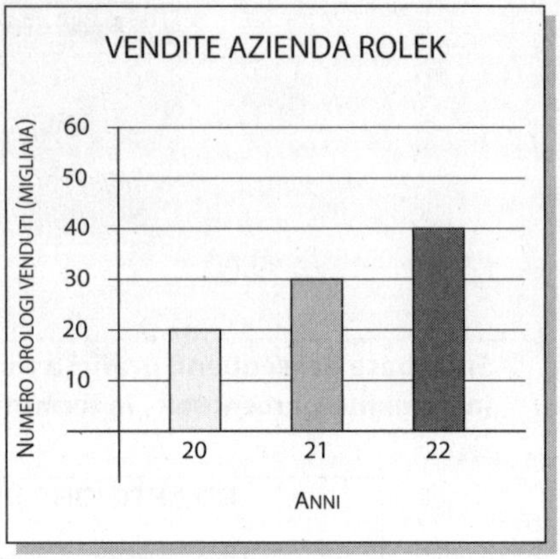


C
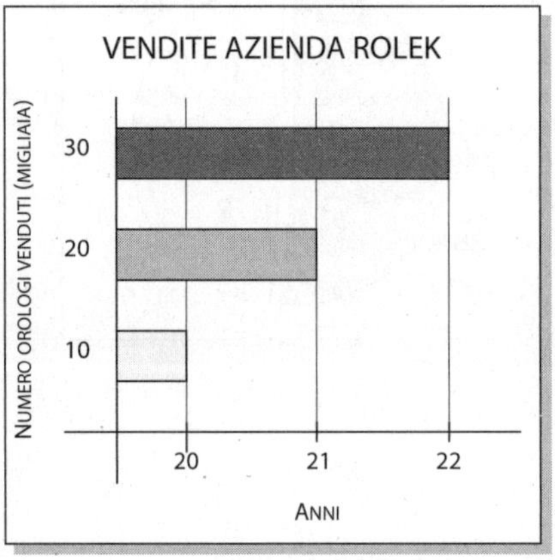


D

## 4.4 | Soluzioni e commenti



**1** Dal grafico si può facilmente ricavare il fatturato complessivo delle singole aziende: Armadi: 85 milioni circa; Versale: 60 milioni circa; Ferrà: 40 milioni circa; Krizio: 28 milioni circa; Premanan: 38 milioni circa; Chicca: 42 milioni circa. L'azienda con il maggior fatturato nel 2017 è dunque Armadi e la risposta corretta è **C**.

**2** Il fatturato nel segmento uomo è rappresentato dall'area centrale (quella bianca); tale area è minima in corrispondenza dell'azienda Premanan. La risposta corretta è dunque la **C**.

**3** Il fatturato nel segmento donna è rappresentato dall'area grigio scuro; tale area è massima in corrispondenza dell'azienda Armadi. La risposta corretta è dunque la **B**.

**4** Eliminando dal grafico il fatturato relativo al segmento bambino (l'area grigio chiaro) si ottiene un nuovo grafico, in cui il fatturato minore corrisponde all'azienda Chicca. La risposta corretta è quindi la **B**.

**5** I dipendenti laureati sono 18 e costituiscono il 15% del totale. Pertanto il numero totale di dipendenti dell'azienda Nipponk è pari a $\frac{18}{15\%} = \frac{18}{15} \cdot 100 = 120$. Il numero di non diplomati è pari al 60% di 120 = 72 (risposta **A**). Si può giungere alla soluzione osservando anche che la percentuale dei non diplomati (60%) è 4 volte quella dei laureati (15%) e dunque se 18 sono i laureati, i non diplomati sono pari a 18 × 4 = 72.

**6** La risposta **D** è palesemente errata in quanto le previsioni relative al prodotto 3 indicano un decremento di vendite e non un incremento. Applicando la formula per il calcolo della variazione percentuale per ognuno dei tre prodotti rimanenti si ottiene:

- Prodotto 1: $\frac{26-23}{23} \cdot 100 = 13{,}04\%$
- Prodotto 2: $\frac{28-25}{25} \cdot 100 = 12\%$
- Prodotto 4: $\frac{25-20}{20} \cdot 100 = 25\%$

Il prodotto che presenta il massimo incremento percentuale è il prodotto 4. La risposta esatta è dunque la **B**.

**7** Per rispondere al quesito è necessario correlare le informazioni contenute nel grafico con i dati contenuti in tabella. Il ricavo previsto per ciascun prodotto nel 2022 si ottiene moltiplicando il numero di pezzi venduti (rappresentato sul grafico dalle barre relative all'anno 2022) per il relativo prezzo unitario di vendita (indicato in tabella). Effettuando le moltiplicazioni si ottengono i seguenti valori:

| | Prezzo unitario | | Numero pezzi venduti | | Ricavo previsto |
|---|---|---|---|---|---|
| **Prodotto 1** | 100 | × | 23.000 | = | 2.300.000 |
| **Prodotto 2** | 80 | × | 25.000 | = | 2.000.000 |
| **Prodotto 3** | 90 | × | 20.000 | = | 1.800.000 |
| **Prodotto 4** | 110 | × | 20.000 | = | 2.200.000 |

Il prodotto che fornisce il maggior ricavo, in base alle previsioni, è il prodotto 1. La risposta corretta è dunque la C. Si osservi che l'alternativa A, pur rappresentando il prodotto dal costo maggiore (110 euro), è errata poiché ciò che viene chiesto non è il prezzo di vendita ma il prodotto tra questo e il numero di pezzi venduti (ossia il ricavo).

---

**8** I grafici a torta che illustrano il testo dell'esercizio mostrano la ripartizione del fatturato complessivo fra diversi prodotti. Tuttavia non forniscono né gli anni di riferimento né informazioni circa la variazione, assoluta o percentuale, del fatturato relativo ai singoli prodotti. La risposta da indicare è dunque la D: non ci sono abbastanza dati per rispondere.

---

**9** Sappiamo che gli abitanti del Paese Alfa sono in tutto 50 milioni e che le persone di sesso maschile sono 1/4 delle donne. Possiamo riscrivere questi dati nella forma $x + 1/4x = 50.000.000$ (dove $x$ = numero di persone di sesso femminile) da cui si ricava che le donne sono 40 milioni e i maschi 10 milioni.

Secondo l'esercizio, di questi 40 milioni di donne il 30% si è rivolto a uno psicologo, vale a dire 12 milioni. Le percentuali per età riportate nel grafico a torta sono calcolate dunque su questo valore e quella di nostro interesse è la porzione B, che la legenda riferisce alle donne con più di 65 anni che si sono rivolte a uno psicologo. Per rispondere alla domanda basta ora calcolare il 20% di 12 milioni, pari a 2 milioni e 400.000 donne: come indicato dall'alternativa B.

---

**10** L'alternativa A è errata in quanto il grafico raffigurato indica che nel 2018 sono stati venduti 10.000 orologi e nel 2020 le vendite hanno toccato i 20.000 pezzi. Quindi il numero di orologi venduti è raddoppiato in due anni (e non ogni anno come richiesto). L'alternativa B è errata poiché tra il 2020 e il 2021 il numero di orologi venduti passa da 20.000 a 30.000 e quindi non raddoppia. Analogamente, l'alternativa C è errata in quanto tra il 2021 e il 2022 il numero di orologi venduti passa da 20.000 a 30.000 e quindi non raddoppia. La risposta corretta è pertanto la D: il grafico riportato indica infatti che nel 2020 sono stati venduti 10.000 orologi; nell'anno successivo, il 2021, il numero di orologi venduti è raddoppiato (20.000) e così pure nell'anno seguente (40.000).

## 4.5 | Successioni di numeri e lettere



**Indicare, per ciascuna delle successioni riportate di seguito, il numero o la lettera mancante.**

**1** **480 96 24 8 4 ?**
A 2 B 16 C 4 D 20

**2** **5 7 14 16 32 34 68 ?**
A 70 B 66 C 2 D 136

**3** **50 54 27 28 32 16 17 ?**
A 20 B 34 C 22 D 21

**4** **Utilizzando l'alfabeto inglese, completare correttamente la successione di lettere:**
**R; Q; E; F; P; O; G; H; N; ?; ?**
A M, I B J, I C L, M D K, L

**5** **24 48 16 12 60 10 3 ?**
A 12 B 24 C 28 D 27

**6** **5, 12, 19, 26, 33, ...?**
A 43 B 47 C 40 D 45

**7** **2, 10, 50, ...?**
A 25 B 250 C 200 D 500

**8** **4, 5, 9, 14, 23, 37, ...?**
A 60 B 51 C 53 D 75

**9** **4, 5, 10, 7, 16, 9, 22, ...?**
A 35 B 3 C 42 D 11

**10** **7, 11, 16, 22, ...?**
A 19 B 2 C 44 D 29

**11** **2, 6, 18, 54, ...?**
A 108 B 81 C 162 D 112

**12** **3, 7, 10, 17, 27, 44, ...?**
A 71 B 47 C 57 D 60

**13** **4, 9, 13, 17, 30, ...?**
A 33 B 37 C 13 D 47

**14** **3, 8, 14, 21, ...?**
A 28 B 29 C 42 D 22

**15** **18, 36, 45, 72, …?**

A 19 B 63 C 46 D 87

**16** **D, F, H, J, L, …?**

A K B W C M D N

**17** **F, H, K, O, …?**

A S B R C Q D T

**18** **X, U, R, O, L, …?**

A I B G C F D J

**19** **L, 7, O, 10, R, 13, …?**

A U B 16 C V D N

**20** **A, 17, C, 14, E, 11, G, …?**

A 9 B 18 C 14 D 8

**21** **F; Q; H; P; L; O; N; …?**

A M B N C L D O

**22** **Individuare l'elemento mancante.**

A F; 18 B G; 21 C G; 18 D F; 21

**In ciascuno degli schemi seguenti individuare il numero o la lettera mancante.**

**23**

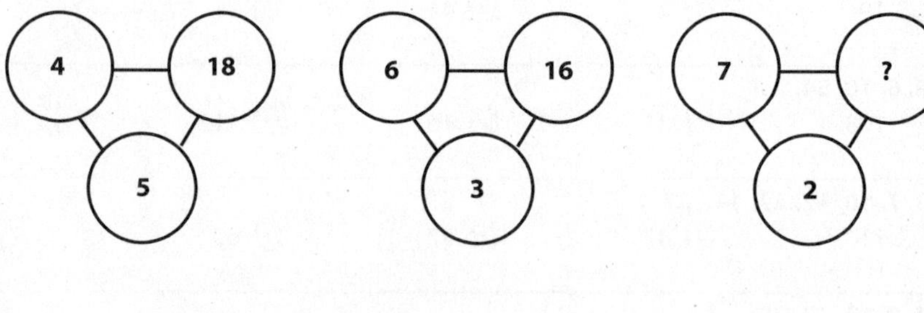


A 14

B 12

C 10

D 20

**24**

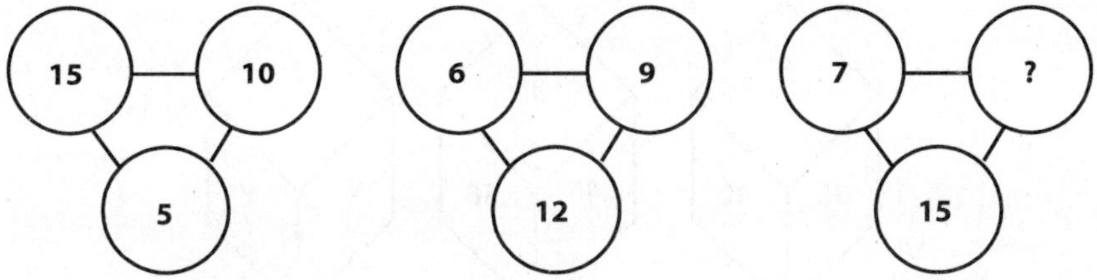


A 12 B 22 C 13 D 11

**25**

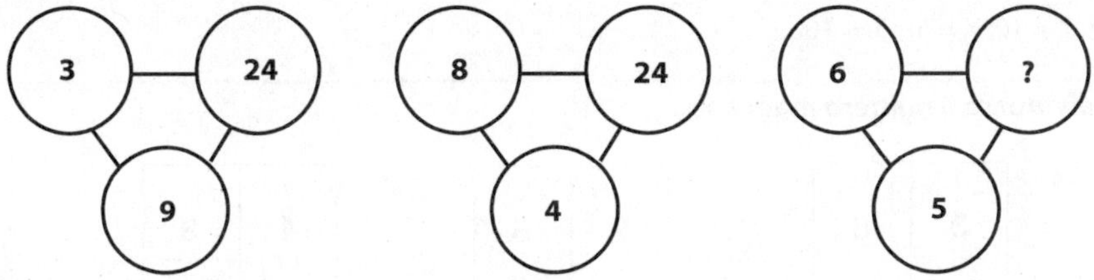


A 22 B 10 C 18 D 8

**26 Individuare il numero mancante.**

| | | | |
|---|---|---|---|
| 0 | 0 | 0 | 0 |
| 9 | 9 | 9 | 9 |
| 9 | 18 | 27 | 36 |
| 9 | 27 | 54 | ? |

A 9 B 0 C 90 D 72

**27 Individuare il numero mancante.**

| | | |
|---|---|---|
| 10 | 8 | 2 |
| 30 | 24 | 6 |
| 15 | 12 | ? |

A 11 B 9 C 4 D 3

**28**

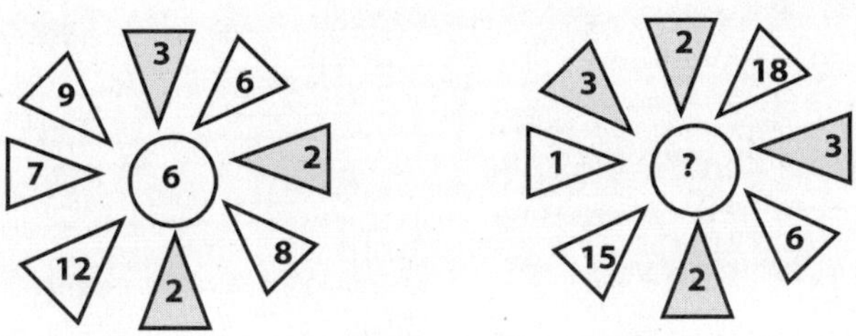


A 10 B 4 C 7 D 40

**29** **Individuare il numero mancante.**

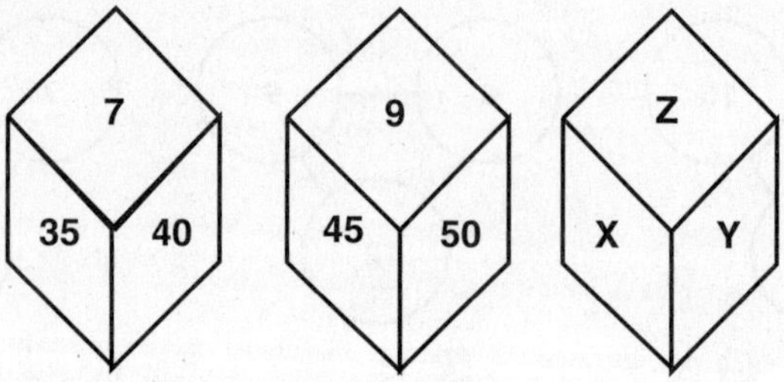


- **A** Z = 5; X = 10; Y = 15
- **B** Z = 4; X = 20; Y = 26
- **C** Z = 6; X = 30; Y = 35
- **D** Z = 10; X = 50; Y = 100

**30** **Individuare il numero mancante.**

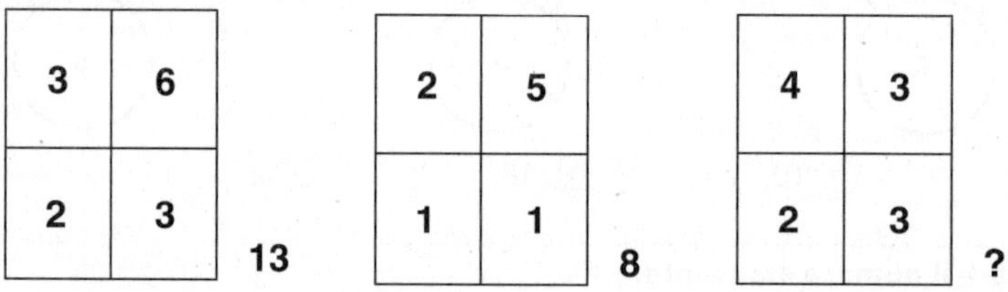


- **A** 8
- **B** 6
- **C** 12
- **D** 7

## 4.6 | Soluzioni e commenti



**1** In questo esercizio ogni numero della successione viene diviso per un altro numero: a ogni passaggio il divisore decresce di una unità. Nello specifico, 480 viene diviso per 5; il quoziente così ottenuto, 96, si divide per 4; il risultato è 24, che si divide per 3 e dà 8; 8 diviso 2 dà 4, cifra che va divisa per 1. Il risultato è 4 e la risposta esatta è pertanto la **C**.

**2** Questa serie è l'esito di due operazioni che si ripetono sempre uguali in successione: al primo numero si somma 2 ($5 + 2 = 7$) e il risultato della somma viene moltiplicato per 2 ($7 \times 2 = 14$). Poi si ripete. La ratio è dunque: $+ 2$, $\times 2$. Seguendo la successione si ricava che per ottenere il numero mancante bisogna sommare 2 ($68 + 2 = 70$) e la risposta esatta è quindi la **A**.

**3** La serie numerica procede sulla base di una *ratio* composta da diverse operazioni aritmetiche che si susseguono sempre uguali: una addizione (+4), una divisione (:2), di nuovo una addizione (+1). Applicando questi passi alla successione data, si verifica che l'operazione da eseguire dopo il numero 17 è $17 + 4 = 21$. L'alternativa corretta è la **D**.

**4** Si tratta di una successione di lettere con una *ratio* più difficile da descrivere che da intuire. Si alternano infatti due serie, che è procedono con due elementi alla volta: nella prima serie ci si muove indietro di una posizione nell'alfabeto, mentre nella seconda serie ci si muove di una posizione in avanti. Dunque: la prima coppia della prima serie è R-Q (indietro di una posizione), a cui segue la prima coppia della seconda serie E- F (in avanti di una posizione). Riprendendo il filo da R- Q, troviamo la coppia P-O (indietro di un passo); collegandoci a E-F, l'elemento successivo è dato dalla coppia G-H (avanti di un passo). A questo punto torniamo nella prima serie, infatti troviamo la lettera N a cui dobbiamo quindi accoppiare la lettera M (indietro di un passo). L'esercizio chiede di indicare ancora una lettera, che apparterrà invece alla seconda serie, muovendo avanti di un passo da H e sarà dunque *I*. Le lettere cercate sono dunque *M* e *I*, la risposta esatta è la **A**.

**5** Questa successione numerica è governata da una sequenza di tre operazioni aritmetiche: moltiplicazione, divisione e sottrazione. A ogni passo della serie, per definire l'elemento successivo, il numero per cui si moltiplica, divide e sottrae aumenta di una unità. La logica è la seguente: $\times 2$, $: 3$, $- 4$, $\times 5$, $: 6$, $- 7$ quindi $\times 8$. Così si ottiene: 24; 48; 16; 12; 60; 10; 3; *24*. La risposta esatta dunque è la **B**.

**6** Si tratta di una semplicissima successione *aritmetica additiva*, in cui ogni numero è ottenuto sommando un valore costante al numero precedente. Nell'esercizio la costante è pari a 7 e quindi l'incognita è uguale alla somma di 7 e 33, cioè *40* (alternativa **C**).

**7** Questo esercizio mostra una *successione geometrica*, in cui cioè ciascun elemento si ottiene moltiplicando il precedente per un numero costante (nell'esempio pari a 5). Il numero mancante è quindi 250, che si ottiene moltiplicando $50 \times 5$ (alternativa **B**). In altri casi, i numeri della successione possono essere divisi, anziché moltiplicati, per un numero costante.

**8** In questa tipologia l'andamento della serie è *incrementale*, ma non si procede sommando moltiplicando un numero costante; in questo esercizio, infatti, ogni elemento della successione è ottenuto sommando i due numeri che lo precedono ($4 + 5 = 9$; $9 + 5 = 14$; $14 + 9 = 23$; $14 + 23 = 37$). Il numero mancante è dunque *60*, che si ottiene sommando 23 e 37 (alternativa **A**).

**9** In questa tipologia di esercizio, *si alternano due serie di numeri* che occupano una le posizioni dispari e l'altra quelle pari della successione data. Nel caso in esempio, entrambe le serie sono di tipo additivo: la prima è composta dai numeri 4, …, 10,…, 16, …, 22 e procede sommando 6 nel passare da un elemento al successivo; la seconda è composta dai numeri 5, …, 7, …, 9 …, ? e procede sommando 2 nel passare da un elemento al successivo. Il numero mancante appartiene a questa seconda serie e il suo valore si ottiene perciò con l'operazione: $9 + 2 = 11$ (risposta **D**).

**10** In questa serie numerica additiva, l'incremento per passare da un elemento al successivo si ottiene con addendi che crescono a ogni passo di una unità. Si ha dunque 7 + 4 = 11; 11 + 5 = 16; 16 + 6 = 22; dunque il numero mancante si ottiene sommando 22 + 7 = *29*; , così come riportato dall'alternativa **D**.

**11** L'alternativa corretta è la **C**: infatti in questa successione, ciascun elemento si ottiene moltiplicando il precedente per un valore costante (in questo caso pari a 3). Il numero mancante è dunque 162, che si ottiene moltiplicando 54 per 3.

**12** Anche in questa successione incrementale, ogni numero è uguale alla somma dei due che lo precedono. Il numero mancante è dunque dato da 27 + 44 = *71*. La risposta esatta è dunque la **A**.

**13** Nella serie ogni numero è uguale alla somma dei due che lo precedono: 4 + 9 = 13; 17 + 30 = *47*. La soluzione esatta è dunque la **D**.

**14** Passando da un numero al successivo, si esegue una somma utilizzando addendi che crescono ogni volta di una unità: prima 5, poi 6, poi 7. Dunque il numero mancante si ottiene sommando 8 a 21 = *29*. La risposta esatta è la **B**.

**15** In questo esercizio la logica non prevede di operare sui numeri dati, ma è da ricercare nelle cifre che compongono ciascun numero della successione: il numero mancante, come accade per tutti quelli che lo precedono, deve essere composto da cifre la cui somma sia pari a 9. Verificando tra le alternative date, bisogna scegliere l'unica alternativa che soddisfa tale logica, cioè 63: risposta esatta **B**.

**16** Si tratta di una successione in cui ogni lettera si trova due posizioni più avanti rispetto alla precedente (dalla A alla Z); la presenza di J nella successione indica che l'alfabeto di riferimento è quello inglese. La lettera mancante è dunque data da L + 2 = *N*, come riportato nell'alternativa **D**.

**17** Passando da una lettera alla successiva, ci si sposta nell'alfabeto (quello inglese, come segnalato dalla presenza di K) dapprima di due, poi di tre e infine di quattro posizioni. Per ottenere la lettera mancante occorre dunque spostarsi di cinque posizioni: O + 5 = *T*, così come riportato nell'alternativa **D**.

**18** In questo caso, passando da una lettera alla successiva, la logica prevede lo spostamento dalla Z verso la A di tre posizioni. Dopo la lettera L, retrocedendo nell'alfabeto inglese (come segnalato dalla presenza di X) di tre posizioni, figura la lettera *I* (alternativa **A**).

**19** La successione di numeri e quella di lettere vanno considerate separatamente. In questo caso l'elemento da individuare appartiene alla sequenza di lettere e quindi la soluzione non può evidentemente essere la **B**. In particolare, le lettere presenti nella successione data distano tra loro tre posizioni. L'alternativa corretta è dunque la **A**.

**20** Si alternano *due serie di numeri e lettere* ed è facile osservare che l'elemento incognito appartiene alla successione dei numeri: vanno escluse subito le alternative che riportano lettere. La serie numerica mostra un andamento decrescente di 3 unità a ogni passaggio. Il numero mancante è dunque 11 – 3 = 8. È quindi esatta l'alternativa **D**.

**21** In questo caso, si alternano *due serie di lettere,* che occupano una le posizioni dispari e l'altra quelle pari della successione data. Mentre la prima serie prevede uno spostamento in avanti di due lettere alla volta (da F a H saltando la G e poi da H a L saltando la I), la seconda, a cui appartiene la lettera mancante prevede una serie che torna indietro di una posizione ogni volta (Q, P, O). La soluzione al quesito è fornita dall'alternativa **B** che propone la *N* come lettera mancante.

 

**22** La serie di lettere parte da Z e torna indietro lungo l'alfabeto italiano seguendo questa logica: – 1; – 2; – 3; – 4. La lettera mancante è quindi la F (che si trova a – 5 rispetto alla M). Per la serie di numeri invece si osserva che ogni valore è la somma dei due che lo precedono, per cui il numero mancante è 21 (8 + 13). La soluzione al quesito è fornita, quindi, dall'alternativa **D**.

---

**23** In ciascuna delle terne, il numero in alto a destra si ottiene sottraendo 2 al prodotto degli altri due numeri ($18 = 4 \times 5 - 2$ e $16 = 6 \times 3 - 2$).

L'alternativa corretta è dunque la **B** ($12 = 7 \times 2 - 2$).

---

**24** In questo caso il numero in alto a destra si ottiene dividendo a metà la somma degli altri due numeri. Abbiamo dunque: $7 + 15 = 22 : 2 = 11$. L'alternativa **D** soddisfa tale logica ed è dunque la soluzione dell'esercizio in esame.

---

**25** In questo caso il numero in alto a destra si ottiene raddoppiando la somma degli altri due numeri. La soluzione corretta è dunque quella indicata dall'alternativa **A**.

---

**26** Questo esercizio mostra un altro esempio di successione di numeri non lineare, in cui si richiede di individuare il numero da inserire nella casella vuota.

Il criterio che governa la disposizione dei numeri all'interno dello schema prevede, in questo caso, che il valore di ciascuna casella sia uguale alla somma dei numeri che si trovano immediatamente sopra e a sinistra della casella medesima.

Per esempio, il numero 18, che compare nello schema, è dato da 9 (sopra) + 9 (sinistra), così come il numero 36 è dato da 9 (sopra) + 27 (sinistra) e così via. La casella vuota deve dunque essere occupata dal numero 90 (alternativa **C**), ottenuto dalla somma di 36 e 54, che si trovano rispettivamente al di sopra e alla sinistra della casella vuota.

---

**27** In ciascun rettangolo il numero in basso è pari alla metà di quello centrale (il quale, a sua volta, è pari al triplo di quello superiore). Secondo tale logica, il numero incognito è pari a 3 (alternativa **D**).

---

**28** Guardando la prima figura si osserva che alcuni numeri sono contenuti in triangoli bianchi, altri in triangoli grigi. Si può supporre che il numero al centro sia il risultato di operazioni compiute tenendo conto di questa distinzione. In effetti se si sommano i termini nei triangoli bianchi si ottiene 42, mentre la somma dei valori in quelli grigi è pari a 7. Facendo la divisione $42 : 7$ si ottiene proprio 6, il numero al centro. Seguendo la stessa logica nella seconda figura si ha $40 : 10 = 4$. La soluzione al quesito è, quindi, fornita dall'alternativa **B**.

---

**29** La logica che lega i numeri sulle facce di ogni singolo cubo è la seguente: moltiplicando per 5 il numero indicato sulla faccia superiore si ottiene il numero indicato sulla faccia laterale a sinistra (così nel primo cubo 7 ´ 5 = 35) a cui si somma di nuovo 5 per ottenere il numero sulla faccia laterale a destra ($35 + 5 = 40$). Confermata questa *ratio* anche nella seconda immagine ($9 \times 5 = 45$; $45 + 5 = 50$), si passa a verificare quale tra le alternative proposte la rispetta. La soluzione esatta si dimostra la **C**: $6 \times 5 = 30$; $30 + 5 = 35$.

---

**30** Nella prima figura il numero in basso a destra, fuori dai riquadri, si ottiene sottraendo al prodotto dei due termini nelle caselle superiori la somma dei due termini delle caselle inferiori:

$$13 = (6 \times 3) - (2 + 3).$$

Lo stesso criterio è utilizzato nella seconda figura e quindi deve essere rispettato anche nella terza. Il numero mancante sarà, allora, pari a:

$$(4 \times 3) - (2 + 3) = 7.$$

La soluzione al quesito è fornita dall'alternativa **D**.

# 4.7 | Successioni di figure

**Tra le serie di figure sotto riportate individuare quella da scartare.**

**1**

A 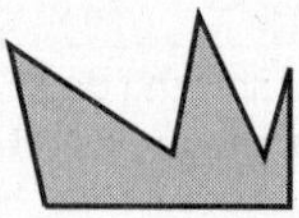
B 
C 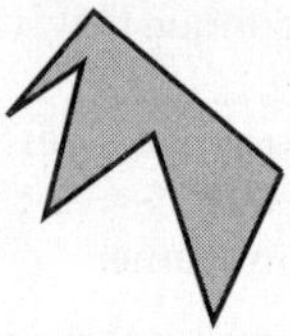
D 

**2**

A 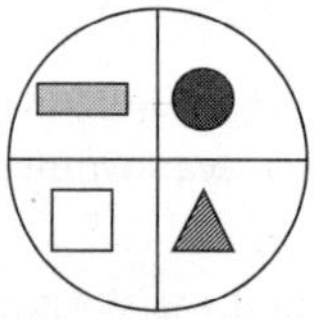
B 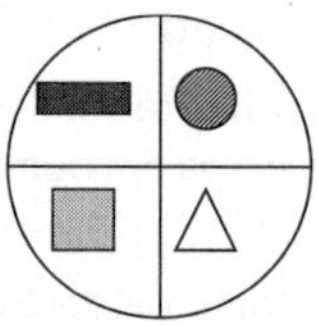
C 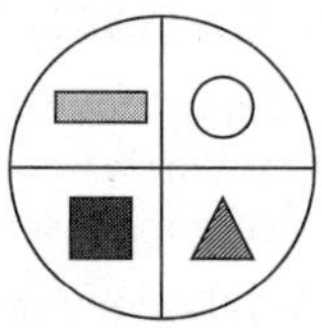
D 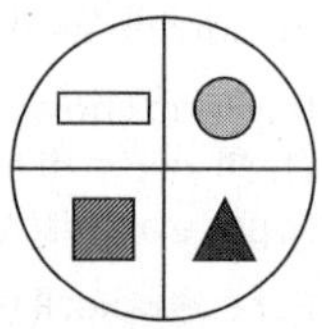

**3**

A 
B 
C 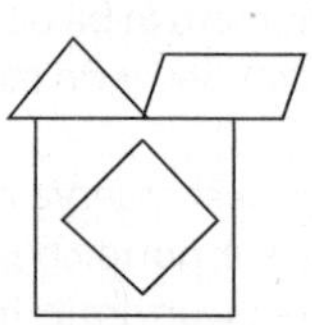
D 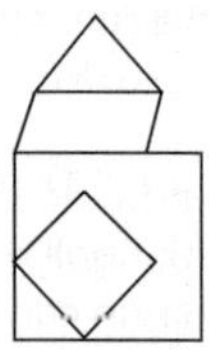

**4**

A 
B 
C 
D 

**5**

A 
B 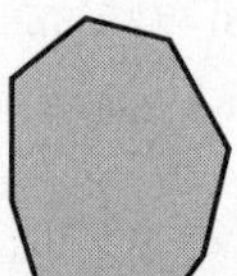
C 
D 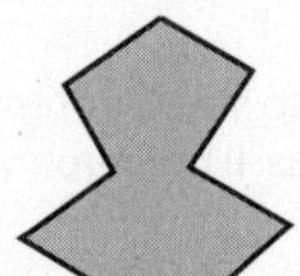

**Individuare la figura che completa le seguenti successioni.**

**6**

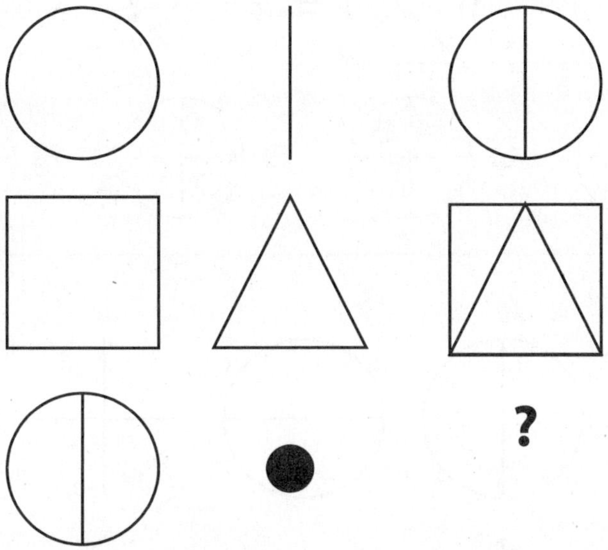


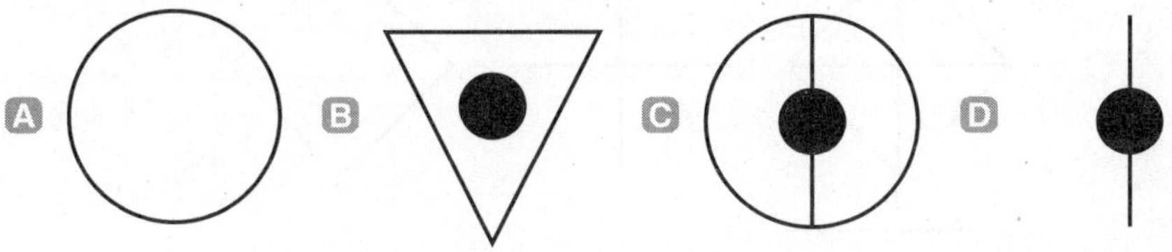


**7**

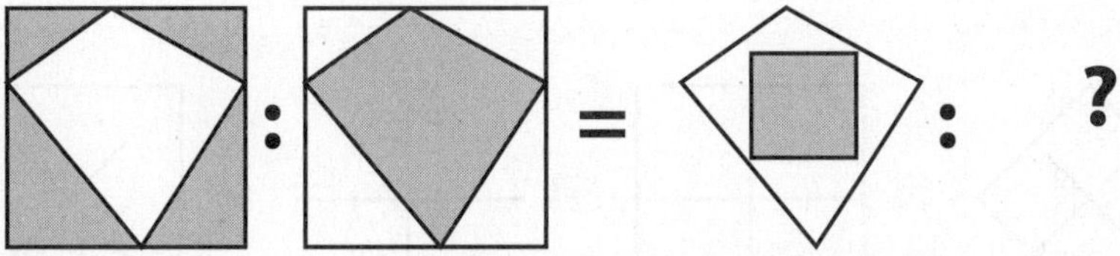


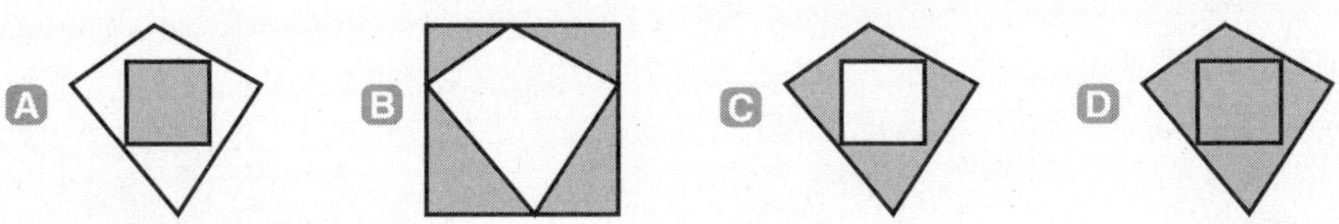

**8**

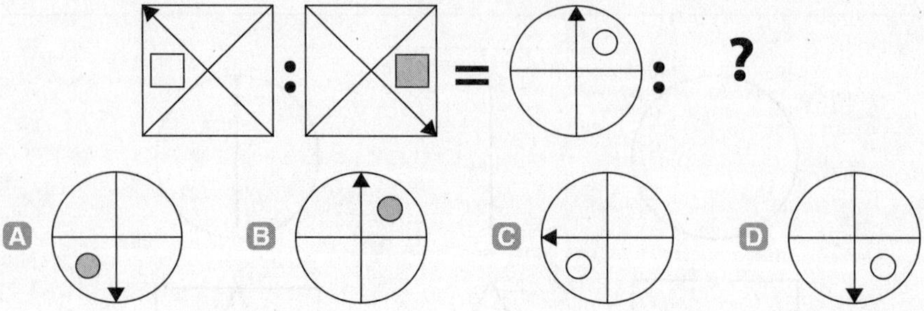

**9**

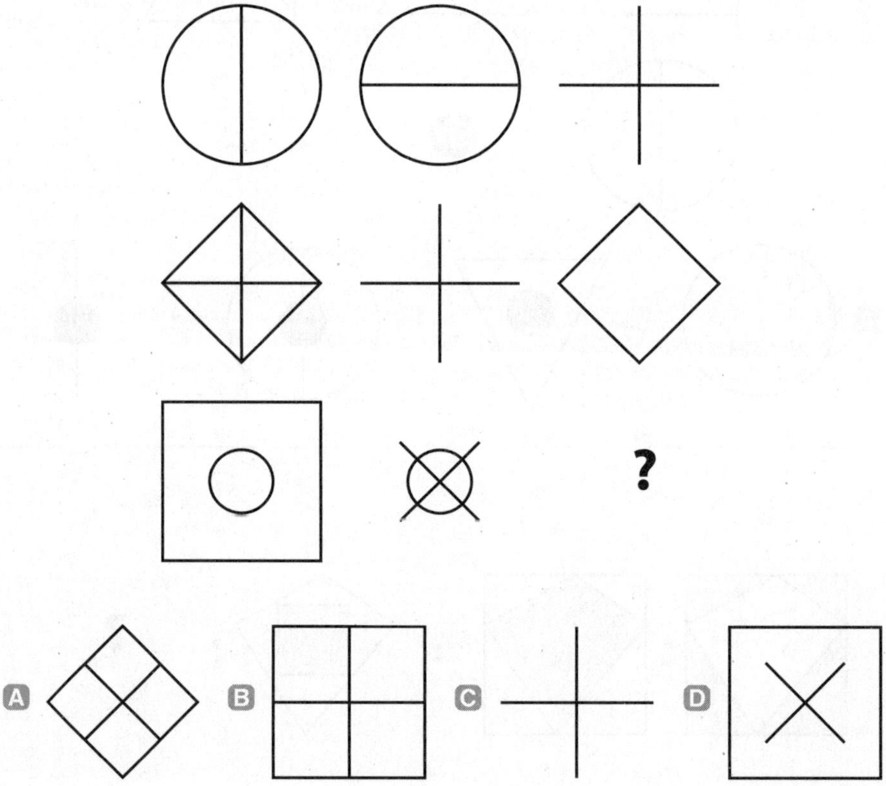

 

**10**

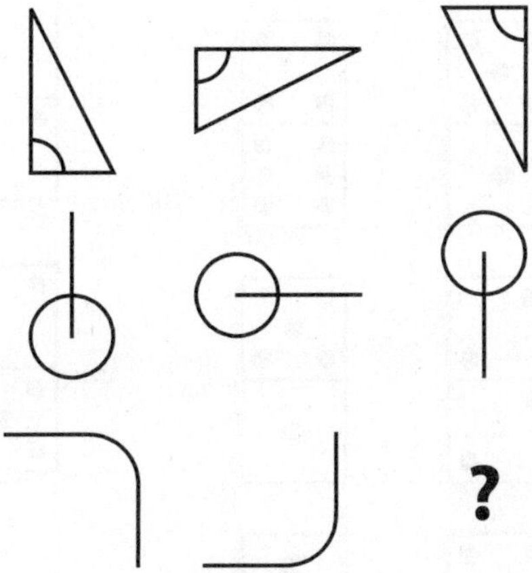

A 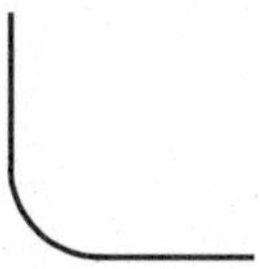

B 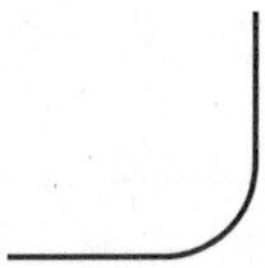

C 

D 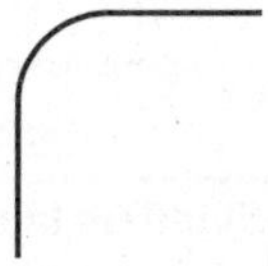

**11 Individuare la tessera mancante.**

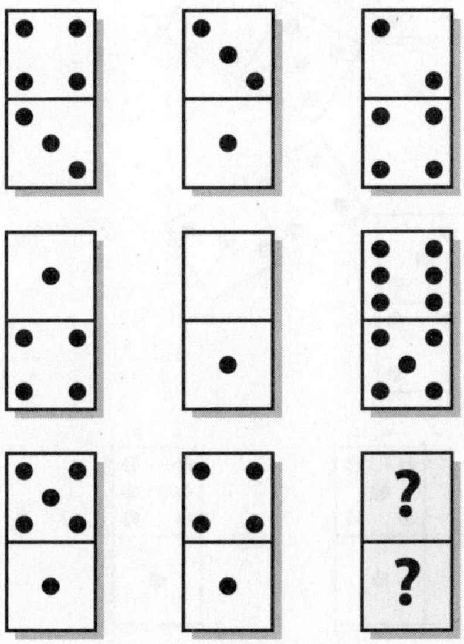

A 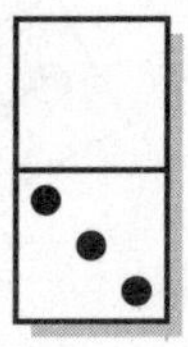

B 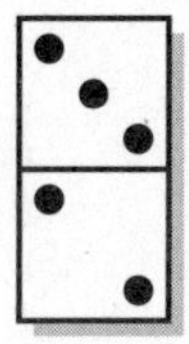

C 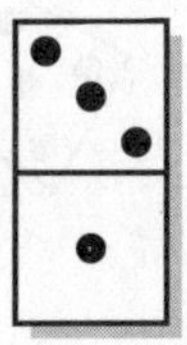

D 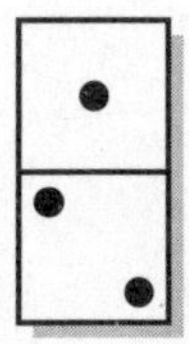

**12** **Individuare la tessera mancante.**

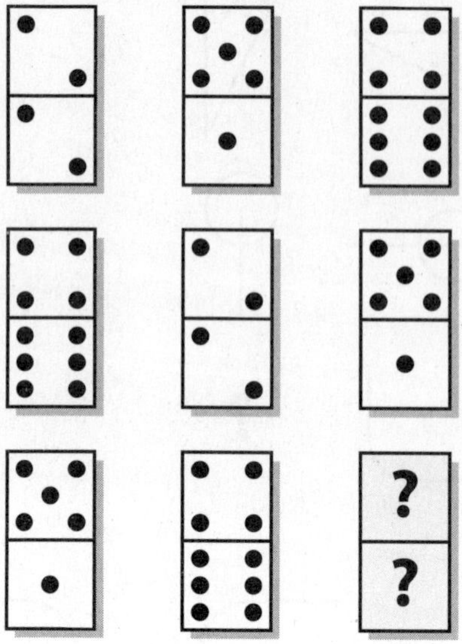

A
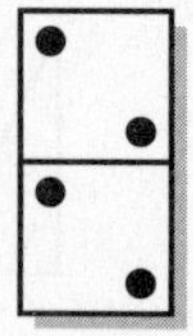

B
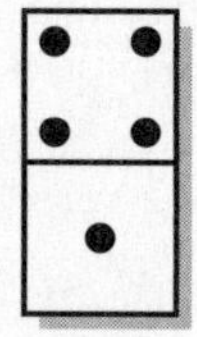

C
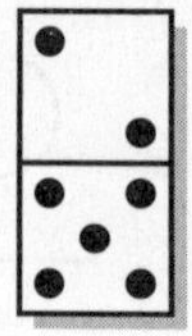

D
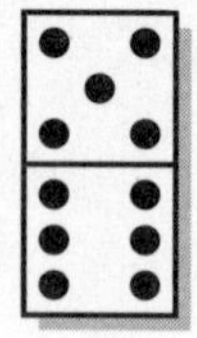

**13** **Individuare la tessera mancante.**

A
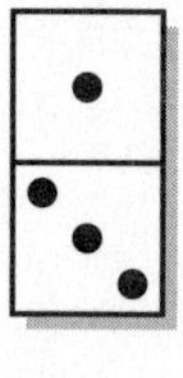

B
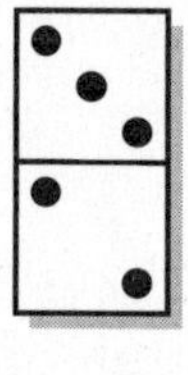

C
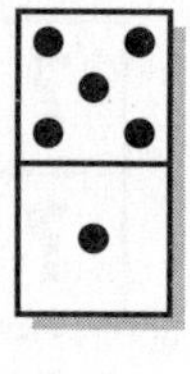

D
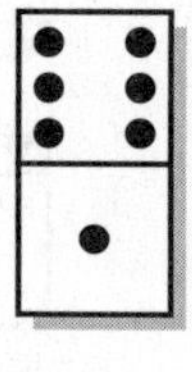

**Negli esercizi seguenti individuare gli elementi delle figure incognite sapendo che i numeri in esse contenuti assumono valori da 1 a 15 (15 + 1 = 1 e non 16) e che possono essere presenti i seguenti simboli grafici: ● ❍ ❑ ■ ❣ ▼.**

**14**

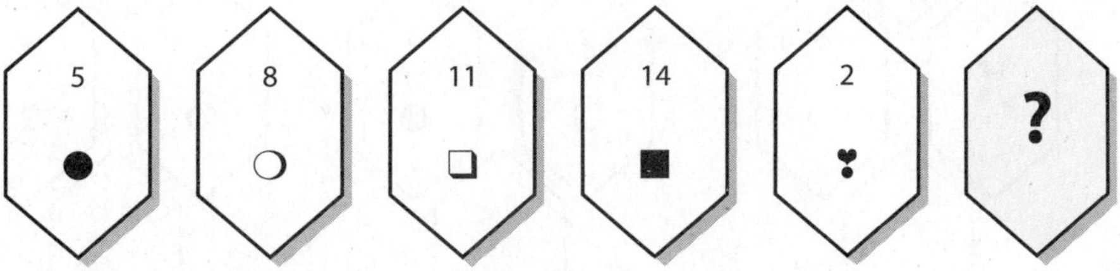


A 2 ▼ B 3 ❍ C 5 ▼ D 11 ❑

**15**

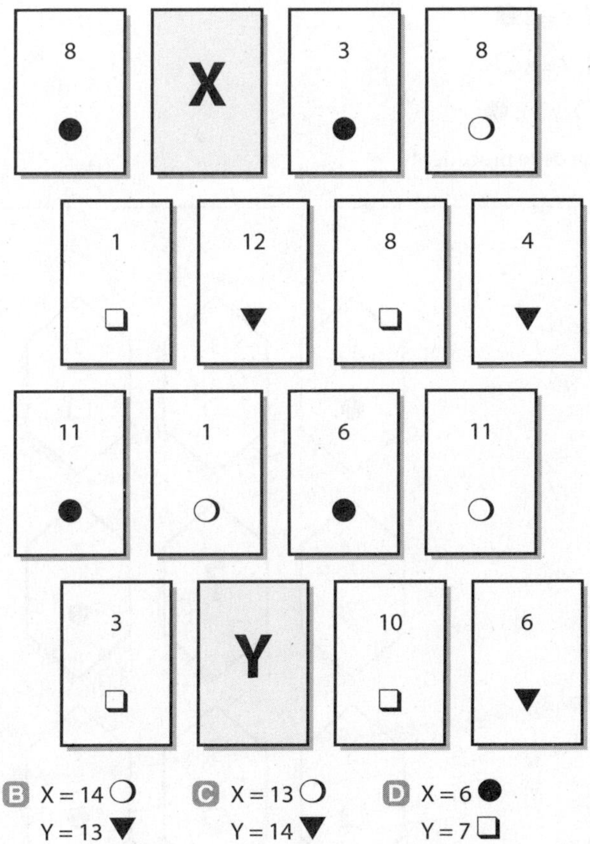


A X = 5 ❍
Y = 8 ▼

B X = 14 ❍
Y = 13 ▼

C X = 13 ❍
Y = 14 ▼

D X = 6 ●
Y = 7 ❑

**16**

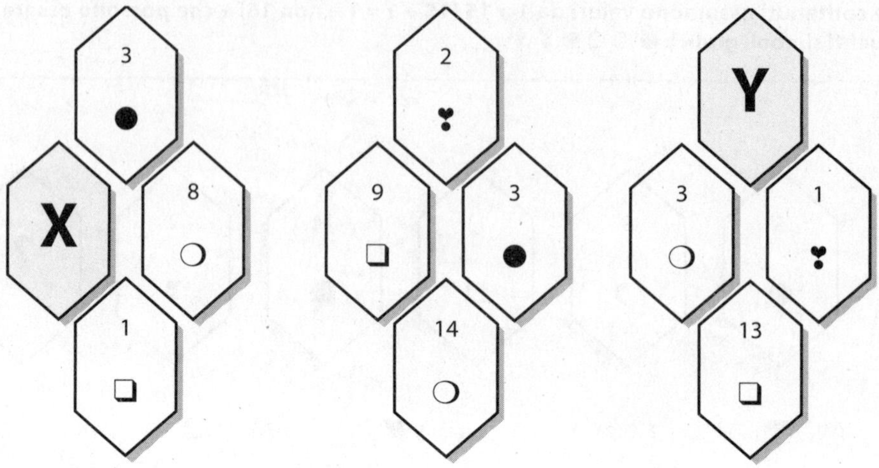


Ⓐ X = 2 ♣; Y = 8 ●

Ⓑ X = 5 ♣; Y = 8 ❑

Ⓒ X = 5 ○; Y = 4 ●

Ⓓ Nessuna delle precedenti

**17**

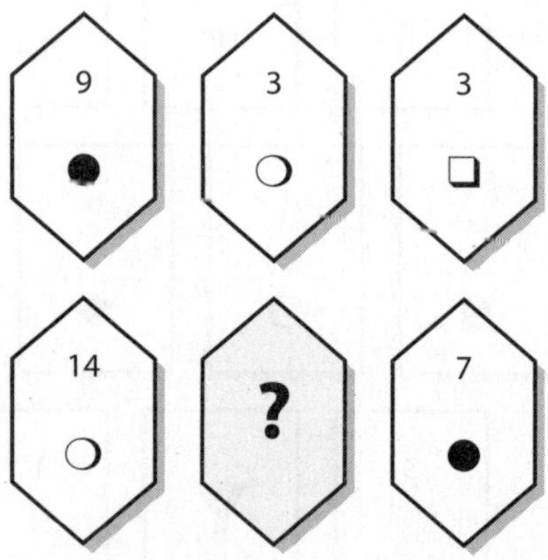


Ⓐ 2 ○ Ⓑ 4 ❑ Ⓒ 7 ● Ⓓ 2 ❑

**18**

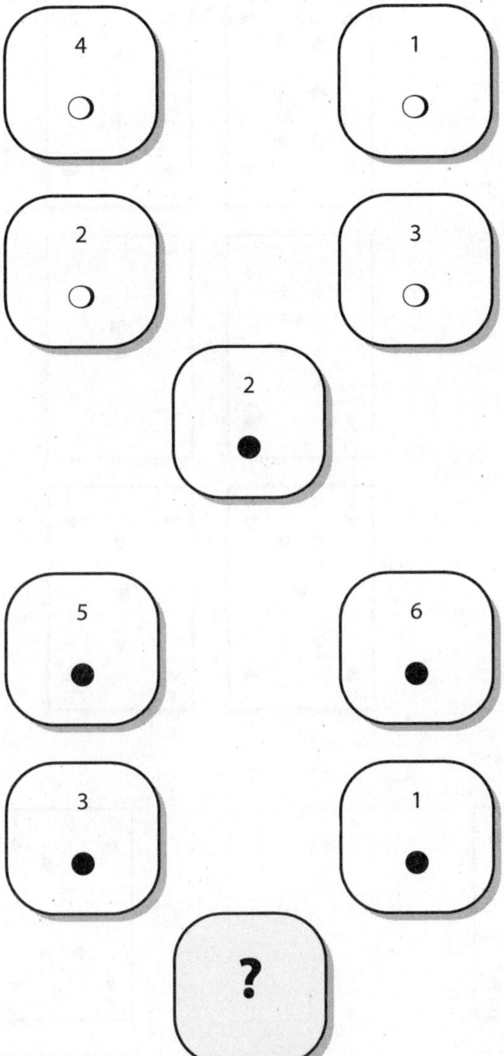


A 3 ❍
B 6 ❍
C 1 ❍
D Nessuna delle precedenti

**19 Individuare la carta mancante.**

A 

B 

C 

D 

**20** **Osservando le figure sotto riportate, quale delle seguenti affermazioni è falsa?**

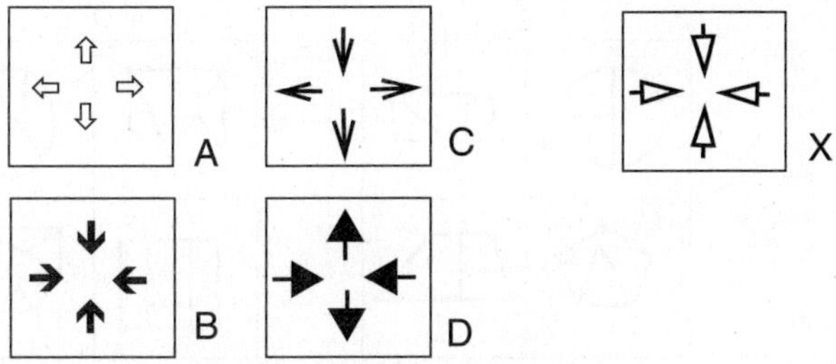


- **A** La figura X non appartiene allo stesso insieme della figura A
- **B** La figura X non appartiene allo stesso insieme della figura C
- **C** La figura X appartiene allo stesso insieme della figura B
- **D** La figura X appartiene allo stesso insieme della figura D

---

**21**

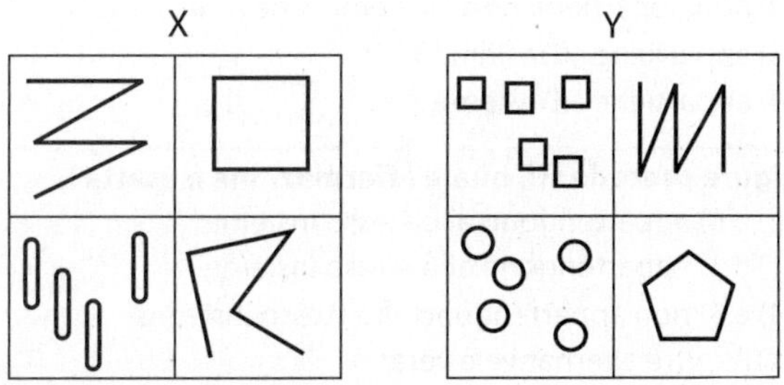


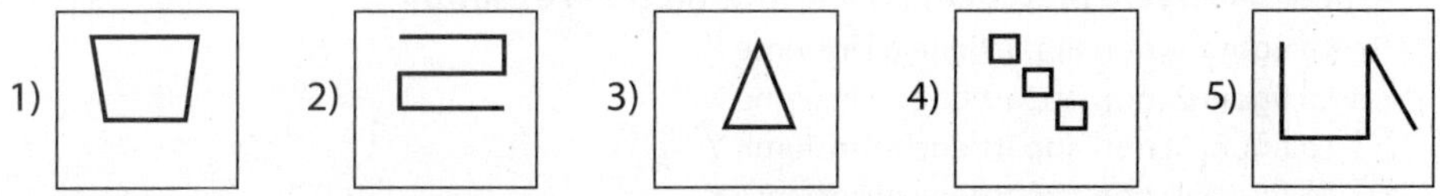


**In base alle figure precedenti, quale delle seguenti affermazioni è esatta?**

- **A** La figura 4) appartiene all'insieme X
- **B** La figura 3) appartiene all'insieme Y
- **C** La figura 2) appartiene all'insieme X
- **D** La figura 5) appartiene all'insieme X

---

**22** **In base alle figure precedenti, quale affermazione è esatta?**

- **A** Le figure 1) e 2) appartengono allo stesso insieme
- **B** Le figure 2) e 3) appartengono allo stesso insieme
- **C** Le figure 1) e 5) non appartengono allo stesso insieme
- **D** Nessuna delle altre alternative è vera

---

**23** **In base alle figure precedenti, quale affermazione è falsa?**

- **A** La figura 3) non appartiene all'insieme X
- **B** La figura 4) non appartiene all'insieme Y
- **C** La figura 5) appartiene all'insieme Y
- **D** La figura 2) appartiene all'insieme Y

**24**

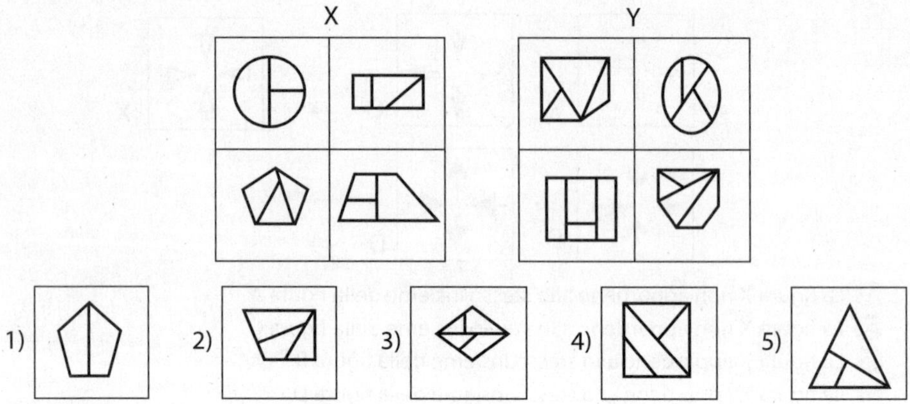


**In base alle figure precedenti, quale delle seguenti affermazioni è esatta?**

- A La figura 1) appartiene all'insieme X
- B La figura 2) non appartiene né all'insieme X né all'insieme Y
- C La figura 3) appartiene all'insieme Y
- D La figura 4) appartiene all'insieme X

**25** **In base alle figure precedenti, quale affermazione è esatta?**

- A Le figure 2) e 4) appartengono allo stesso insieme
- B Le figure 1) e 3) appartengono allo stesso insieme
- C Le figure 4) e 5) non appartengono allo stesso insieme
- D Nessuna delle altre alternative è vera

**26** **In base alle figure precedenti, quale affermazione è esatta?**

- A La figura 1) non appartiene all'insieme X
- B La figura 2) non appartiene all'insieme X
- C La figura 3) non appartiene all'insieme Y
- D La figura 4) non appartiene all'insieme Y

**27** **In base alle figure precedenti, quale affermazione è falsa?**

- A Le figure 2) e 5) appartengono allo stesso insieme
- B Le figure 3) e 4) appartengono allo stesso insieme
- C Le figure 4) e 5) non appartengono allo stesso insieme
- D Una sola delle altre alternative è vera

**28** **Individuare la figura mancante.**

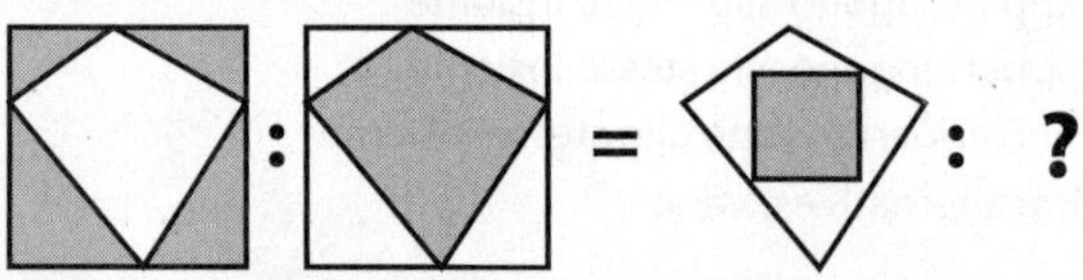


A 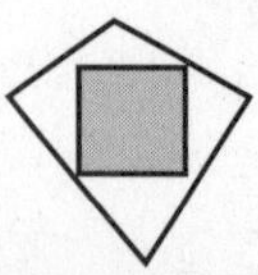

B 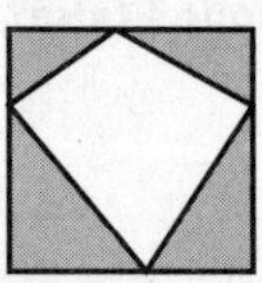

C 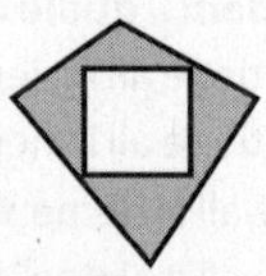

D 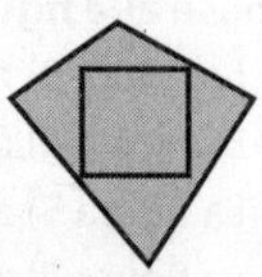

**29**

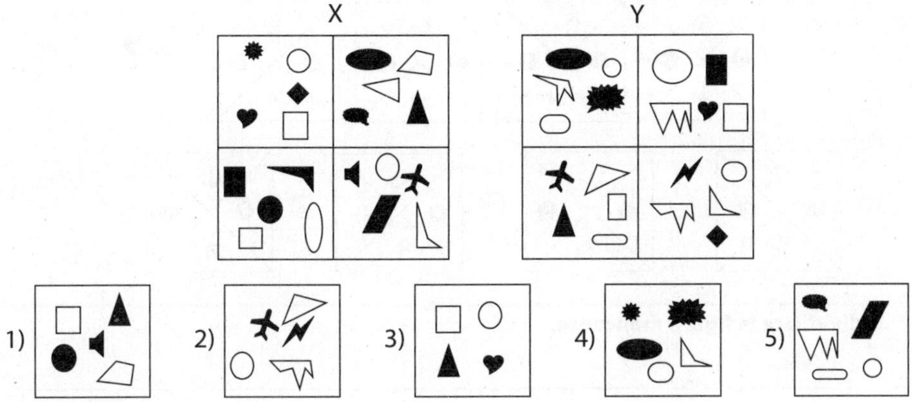


**In base alle figure precedenti, quale delle seguenti affermazioni è esatta?**

- A Le figure 1) e 2) appartengono allo stesso insieme
- B La figura 4) non appartiene né all'insieme X né all'insieme Y
- C La figura 3) appartiene all'insieme Y
- D La figura 4) appartiene all'insieme X

**30 In base alle figure precedenti, quale affermazione è esatta?**

- A Le figure 2) e 4) appartengono allo stesso insieme
- B Le figure 1) e 3) appartengono allo stesso insieme
- C Le figure 1) e 4) non appartengono allo stesso insieme
- D Nessuna delle altre alternative è vera

**31 In base alle figure precedenti, quale affermazione è esatta?**

- A La figura 1) non appartiene all'insieme X
- B La figura 2) non appartiene all'insieme X
- C La figura 3) appartiene all'insieme Y
- D La figura 4) non appartiene all'insieme X

**32 Qual è la figura che completa la sequenza?**

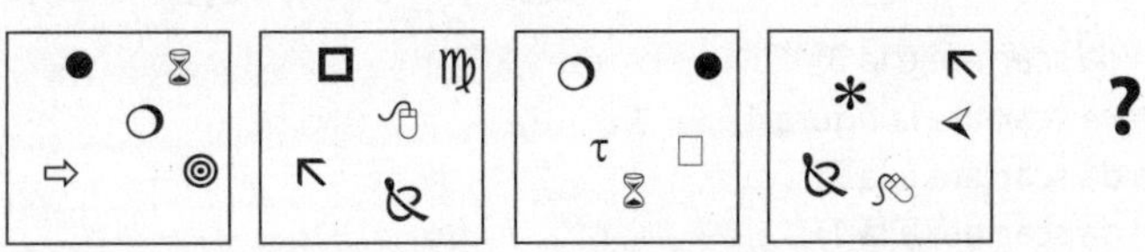

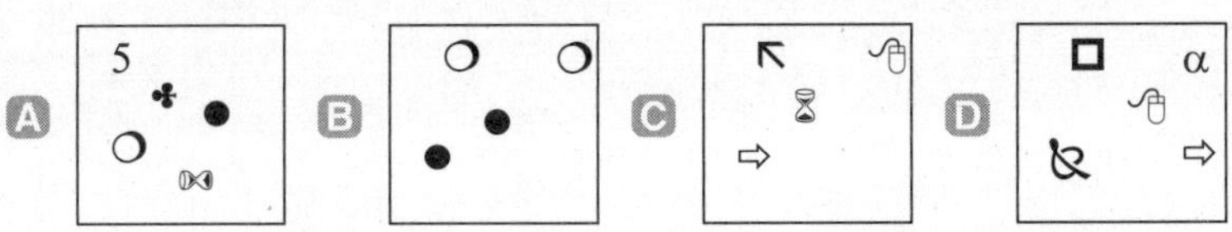

**33 Qual è la figura che completa la sequenza?**

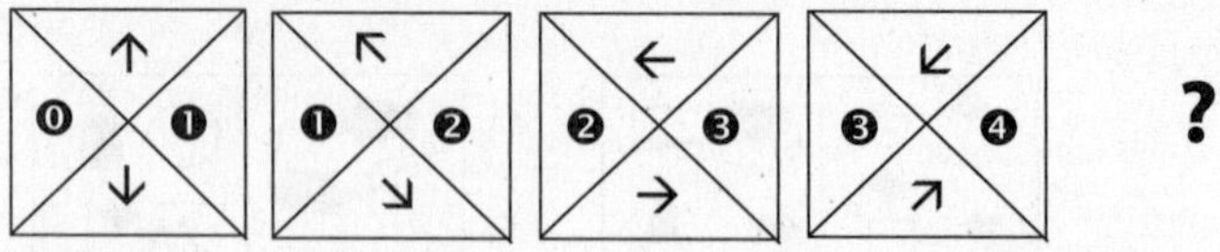

A 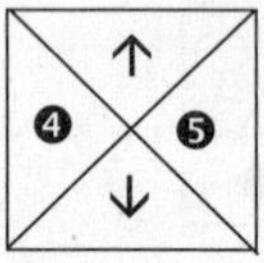 B 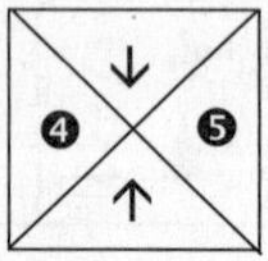 C 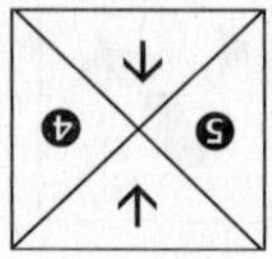 D 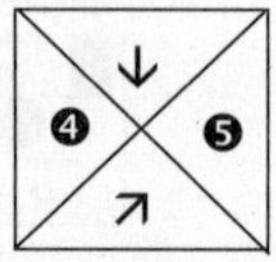

**34 Individuare la figura mancante.**

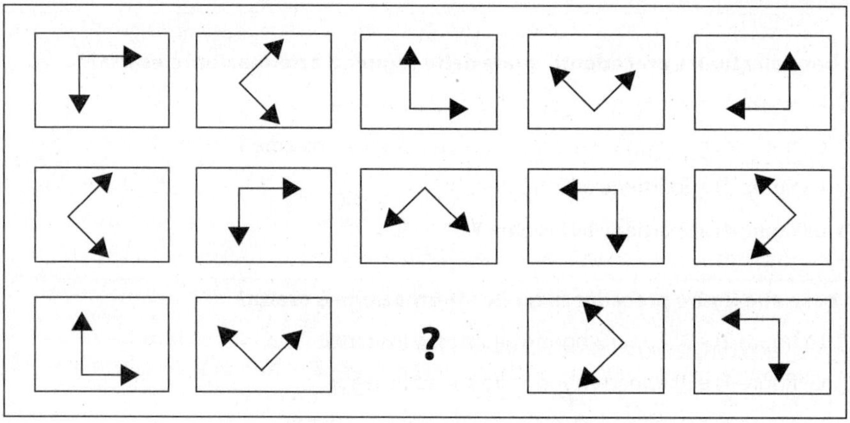

A 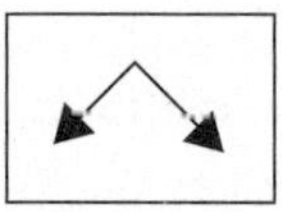 B 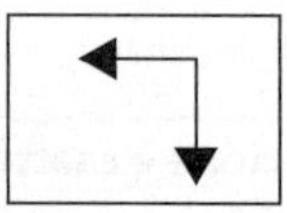 C 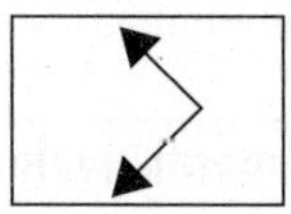 D 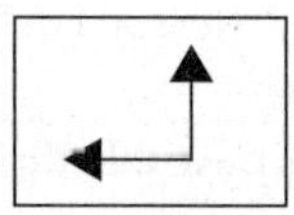

**35 In base alle figure seguenti, quale affermazione è esatta?**

1) 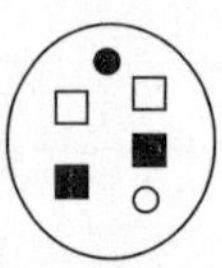 2) 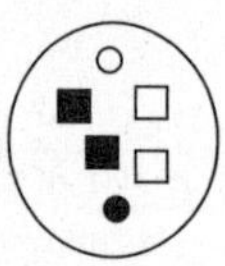 3) 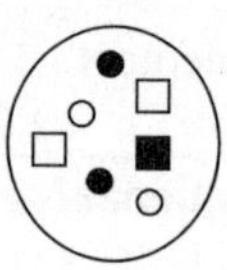 4) 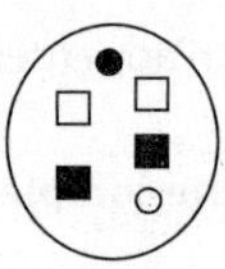 5) 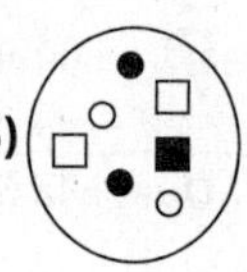

- A La figura da scartare è la 3)
- B Non si deve scartare la figura 4)
- C La figura da scartare è la 5)
- D La figura da scartare è la 1)

## 4.8 | Soluzioni e commenti



1 Le figure indicate dalle alternative A, C e D sono tra loro sovrapponibili operando una rotazione. L'alternativa B invece non rispetta tale logica (per fare in modo che si sovrapponga alle altre è necessario invertire specularmente la figura) e rappresenta pertanto la soluzione dell'esercizio.

2 Tutte le figure presentano all'interno quattro elementi (quadrato, rettangolo, cerchio e triangolo) che mantengono sempre la stessa posizione ma che sono colorati in maniera differente. Passando da una figura alla successiva, si osserva che la colorazione dei quattro elementi cambia scorrendo in senso antiorario. L'unica figura che non rispetta tale logica è la C, in cui il colore grigio scuro e grigio chiaro occupano l'uno il posto dell'altro. È questa la risposta da indicare.

3 Le figure A, C e D sono costituite dagli stessi quattro poligoni: un quadrato, un rombo, un parallelogramma e un triangolo. Invece la figura B riunisce un quadrato, un parallelogramma e due triangoli. Pertanto la risposta cercata è la B.

4 Tutte le figure sono tra loro sovrapponibili operando una rotazione, a eccezione della A che risulta ribaltata sull'asse verticale e rappresenta pertanto la soluzione dell'esercizio.

5 Tutte le figure rappresentano poligoni con otto lati a eccezione della prima i cui lati sono nove. La risposta esatta è dunque la A.

6 Questo esercizio mostra una logica che frequentemente sta alla base delle matrici di Raven: la sovrapposizione e addizione di elementi differenti. Si nota infatti che, nelle prime due righe, la figura dell'ultima colonna a destra è ottenuta mediante la sovrapposizione delle due figure che la precedono sulla stessa riga. Lo stesso criterio viene rispettato nella terza riga, scegliendo tra le alternative la soluzione C.

7 I termini del primo membro della proporzione sono 2 figure: la prima in positivo e la seconda in negativo. Applicando la stessa logica al secondo membro della proporzione si ottiene la soluzione dell'esercizio (risposta C).

8 Passando dal primo quadrato al secondo si osserva che la figura è stata ribaltata sia sull'asse verticale sia su quello orizzontale. Ne consegue che il verso della freccia è cambiato e che il quadratino si trova a destra e non più a sinistra; inoltre è cambiato il colore. Applicando la stessa logica al secondo membro della proporzione, si giunge alla soluzione dell'esercizio (risposta A).

9 Nelle prime due righe della matrice, la figura a destra risulta dalla sovrapposizione delle due figure che la precedono eliminando però gli elementi che esse hanno in comune. Allo stesso modo bisogna procedere per individuare tra le alternative la figura mancante; se si sovrappone il quadrato alla croce ed eliminando il cerchio che le due figure hanno in comune (risposta D).

10 In questo caso, nelle prime due righe sia il triangolo sia il segmento con il cerchietto vengono di volta in volta ruotati di 90° in senso orario. Applicando quindi la medesima logica di rotazione alle figure della terza riga, si giunge alla soluzione dell'esercizio (risposta A).

11 Negli esercizi che utilizzano le tessere del domino, bisogna individuare sia la logica delle metà inferiori sia quella delle superiori. In questo caso, si osserva che i valori delle metà superiori delle tessere seguono un ordine decrescente, mentre nelle metà inferiori la somma dei valori delle prime due è pari al valore della terza (prima riga: 3 + 1 = 4; seconda riga: 4 + 1 = 5). La tessera mancante è quindi quella indicata dall'alternativa B.

12 Le tre righe sono costituite dalle stesse tessere disposte in ordine differente. La figura mancante è quella individuata dall'alternativa A.

**13** Le parti delle tessere che si trovano all'esterno della corona presentano una successione crescente di numeri (1, 2, 3, 4, 5) e quindi l'elemento superiore della tessera mancante deve essere 6. Le parti interne rispettano invece una legge di successione decrescente (6, 5, 4, 3, 2) secondo la quale l'elemento inferiore della tessera mancante deve essere 1. La risposta corretta è dunque la **D**.

**14** Negli esercizi di questa tipologia, bisogna aver cura di individuare la figura che completi correttamente sia la serie numerica sia quella simbolica. Nel nostro caso, ogni numero è dato alla somma del precedente + 3. Tenendo conto che i valori ricominciano da 1 dopo il 15, si avrà: 14 + 3 = 15 + 2 = 2. Per quanto riguarda invece il simbolo, dal momento che compaiono tutti meno uno, quello corretto è l'unico mancante. La figura da indicare è perciò composta dalla coppia di elementi (5 ▼). La risposta esatta è dunque la **C**.

**15** La disposizione spaziale delle figure induce a considerare la prima fila abbinata con la terza e la seconda con la quarta. Nella terza riga si osserva un'alternanza di simboli: quindi in prima riga si dovrà selezionare un'alternativa che riporta ❍. Per quanto riguarda i numeri, la terza riga mostra una successione crescente: tenendo conto che una volta raggiunto il 15 si riparte da 1, si verifica che l'incremento è + 5 a ogni passo e pertanto in prima riga il valore deve essere 13. Quindi X = 13 ❍. Nella seconda riga si osserva un'alternanza di simboli e una differenza costante pari a 4 tra i numeri (1 – 4 = 12; 12 – 4 = 8; 8 – 4 = 4); applicando la stessa logica alla quarta riga si ottiene Y = 14 ▼. La risposta corretta è dunque la **C**.

**16** Nei tre gruppi di figure, l'unico privo di incognite è quello centrale che dunque va preso a modello per individuare le incognite X e Y. Analizzando una per una le figure al centro, si osservano quattro simboli tutti diversi tra loro; nei due gruppi incompleti, si nota che ritornano tre di questi simboli, così che è ragionevole supporre che la figura mancante debba riportare il quarto simbolo, rispettivamente ❣ per la X e ● per la Y. Quanto ai numeri, quello della figura inferiore è dato dalla somma dei numeri presenti nelle altre tre figure (14 = 9 + 2 + 3). Applicando la stessa logica al gruppo di figure a sinistra si ottiene X = 5 ❣, mentre applicando il ragionamento al gruppo di destra si ottiene Y = 9 ●. Pertanto la risposta corretta è la **D**.

**17** Nella prima e nella terza riga si osserva che la figura di destra è ottenuta dividendo la prima per la seconda (9 : 3 = 3 e 5 : 5 = 1); il valore dell'incognita della seconda riga è dunque 2. In tutte le righe i simboli grafici sono sempre gli stessi (● ❍ ❑), cambiati di posizione; il simbolo mancante nella seconda riga è dunque ❑. La risposta corretta è la **D**.

**18** Si individuano due gruppi di figure: il primo (senza incognite) costituito dalle cinque figure superiori e il secondo (con una incognita) costituito dalle cinque figure inferiori. Il primo gruppo presenta le seguenti caratteristiche:

- la figura centrale (quella più bassa) ha lo stesso simbolo delle figure superiori ma in negativo (colore nero anziché bianco);
- il numero della figura centrale è ottenuto sommando tra loro i numeri presenti nelle due colonne superiori e sottraendo al valore risultante dalla prima colonna quello della seconda (4 + 2 = 6; 1 + 3 = 4 da cui si ricava 6 – 4 = 2 che è il numero della figura centrale).

Replicando tutti i passaggi, nel secondo gruppo il simbolo mancante sarà ❍ e il numero corrispondente 1 (5 + 3 = 8; 6 + 1 = 7 da cui si ricava 8 – 7 = 1). La risposta corretta è dunque la **C**.

**19** È evidente che, così come avviene nella coppia di carte superiore e in quella inferiore, anche le due carte centrali devono avere lo stesso seme e dare come somma numerica 8. La risposta esatta è quindi la **D**.

**20** L'esercizio mostra figure la cui discriminante è la direzionalità delle frecce. Si osserva che la figura X presenta le stesse direzionalità della figura B e appartiene, quindi, al suo stesso insieme. L'unica affermazione falsa è, dunque, la **D**, soluzione del quesito.

COMPETENZA LINGUISTICA E RAGIONAMENTO LOGICO

**21** Le figure appartenenti a X sono tutte costituite da 4 elementi, che siano 4 figure distinte oppure quattro segmenti che formano un'unica figura (come il quadrato). Quelle appartenenti a Y, invece, sono formate da 5 elementi o distinti (come i cinque quadrati) o che formano una figura a se stante (come il pentagono). La figura 1) appartiene, quindi a X (la D è la soluzione del quesito), mentre la 2) appartiene a Y. Non appartengono ad alcun gruppo la 3) e la 4).

**22** La 1) e la 2) appartengono una a X e l'altra a Y (A errata), mentre la 3 non appartiene a X, a cui appartiene anche la 5 (alternative B e C errate). Non essendo vera alcuna delle altre alternative, la soluzione è fornita dalla risposta D.

**23** Le figure 3) e 4) non appartengono né a X né a Y e quindi le alternative A e B sono vere. Poiché la 2) appartiene a Y, è vera anche la D. Appartenendo la 5) a X, è invece falsa la C, che è pertanto la soluzione del quesito,.

**24** Tutte le figure appartenenti a X sono suddivise in 3 parti, mentre quelle appartenenti a Y in 4 parti. Se, quindi, la 1) non appartiene né a X, né a Y (A errata), la 2) appartiene a X (B errata), la 3) a Y (C soluzione del quesito), la 4) a Y (D errata).

**25** Le figure 2) e 5), essendo divise in 3 parti, appartengono a X, mentre le figure 3) e 4), essendo divise in 4 parti, appartengono a Y. L'unica che non appartiene ad alcun insieme è la 1). È dunque vero quanto affermato dall'alternativa C, che è la soluzione del quesito.

**26** La soluzione al quesito è fornita dall'alternativa A, infatti la 1) non appartiene né a X, né a Y, mentre la 2) fa parte di X e la 3 e la 4) di Y.

**27** Poiché la 2) e la 5) appartengono allo stesso insieme, come la 3) e la 4) e poiché la 4) e la 5) non appartengono allo stesso insieme, le alternative A, B, e C sono tutte vere. È, dunque falso quanto affermato dalla D (che solo una delle altre è vera) che è la soluzione del quesito.

**28** Il primo membro della proporzione è composto da due figure: la prima in positivo e la seconda in negativo. Applicando la stessa logica al secondo membro della proporzione si ottiene la soluzione dell'esercizio (risposta corretta C).

**29** Le figure appartenenti a X presentano sempre tre elementi neri e due bianchi, mentre quelle appartenenti a Y due bianche e tre neri. Le figure 1) e 4) appartengono quindi a X, le figure 2) e 5) ad Y e le 3) né a un gruppo né all'altro. È, dunque, vero quanto affermato dall'alternativa D, soluzione del quesito.

**30** Appartengono allo stesso insieme X la 1) e la 4), mentre non appartiene né a X, né a Y la 3). Le alternative A, B, e C sono quindi tutte false. La soluzione è dunque la D.

**31** La 2) appartiene a Y e non a X, come correttamente affermato dall'alternativa B (soluzione del quesito). Poiché la 1) e la 4) appartengono a X e la 3) a nessuno dei due, sono false tutte le altre alternative.

**32** La prima e la terza figura della serie hanno tre oggetti in comune; la clessidra, il cerchio bianco e quello nero; stesso criterio è seguito dalla seconda e dalla quarta figura. Seguendo questo criterio, la figura mancante è legata alla prima e alla terza e deve quindi avere i tre elementi, clessidra e cerchi bianco e nero, comuni alle altre due. La soluzione al quesito è rappresentata, dunque, dall'alternativa A.

**33** Passando da una figura all'altra, i numeri aumentano di una quantità pari a 1 e le frecce ruotano entrambe di 45° in senso antiorario. La figura che completa le serie è, allora, quella proposta dall'alternativa B (soluzione del quesito), in cui i numeri sono pari a 4 e 5 e le frecce hanno completato una rotazione di 180°. Si faccia attenzione alla C, alternativa sbagliata in quanto propone una figura in cui i due numeri sono capovolti.

**34** In ogni riga della matrice avviene una continua rotazione (come fossero lancette di un orologio) delle frecce di 45°, in senso antiorario nella prima riga, in senso orario nella seconda, e nuovamente antiorario nella terza. La figura mancante è allora quella proposta dall'alternativa **D**, che rappresenta la soluzione al quesito.

**35** Tra le cinque figure è possibile individuare due coppie di figure tra loro uguali: la figura 1 è uguale alla 4); la figura 3) è uguale alla 5). La figura da scartare è quindi la 2). La soluzione all'esercizio è così fornita dall'alternativa **B**, infatti la figura 4) non è da scartare.

parte seconda

# Cultura letteraria, storico-sociale e geografica

# 1 | Storia

## 1.1 | Esercizi proposti

**1 La crisi economica che nel 1929 dagli USA si estese a gran parte del mondo iniziò con:**

A il fallimento della General Electric
B il crollo della Borsa di New York
C l'adozione dei provvedimenti proibizionistici
D l'avvento del fascismo in Italia

**2 Il Presidente statunitense che nel 1933 diede inizio al *New Deal* fu:**

A Wilson
B Harding
C Johnson
D Roosevelt

**3 L'uomo politico sovietico che si oppose alle persecuzioni staliniane contro i kulaki fu:**

A Alexej Stachanov
B Nikolaj Bucharin
C Lev Trotzkij
D Vjačeslav Molotov

**4 Tra il 1880 e il 1914, le potenze europee colonizzarono quasi totalmente il continente africano. Alla vigilia della prima guerra mondiale, quanti Stati africani erano indipendenti?**

A Nessuno
B Dieci
C Due
D Venti

**5 In quale periodo si svolse in Francia il cosiddetto "affare Dreyfus", un caso politico che coinvolse e infiammò l'intera opinione pubblica europea?**

A 1894-1906
B 1898-1918
C 1877-1900
D 1906-1919

**6 La Banca d'Italia fu istituita nel:**

A 1893
B 1926
C 1915
D 1947

CULTURA LETTERARIA, STORICO-SOCIALE E GEOGRAFICA

7 **Quale tra i seguenti eventi contribuì ad accelerare la spinta indipendentista dei Paesi dell'America Latina?**

A La guerra di indipendenza statunitense
B L'invasione napoleonica della penisola iberica
C La Rivoluzione francese
D La ripresa demografica degli indios verificatasi nel XVIII secolo

8 **I boeri, che nel 1899 si opposero ai tentativi di annessione dell'Orange e del Transvaal da parte della Gran Bretagna, erano di origine:**

A greca
B russa ed europea orientale in genere
C tedesca
D olandese

9 **I khmer rossi della Cambogia erano appoggiati militarmente ed economicamente:**

A dalla Cina
B dal Vietnam
C dall'URSS
D dagli USA

10 **In che anno Lutero ruppe definitivamente i rapporti con la Chiesa cattolica?**

A 1521
B 1651
C 1762
D 1825

11 **Il Tibet fu conquistato dalla Cina nel:**

A 1919
B 1927
C 1939
D 1951

12 **Chi fu l'artefice del *Kulturkampf*?**

A Hitler
B Bismarck
C Metternich
D Honecker

13 **La guerra di Corea, combattuta tra il 1950 e il 1953, vide contrapposte la Corea del Nord e la Corea del Sud appoggiate rispettivamente da:**

A Cina; Stati Uniti
B URSS; Cina
C Cina; Francia
D URSS; Stati Uniti

14 **La guerra russo-giapponese del 1904 ebbe come causa:**

A la rivalità nel commercio verso gli Stati Uniti
B la volontà del Giappone di reprimere la Rivoluzione russa
C il controllo della Manciuria
D il controllo del Madagascar

PARTE SECONDA

15 **L'indipendenza di Malta dalla Gran Bretagna fu conquistata nel:**
A 1964
B 1974
C 1946
D 2001

16 **In quale anno venne costruito il muro di Berlino?**
A Nel 1948
B Nel 1946
C Nel 1989
D Nel 1961

17 **La riunificazione della Germania è avvenuta durante il cancellierato di:**
A Brandt
B Schimdt
C Kohl
D Schröder

18 **Stalin era di nazionalità:**
A armena
B georgiana
C cecena
D russa

19 **Gandhi morì nel:**
A 1898
B 1918
C 1938
D 1948

20 **In cosa consisteva il progetto fascista noto come *quota novanta*?**
A In una politica demografica intesa a portare la popolazione italiana a quota 90 milioni
B In un iniziativa militare consistente nella costruzione di 90 portaerei
C In una politica monetaria diretta a portare il cambio tra sterlina e lira al rapporto di 1 a 90
D In una politica coloniale volta alla conquista di 90 importanti città africane

21 **Quale tra le seguenti è una delle ragioni per le quali la guida della Rivoluzione d'ottobre in Russia non fu presa dalla borghesia?**
A Perché la borghesia era stata praticamente azzerata dal regime zarista
B Perché la borghesia aveva scarsa consistenza numerica e forti legami con l'aristocrazia
C Perché il proletariato urbano e rurale russo contava milioni di individui
D Perché la borghesia era favorevole alla prosecuzione della prima guerra mondiale, grazie alla quale faceva ottimi affari

22 **L'Impero tedesco nacque nel:**
A 1871
B 1789
C 1918
D 1866

**23 Il massacro di piazza Tienanmen si verificò nel:**

A 1975
B 1981
C 1997
D 1989

**24 Nel 1940 l'esercito italiano invase:**

A l'Albania
B la Grecia
C l'Eritrea
D il Belgio

**25 La "lunga marcia" di Mao è un episodio della:**

A resistenza cinese all'invasione giapponese
B seconda guerra mondiale
C guerra civile cinese
D prima guerra mondiale

**26 La "battaglia del grano" di epoca fascista aveva come scopo:**

A affermare il carattere agricolo e non industriale dell'economia italiana
B conquistare l'autosufficienza dell'Italia nel settore cerealicolo
C sconfiggere la concorrenza dei Paesi africani nell'esportazione del grano verso le nazioni europee
D esprimere la preferenza da parte del regime verso il mondo rurale invece di quello cittadino

**27 I governi di "solidarietà nazionale" in Italia furono:**

A i governi monocolore democristiani o a guida democristiana degli anni Settanta, realizzati con l'appoggio esterno dei comunisti
B i governi realizzati subito dopo la fine della seconda guerra mondiale con la cooperazione di tutte le forze politiche
C i governi realizzati nei primi anni Novanta dalle forze politiche maggiormente colpite dalle inchieste della magistratura
D i primi governi della storia dell'Italia unita, così chiamati perché fondati sulla cooperazione della Destra e della Sinistra

**28 Il primo Re d'Italia è stato:**

A Carlo Alberto
B Vittorio Emanuele II
C Vittorio Emanuele III
D Umberto II

**29 Chi fondò la rivista *Ordine Nuovo*?**

A Benedetto Croce
B Giovanni Gentile
C Antonio Gramsci
D Piero Gobetti



 

**30** **Il Trattato di Uccialli fu firmato dall'Italia con:**

A l'Albania
B la Somalia
C l'Etiopia
D l'Eritrea

**31** **Quale capitale europea è stata bombardata dalla NATO nel 1999?**

A Belgrado
B Bratislava
C Sarajevo
D Tirana

**32** **Nel 1980 l'Iran subì l'aggressione militare di:**

A URSS
B Kuwait
C Iraq
D Afghanistan

**33** **La seconda guerra mondiale ebbe inizio quando:**

A le truppe tedesche attaccarono la Polonia senza averle dichiarato guerra
B Hitler occupò senza difficoltà Danimarca e Norvegia, allo scopo di realizzare il suo piano di accerchiamento della Gran Bretagna
C fu assassinato a Sarajevo Francesco Ferdinando, erede al trono d'Austria
D fu firmato il Patto Briand-Kellog

**34** **La guerra civile spagnola (1936-39):**

A vide l'intervento dell'Italia, monarchica e liberale, a favore della repubblica spagnola
B vide l'intervento dell'Italia fascista a favore della repubblica spagnola
C non vide l'intervento dell'Italia
D vide l'intervento dell'Italia fascista a favore dei franchisti

**35** **La statalizzazione delle ferrovie compiuta in Italia nel 1905 fu opera del governo:**

A Fortis
B Sonnino
C Crispi
D Pelloux

**36** **Il contenuto del Patto Gentiloni del 1913 si può sinteticamente descrivere come:**

A l'appoggio elettorale delle popolazioni del Sud Italia ai candidati di qualunque partito che si impegnassero in loro favore
B un accordo tra democristiani e liberali per escludere dal governo i socialisti
C l'appoggio elettorale dei cattolici ai candidati liberali che si impegnavano a difendere alcuni valori cattolici
D la chiusura della controversia tra la Chiesa e lo Stato

**37** **L'età giolittiana fu caratterizzata da:**

A industrializzazione, progressi nell'agricoltura (soprattutto al Nord), ma anche scioperi ed emigrazione

B un inasprimento dei rapporti con la Gran Bretagna

C un notevole sviluppo della polizia segreta e l'instaurazione di uno Stato di polizia

D un miglioramento progressivo dei rapporti fra Stato e Chiesa, culminato con la firma, da parte del governo Giolitti e di Papa Pio XI, dei Patti Lateranensi

**38** **Ai primi del Novecento due Paesi emersero sulla scena internazionale nella veste di nuove grandi potenze. Si trattava di:**

A Giappone e Stati Uniti

B Italia e Giappone

C Cina e Giappone

D Germania e Russia

**39** **Il soprannome "Little Boy" venne utilizzato durante la seconda guerra mondiale dall'esercito statunitense per riferirsi a:**

A un aereo monoposto da caccia

B la prima bomba atomica utilizzata in un conflitto

C Adolf Hitler

D un generico commilitone ferito

**40** **Quale regione del Canada ha rifiutato tramite referendum la scissione dal resto del Paese?**

A Québec

B Ontario

C Terranova

D Labrador

**41** **In quale anno fu combattuta la guerra delle Falkland?**

A 1979

B 1982

C 1987

D 1992

**42** **Trieste entrò a far parte del territorio dello Stato italiano:**

A nel 1870

B dopo la Grande guerra

C durante il fascismo

D in seguito all'occupazione tedesca

**43** **Hitler assunse il potere in Germania:**

A in seguito a libere elezioni

B grazie all'appoggio militare di Mussolini

C in seguito a un colpo di Stato violento

D proponendo un programma di riconciliazione nazionale

**44 In quale Stato si trova la Prussia?**

A Germania
B Polonia e Russia
C Austria
D Germania e Polonia

**45 Il programma politico di Mazzini fu:**

A repubblicano
B monarchico
C populista
D anarchico

**46 Il principio "libera Chiesa in libero Stato" fu enunciato da:**

A D'Azeglio
B Cavour
C Mazzini
D Machiavelli

**47 A Monza nel 1900 venne assassinato:**

A re Umberto I
B Francesco Crispi
C l'arciduca Ferdinando
D Cesare Battisti

**48 Chi fu il capo della cosiddetta spedizione di Sapri (1857)?**

A Mazzini
B Pisacane
C Garibaldi
D Cavour

**49 Da chi era composto il triumvirato della Repubblica Romana?**

A Mazzini, Armellini, Saffi
B Mazzini, Garibaldi, Armellini
C Cavour, Garibaldi, Saffi
D Mazzini, Garibaldi, Cavour

**50 Quale noto personaggio della vita politica italiana venne rapito e ucciso dai fascisti nel giugno del 1924?**

A Amendola
B Turati
C Matteotti
D Gramsci

## 1.2 | Soluzioni e commenti

1 La risposta esatta è la B. Il proibizionismo precede di quasi un decennio il *crack* del '29; il fascismo prese il potere nel 1922: non si vede, inoltre, come entrambi i fenomeni appena citati potrebbero essere stati alla base di una crisi economica tanto grave negli Stati Uniti.

2 Il *New Deal* ("nuovo corso" o "nuovo patto") fu una politica volta a transitare gli USA al di fuori della gravissima crisi economica, iniziata nel 1929, attribuendo allo Stato un maggior ruolo nell'economia e realizzando altresì riforme in campo sociale per introdurre più sicurezza e garantire l'assistenza ai bisognosi. L'artefice del *New Deal* fu Franklin Delano Roosevelt, che lo promosse durante il suo primo mandato fra il 1933 e il 1937. Si raccomanda di non confondere F.D. Roosevelt con Theodore Roosevelt, che fu presidente dal 1901 al 1909. La risposta esatta è la D.

3 Intorno alla classe contadina dei kulaki (vale a dire i contadini detentori di piccoli e medi appezzamenti di terreni agricoli) si svilupparono fin dal 1917 politiche contraddittorie da parte del neonato potere sovietico. Si andò dalle requisizioni forzose delle eccedenze (calcolate per altro su fabbisogni irrisori), alla concessione di vendere le stesse. Se Trotzkij era un dichiarato oppositore dei "privilegi" concessi ai kulaki (risposta C da escludere), Bucharin, che nel 1929-30 era il numero due del regime, riteneva invece che l'aumento della produzione agricola fosse necessario per la ripresa e lo sviluppo dello Stato e che ciò potesse avvenire solo a patto di non scontrarsi con la classe contadina. Dal momento però che Stalin, dopo la morte di Lenin nel 1924, diede il via alle politiche ostili ai kulaki fino alle purghe, alle deportazioni di massa e alle stragi tristemente note, Bucharin fu bollato come deviazionista di destra e in seguito eliminato. La risposta esatta è la B.

PARTE SECONDA

4 La risposta esatta è la C. Gli unici Stati africani che alla vigilia del primo conflitto mondiale non erano occupati da potenze europee erano solo due: l'Abissinia (precedente denominazione dell'Etiopia) e la piccola repubblica della Liberia (unione di insediamenti di gruppi di schiavi affrancati di ritorno dagli Stati Uniti d'America) che aveva dichiarato la propria indipendenza nel 1847. Alla vigilia della prima guerra mondiale, il più vasto impero coloniale africano era inglese, seguito da quello francese.

5 Il 15 ottobre 1894, il capitano Alfred Dreyfus – unico ufficiale di origine ebraica membro dello Stato Maggiore francese e nato in Alsazia, prima che la regione diventasse possedimento tedesco – viene accusato di alto tradimento per aver fornito informazioni militari alla Prussia. Processato sulla base di indizi traballanti e contraddittori, viene degradato pubblicamente, condannato all'ergastolo, e deportato all'isola del Diavolo: famigerata colonia penale al largo della Guyana. È innocente, ma passeranno dodici anni e due processi prima che l'accusa cada completamente. Solo nel 1906 il capitano Dreyfus viene riabilitato e reintegrato nell'esercito. In questo lasso di tempo, il suo caso diventò uno scandalo politico di risonanza mondiale: al riguardo lo scrittore francese Émile Zola pubblicò nel 1898 il celebre editoriale dal titolo *J'accuse*, che metteva in luce l'antisemitismo francese ed europeo e il crescente peso delle correnti nazionaliste legate al militarismo.

6 La Banca d'Italia fu istituita dal governo Crispi nel 1893, allo scopo di risanare il sistema bancario italiano messo in crisi dai problemi dell'economia nazionale degli anni Ottanta del secolo e dal *crack* della Banca Romana. La risposta esatta è così la A. Il 1926 è invece l'anno in cui alla Banca d'Italia fu riservato il monopolio dell'emissione di moneta (precedentemente condiviso con il Banco di Napoli e il Banco di Sicilia).

7 La Rivoluzione francese e l'indipendenza degli Stati Uniti d'America, così come le suggestioni dell'Illuminismo, ebbero certamente un peso notevole nella maturazione della spinta all'indipendenza in vari Paesi latinoamericani; fu però l'invasione napoleonica di Spagna e Portogallo nel 1807-08 a dare un decisivo impulso al cammino sulla via dell'autodeterminazione. Nelle colonie spagnole si crearono infatti giunte di autogoverno, che dopo il ritorno sul trono dei Borboni assursero al ruolo di guida nella lotta per la libertà delle colonie spagnole. Anche il Brasile, che pure era

 

stato scelto dai sovrani portoghesi come luogo di rifugio durante l'occupazione napoleonica, subito dopo il ritorno di questi ultimi in Portogallo si rese indipendente. La risposta esatta è così la **B**. Non fu invece fattore concorrente all'indipendenza l'incremento demografico degli indios, che pure sfociò in numerose rivolte contro i bianchi: in questi casi l'obiettivo non era la conquistare dell'autonomia ma la rivolta alle violenze dei grandi proprietari terrieri.

---

**8** I boeri erano i discendenti dei coloni olandesi che si erano stanziati nel Sudafrica nel secolo XVII, cioè ai tempi della massima espansione dell'impero coloniale olandese. Quando la Gran Bretagna conquistò il Sudafrica nel 1795, molti boeri si spinsero più all'interno (*grande trek*) dando vita alle repubbliche dell'Orange e del Transvaal. Anche su queste però si accentrarono le mire britanniche, in virtù dei ricchi giacimenti diamantiferi là esistenti, e nel 1899 scoppiò la guerra, vinta poi dalla Gran Bretagna. La risposte esatta è la **D**.

---

**9** Con l'espressione *khmer rossi* si indicano i membri dell'organizzazione comunista cambogiana nata negli anni Sessanta e collegata all'esercito popolare vietnamita del nord. Dopo il ritiro degli Stati Uniti dalla regione, nel 1975 in Cambogia fu instaurato il regime dei khmer rossi, guidato da Pol Pot. Durante quella dittatura, durata fino al 1979, fu condotto uno tra i più terribili genocidi della storia, con circa 2 milioni di persone – un quarto dell'intera popolazione cambogiana – uccise. Il regime fu appoggiato dalla Cina (risposta esatta **A**) contro l'aggressione del Vietnam iniziata nel 1978, mentre il Vietnam godeva dell'appoggio dell'URSS. Solo nel 1991, dopo che i Vietnamiti si furono ritirati, si giunse alla pacificazione.

---

**10** La risposta esatta è la **A**. Lutero – le cui dirompenti 95 tesi erano state diffuse nel 1517 – ruppe definitivamente i rapporti con la Chiesa cattolica nel 1521. Nel gennaio di quell'anno, con l'accusa di eresia hussita, ricevette la scomunica da papa Leone X. In quello stesso anno Lutero pubblicò un pamphlet, con la collaborazione di Filippo Melantone e di Lucas Cranach il Vecchio per la parte figurativa. Il titolo era *Passional Christi und Antichristi* nella versione tedesca, ma detto *Antithesis figurata* in quella latina: in esso il papa figurava nella parte dell'Anticristo. Grazie all'uso delle immagini, il libello ebbe grande penetrazione anche tra la popolazione analfabeta.

---

**11** Dal 1700 circa il Tibet era sotto la formale sovranità cinese, ma di fatto era indipendente. Nel 1951 il regime comunista ultimò l'annessione della regione. Le rivolte violente della popolazione sono state numerose, ma senza effetto. La risposta esatta è la **D**.

---

**12** *Kulturkampf*, cioè "battaglia di civiltà", fu il nome dato alla politica anticattolica di Bismarck, che portò alla proclamazione del carattere laico dello Stato e ad altre misure repressive nei confronti degli ecclesiastici. Molte di queste dovettero però essere revocate di fronte alla compatta resistenza dei cattolici. La risposta esatta è la **B**.

---

**13** La risposta esatta è la **A**. La guerra iniziò nel 1950, con l'invasione della Corea del Sud da parte dell'esercito della Corea del Nord comunista; il Consiglio di sicurezza dell'ONU, autorizzò gli Stati Uniti (coadiuvati da altri Paesi) a intervenire militarmente nella penisola. L'invasione fu respinta e le forze statunitensi avanzarono invadendo a loro volta la Corea del Nord. Questo fatto spinse anche la Cina a intervenne nel conflitto, mentre l'Unione Sovietica si limitò a inviare segretamente armamenti. Le truppe statunitensi ripiegarono in Corea del Sud, e il confine tornò a situarsi lungo il 38° parallelo, dove ancora oggi corre la linea di demarcazione tra le due Coree. Dopo lunghi negoziati, nel 1953 si chiuse il conflitto.

---

**14** La guerra nacque dalla volontà del Giappone di annettere a sé parti del declinante impero cinese, in particolare la Manciuria (risposta esatta **C**). La Rivoluzione russa del 1905 fu una conseguenza, e non una causa, del rovinoso andamento della guerra per i Russi. La vittoria del Giappone diede a questo Paese la supremazia in Asia orientale e confermò all'Impero il ruolo di grande potenza internazionale. Viceversa, ne uscì ridimensionata la Russia e, in parte, indirettamente l'intera Europa.

**15** Malta fu una colonia britannica a partire dal 1801 (con un intervallo sotto la dominazione francese al tempo di Napoleone); l'isola ebbe un ruolo importantissimo come base navale durante la seconda guerra mondiale. Raggiunse l'indipendenza solo nel 1964 (risposta esatta **A**), con lo status di membro del Commonwealth, un proprio Governatore e la regina inglese come capo dello Stato. Il 13 dicembre 1974 diventò una repubblica (**B** risposta errata), con un proprio presidente a capo dello Stato. Malta è membro dell'Unione europea dal 2003 e dal 2008 ha adottato l'euro come valuta.

**16** La risposta esatta è la **D**. Il muro di separazione tra i due settori di Berlino (quello appartenente alla Repubblica federale e quello della Repubblica Democratica) venne costruito nel 1961. La Repubblica Democratica tedesca voleva così fermare l'esodo di cittadini dalla zona sotto l'influenza sovietica a a quella occidentale. Il muro non venne quindi eretto subito dopo la conclusione del secondo conflitto mondiale. Nel 1989 il muro venne abbattuto e l'evento simboleggiò sia la conclusione della Guerra Fredda sia la riunificazione tedesca.

**17** Gerhard Schröder è stato Cancelliere tedesco dal 1998 al 2005, succedendo a Helmut Kohl nel settembre 1998. È stato dunque a gestire il processo della riunificazione dopo la caduta del Muro (risposta esatta **C**). Willy Brandt ed Helmut Schimdt sono invece stati cancellieri prima di Kohl. Konrad Adenauer, infine, era cancelliere nel 1961, epoca in cui fu costruito il Muro.

**18** Iosif Vissarionovič Džugašvili, il cui pseudonimo fu Stalin era un "asiatico", come lui stesso si definì. Nacque in Georgia nel 1879. La risposta esatta è la **B**.

Molti protagonisti della rivoluzione sovietica adottarono pseudonimi: Vladimir Uljanov, fu noto come Lenin (patronimico dal nome del fiume siberiano Lena), Iosif Džugašvili prese il nome di Stalin (da *stal*, "uomo di acciaio"), Lev Borisovič Rozenfeld fu Kamenev (da *kamen*, pietra) e Vjačeslav Michajlovič Skrjabin fu Molotov (da *molot*, "martello").

**19** Per quasi tutta la sua vita Mohandas Karamchard Gandhi, detto *Mahatma* (in sanscrito, "grande anima") lottò per ottenere l'indipendenza dell'India con il metodo della non violenza (*ahimsa*); nel 1947 si trovò però ad assistere non solo alla divisione su base religiosa della patria in due Paesi, rispettivamente a maggioranza induista e musulmana, ma anche al dilagare di inaudite violenze tra i due gruppi religiosi tanto in India quanto in Pakistan. Con il metodo non violento del digiuno, Gandhi cercò (con qualche successo) di richiamare alla ragione e alla concordia le parti in lotta. L'ultimo digiuno lo concluse a Delhi proprio pochi giorni prima di essere ucciso, nel gennaio 1948, da un estremista indù (correligionario dello stesso Gandhi). Come è noto, questi voleva opporsi al processo di pacificazione e convivenza tra indù e musulmani promosso da Gandhi.

Tra le alternative, era immediato scartare le prime tre, essendo noto che Gandhi vide il giorno della dichiarazione di indipendenza dell'India (15 agosto 1947). Tra le restanti due, era poi facile scegliere la **D**, sapendo che la sua morte fu di poco successiva all'indipendenza stessa.

**20** La risposta esatta è **C**. L'obiettivo di *quota novanta* fu fissato, e raggiunto nonostante molti scetticismi, da Mussolini allo scopo di dare stabilità monetaria al Paese. Effetti dell'apprezzamento della lira furono un calo dei prezzi e nuove commesse per le grandi imprese italiane; risultarono invece in parte danneggiati i lavoratori dipendenti e le imprese italiane che esportavano i loro prodotti.

**21** Il fatto che il proletariato russo fosse tanto numeroso non spiega l'incapacità dei ceti borghesi di mettersi alla guida del treno rivoluzionario. Può invece essere una parziale spiegazione l'esiguità numerica di tali ceti (risposta esatta **B**). La sperequazione economico-sociale, attiva per secoli nell'impero zarista, aveva fortemente limitato la formazione di classi sociali intermedie nel Paese; a differenza di quanto capitava nei Paesi occidentali, in Russia la borghesia non era tanto la classe della produttività economica o del commercio e si occupava solo in minima parte di industria e finanza; essa viveva piuttosto degli uffici di medio e basso livello nel pletorico apparato burocratico zarista. Da questa condizione nascevano lo stretto legame di interessi con l'aristocrazia, nonché la scarsa autonomia e coscienza di classe.

22 La risposta esatta è la A. Dopo il Congresso di Vienna e per oltre cinquant'anni la Prussia aveva accresciuto la propria egemonia all'interno della Confederazione Germanica, operando anche un apolitica di graduale annessione degli Stati minori. L'atto finale di questo processo di unificazione fu la guerra franco-prussiana del 1870, da cui uscì battuta la Francia di Napoleone III e seguì il crollo del Secondo Impero francese. I Prussiani proclamarono la nascita del Reich tedesco nel 1871 a Versailles (sia perché luogo-simbolo della potenza dei re di Francia, sia per un desiderio di legittimazione e ufficializzazione del fatto).

23 Il ciclo di eventi che ebbe come epicentro la piazza pechinese di Tienanmen iniziarono il 15 aprile 1989, dopo la morte Hu Yaobang: ex capo del Partito comunista, destituito nel 1987 perché sostenitore di istanze riformatrici e democratiche. Il 22 aprile 1989, circa 100 mila persone (soprattutto studenti) si riunirono nella piazza per i funerali del leader e per esprimere insoddisfazione verso il governo e la situazione politica. Studenti di oltre 40 università del Paese si recarono in piazza Tienanmen il 27 aprile, dove furono raggiunti da operai, intellettuali e lavoratori del settore pubblico. A maggio più di un milione di persone riempì la piazza e truppe corazzate furono inviate per disperdere i manifestanti. La notte tra il 3 e il 4 giugno i carri armati dell'Esercito uccisero nella piazza centinaia di persone, mettendo fine alle proteste di quanti vi reclamavano la democrazia. Seguirono l'applicazione della legge marziale, arresti e censura. La risposta esatta è la D.

24 Nel 1940, Albania ed Eritrea erano già sotto controllo italiano. Belgio e Lussemburgo non sono mai stato invasi dall'Italia. La risposta esatta è quindi la B. La campagna contro la Grecia, Paese fino ad allora amico e retto da un governo filofascista, fu poi vinta solo grazie all'aiuto della Germania.

25 La risposta esatta è la C. Quello della *lunga marcia* è un episodio, poi divenuto celeberrimo, della guerra civile cinese divampata tra i nazionalisti guidati da Chiang Kai-shek e i comunisti di Mao Zedong e durata con fasi alterne dal 1927 al 1950. In particolare si trattò di una imponente ritirata militare iniziata nel 1934 dall'Esercito di liberazione del popolo per sfuggire all'accerchiamento delle truppe del Kuomintang. Mao impiegò 370 giorni (dal 16 ottobre 1934 al 22 ottobre 1935) per percorrere circa 12.000 km tra altopiani desertici, montagne innevate e fiumi.

26 La risposta esatta è la B. L'autosufficienza nella produzione di cereali era considerata necessaria per migliorare la bilancia dei pagamenti, ma aveva anche una ricaduta ideologica nella celebrazione di un regime fascista amico dei contadini (gli agrari, del resto, erano stati la prima base di consenso del partito fascista). Per ottenere il risultato, Mussolini inasprì il dazio sull'importazione dei cereali, promosse l'adozione di tecniche agricole perfezionate e l'estensione delle superfici coltivate. L'obiettivo fu centrato: dal 1925 alla fine degli anni Trenta l'Italia aumentò del 50% la propria produzione di grano e ridusse di un terzo le importazioni.

27 I governi di solidarietà nazionale furono varati nei difficili anni Settanta dalla Democrazia Cristiana, con l'appoggio talora indiretto talora esplicito del Partito comunista. Fu Enrico Berlinguer nel 1973 a parlare per primo della possibilità di un *compromesso storico*, cioè un accordo di governo tra le due grandi forze popolari della DC e del PCI. Il vero accordo non si realizzò e il PCI non entrò mai direttamente al governo. Tuttavia, anche in corrispondenza della crisi politica collegata al rapimento e uccisione di Aldo Moro (che di questi accordi fu grande tessitore), il PCI diede il suo appoggio esterno a governi a guida democristiana. La risposta esatta è la A.

28 L'Unità d'Italia venne realizzata grazie a processi politici, militari e diplomatici condotti sia dai movimenti interni ai vari Stati italiani, sia dai garibaldini e dai patrioti in clandestinità sia dall'azione coerente del regno Sabaudo di Piemonte. Al momento della prima dichiarazione del Regno d'Italia, sotto la casata dei Savoia, il re allora sul trono piemontese non ritenne di dover segnare alcuna cesura e mantenne nel proprio nome l'ordine dinastico. Vittorio Emanuele II rimase tale anche se divenne il primo re d'Italia (risposta B).

**29** La rivista «Ordine Nuovo» venne fondata nel 1919 a Torino, per iniziativa della minoranza comunista allora ancora interna al Partito socialista. Ciò permette di escludere Gentile (fascista), Croce (liberale), Gobetti (liberal-socialista). La risposta corretta è la **C**. La pubblicazione della rivista fu promossa da Antonio Gramsci e ad altri intellettuali, quali Togliatti e Terracini; tutti sarebbero poi confluiti nel 1921 nel Partito comunista d'Italia, dopo la scissione dai socialisti.

**30** Il Trattato fu siglato tra Italia ed Etiopia (risposta esatta **C**) nel 1889, allo scopo di regolare i rapporti tra i due Stati e avallare le recenti acquisizioni territoriali italiane in Eritrea. Era stato stilato sia in lingua italiana sia in amarico (lingua ufficiale dell'Etiopia). La divergenza esistente tra le due versioni e le notevoli ambiguità nei testi scritti portarono nel giro di pochi anni alla guerra tra i due Paesi (1895-1896), che si concluse con la sconfitta italiana.

**31** La risposta esatta è la **A**. Per piegare la Serbia di Slobodan Milošević, a margine della guerra del Kosovo, la NATO bombardò Belgrado, colpendo anche per errore l'ambasciata cinese. L'episodio segnò la fine delle sanguinose guerre di dissoluzione della Repubblica federale socialista jugoslava, iniziate nel 1991 con il distacco e l'autoproclamazione dell'indipendenza della Slovenia.

**32** La risposta esatta è la **C**. La guerra tra l'Iran dell'ayatollah Khomeyni e l'Iraq di Saddam Husseini si protrasse per circa otto anni, senza che una parte prevalesse sull'altra, provocando carneficine enormi e tenendo il mondo in continua apprensione perché l'area coinvolta dalla guerra era ed è una delle più ricche di risorse petrolifere del pianeta.

**33** La risposta corretta è la **A**. Hitler attaccò la Polonia il 1° settembre del 1939. Due giorni dopo Gran Bretagna e Francia dichiararono guerra alla Germania e il 5 settembre Stati Uniti e Giappone proclamarono la loro neutralità. L'alternativa **B** è errata solo perché espone fatti di poco successivi (avvenuti dal 9 aprile al 10 giugno 1940) all'attacco della Polonia. La risposta **C** riporta erroneamente la causa occasionale dello scoppio della prima guerra mondiale nel 1914, mentre la **D** si riferisce al patto firmato il 27 agosto 1928 inizialmente da sedici Nazioni e poi da sessantadue Paesi (fra cui Germania e URSS), che si impegnavano a bandire la guerra dai rapporti internazionali.

**34** Quando scoppiò la guerra civile spagnola, l'Italia era già fascista e Benito Mussolini guidava saldamente il Paese. La Spagna, invece, nel 1931 dalla monarchia era passata alla forma repubblicana, con l'abdicazione di Alfonso XIII. I problemi sociali ed economici, uniti all'incapacità del Fronte popolare (coalizione di centro-sinistra vincitrice alle elezioni politiche del 16 febbraio 1936) di gestire la crisi, spinsero alcuni generali (fra cui Francisco Franco) a insorgere contro il governo, forti anche del supporto fornito da Italia e Germania. La risposta esatta, dunque, è la **D**.

**35** La risposta esatta è la **A**. La statalizzazione delle ferrovie fu un risultato del governo di Alessandro Fortis (1905-1906). Fortis, mazziniano in gioventù, divenne in seguito giolittiano e riuscì a far approvare dal Parlamento questa legge che stava molto a cuore allo statista di Dronero.

**36** La risposta esatta è la **C**. Il Patto prende il nome dal conte Gentiloni, presidente dell'Unione elettorale cattolica, che nel 1913 invitò i militanti del movimento a votare (alle elezioni del Regno) per quei candidati liberali che si fossero impegnati a rispettare un programma di difesa dei valori cattolici (tutela dell'insegnamento privato, opposizione al divorzio, riconoscimento delle organizzazioni sindacali cattoliche). Molti uomini politici liberali accettarono questi accordi, che furono stipulati su base locale (per cui, a rigore, non si potrebbe parlare di un unico "Patto", ma di una serie di patti), e circa 200 furono gli eletti al Parlamento con i voti dei cattolici. Il Patto Gentiloni rappresentò l'ingresso dei cattolici nella vita politica (dopo che il *Non expedit* papale del 1868 aveva vietato loro l'uso del diritto di voto), benché fosse solo una partecipazione soltanto indiretta, a discapito delle aspirazione del movimento democratico cristiano che per una diretta discesa nel campo della politica si era battuto.

37 Giolitti conservò quasi ininterrottamente la carica di presidente del Consiglio dal 1903 al 1914, tanto che è ormai consolidata la definizione di "età giolittiana" per quegli anni. L'età giolittiana vide alcune importanti conquiste per quanto riguarda la tutela del lavoro minorile e femminile, uno sviluppo notevole dell'industria (soprattutto siderurgica, tessile, chimica e meccanica) che consentirono l'aumento degli stipendi di operai e di salariati (risposta esatta A). Ma lo sviluppo, anche nel settore agricolo, toccò quasi esclusivamente le regioni del Centro-Nord, per le quali, fra l'altro, l'incremento di ricchezza fu rapido ma fortemente diseguale. Si moltiplicarono gli scioperi, ai quali Giolitti non rispose sistematicamente con una politica di repressione. Il Sud d'Italia vide il numero più alto di emigranti, soprattutto diretti verso il Nord America. Un nuovo deteriorarsi della situazione economica a partire dal 1913 inasprì le tensioni sociali e solo un mese dopo le dimissioni di Giolitti (maggio 1914) tre dimostranti persero la vita negli scontri con le forze dell'ordine.

38 All'inizio del XX secolo, la Germania era una potenza di primo livello. L'Italia, invece, economicamente e militarmente, era uno Stato di secondo o terz'ordine. La Cina era da tempo in disfacimento. La Russia subì un brusco ridimensionamento proprio nel biennio 1904-1905. Viceversa, il Giappone si affermò proprio a spese di Cina e Russia; e gli USA fecero sentire la loro supremazia economica e politica prima sull'America centrale e, in un secondo tempo, la loro crescente potenza sul mondo intero. La risposta esatta è la A.

39 Al termine della seconda guerra mondiale, negli ambienti militari statunitensi ci si riferiva a uno degli ordigni atomici realizzati dal progetto Manhattan come al "ragazzino" (*Little Boy*). Fu questo l'ordigno sganciato dal bombardiere *Enola Gay* su Hiroshima il 6 agosto 1945 per spingere il Giappone alla resa. La bomba sganciata su Nagasaki il 9 agosto aveva invece il nome in codice *Fat man*, "uomo grasso". La risposta esatta è la B.

40 Il Labrador non è una partizione politica del Canada (che è uno Stato federale), ma solo una regione geografica. La risposta D è dunque da scartare. La risposta esatta è invece la A. Il Québec ormai da anni ha manifestato aspirazioni indipendentiste (è uno Stato a maggioranza francofona), ma non l'ha ancora ottenuta.

41 La guerra delle Falkland fu combattuta tra Argentina e Gran Bretagna nel 1982. La risposta esatta è dunque la B. La sconfitta dell'esercito argentino accelerò la caduta della dittatura militare, che avvenne di lì a poco.

42 L'alternativa A poteva dare luogo a qualche confusione, perché il 1870 fu l'anno in cui Roma venne annessa al Regno d'Italia. La risposta esatta è però la B: Trieste venne attribuita all'Italia nell'ambito dei trattati di pace al termine della prima guerra mondiale.

43 Hitler fu nominato Cancelliere dal Presidente Hindenburg nel gennaio 1933, dopo aver ottenuto il 43,9% dei voti alle elezioni del 1932 (risposta A).

44 Questa regione, situata tra il Baltico e la Masuria, è attualmente divisa tra la Russia e la Polonia (risposta B). La sua antica capitale Königsberg oggi si chiama Kaliningrad.

45 Il cosidetto "apostolo dell'unità d'Italia" fu fermamente repubblicano (risposta A). Egli riteneva che doveva essere il popolo a realizzare l'unità nazionale, guidato anche dalla fede religiosa. In questo modo, oltre al riscatto politico d'Italia, si sarebbe realizzato anche il riscatto sociale delle classi umili. L'Italia avrebbe dovuto poi porsi a capo del movimento rivoluzionario europeo e realizzare dapprima l'unità d'Europa e infine quella mondiale.

46 È questa forse la massima più celebre di Cavour, con la quale egli intendeva affidare allo Stato e alla Chiesa distinti ambiti di competenza (risposta B).

**47** Fu Umberto I a essere ucciso dall'anarchico Bresci, che non condivideva le tendenze militaristiche e autoritarie del re (risposta **A**). Quest'ultimo, infatti, aveva rafforzato i poteri della monarchia e appoggiato la politica coloniale del Governo Crispi e la repressione a cannonate dei moti popolari contro l'aumento del pane del 1898.

**48** La spedizione di Sapri vide il fallimento del generoso tentativo di Carlo Pisacane e dei suoi 300 compagni di organizzare una sollevazione popolare nel Regno delle Due Sicilie al fine di abbattere il regime borbonico e di unire il Sud Italia al Regno piemontese. Pisacane, che aveva partecipato alla lotta per l'indipendenza prima in Lombardia e poi a Roma, non ottenne l'appoggio del popolo; anzi, i contadini si unirono ai soldati borbonici per stroncare la spedizione (risposta **B**). Pisacane deve essere ricordato anche per la sua attività di scrittore, oltre che di patriota (l'opera più famosa: *Saggi storici-politici-militari sull'Italia*).

**49** Garibaldi difese valorosamente la Repubblica romana, sconfiggendo più volte i francesi, i napoletani e gli spagnoli che l'avevano aggredita, ma non ne ebbe la direzione politica. Essa fu invece esercitata da Mazzini e dagli altri triumviri Saffi e Armellini (risposta **A**). Il programma politico della Repubblica fu il più avanzato, in Italia, sul versante della democrazia e della sollecitudine per il popolo. L'eroica resistenza di Roma, e quella contemporanea di Venezia, contro le forze della repressione furono uno straordinario esempio di forza morale e di valore militare. Sebbene la loro sconfitta avesse dato luogo alla "seconda restaurazione", il cammino verso l'unità e l'indipendenza d'Italia non poté essere bloccato.

**50** Fu Giacomo Matteotti, segretario dei Socialisti riformisti, a essere ucciso dai fascisti. Per protesta contro il governo fascista, l'opposizione si astenne dai lavori parlamentari, dando luogo alla cosiddetta Secessione dell'Aventino (dal giugno 1924 al gennaio 1925). La risposta esatta è la **C**.



 

# 2 | Geografia

## 2.1 | Esercizi proposti



**1 Che cosa si intende con "gentrificazione"?**

A Diffusione di nuovi mezzi di comunicazione, tendenze e idee su scala mondiale
B Graduale trasformazione di un quartiere popolare in zona abitativa di pregio
C Incrostazione o aggregato che si origina per deposizione di sostanze a intervalli successivi
D Perdita o sottrazione più o meno completa di acqua

**2 Un ponte collega questi due Stati che non confinano via terra. Quali?**

A Svezia-Danimarca
B Finlandia-Lituania
C Russia-Finlandia
D Danimarca-Germania

**3 Le rocce sono classificate in:**

A laviche o magmatiche
B magmatiche, sedimentarie, metamorfiche
C vulcaniche o di silicio
D calcaree o marmoree

**4 Cosa sono le nebulose?**

A Ammassi di galassie
B Ammassi di stelle
C Ammassi di gas e polveri
D Ammassi di pianeti alla deriva

**5 In quale Stato si trova la regione geografica dell'Anatolia?**

A Egitto
B Portogallo
C Oman
D Turchia

**6 Quale Stato, tra i seguenti, è attraversato dall'Equatore?**

A Libia
B Thailandia
C Sudan
D Repubblica democratica del Congo

7 **L'anno solare è l'intervallo che intercorre tra:**

- A due successivi passaggi del Sole per uno stesso punto della sua orbita intorno alla Terra
- B due successivi passaggi della Terra per uno stesso punto della sua orbita intorno al Sole
- C due successivi passaggi della Luna per uno stesso punto della sua orbita intorno alla Terra
- D un equinozio e l'altro o tra un solstizio e l'altro

8 **Il Monte Bianco si trova in territorio:**

- A interamente francese
- B interamente italiano
- C diviso tra Italia, Francia e Svizzera
- D diviso tra Italia e Francia

9 **Quale delle seguenti non è una regione della Spagna?**

- A Algarve
- B Galizia
- C Estremadura
- D Valencia

10 **L'età della terra è approssimativamente stimata in:**

- A circa 4,5 miliardi di anni
- B poco più di 500 mila anni
- C poco meno di un milione di anni
- D non esiste ancora una stima approssimativa

11 **L'isola del Giglio si trova:**

- A nel Mediterraneo, davanti alla Toscana
- B nel Mar Ligure, davanti alla Liguria
- C nell'Adriatico, davanti al Molise
- D nel Tirreno, davanti alla Campania

12 **Venere è:**

- A un satellite
- B un pianeta
- C una nana gialla
- D una gigante rossa

13 **Il canale di Suez mette in comunicazione il:**

- A Golfo Persico e il Mediterraneo
- B Mar Rosso e il Mediterraneo
- C Golfo Persico e il Mar Caspio
- D Mar Rosso e il Mar Nero

14 **Quale dei seguenti fiumi non scorre in Francia?**

- A Senna
- B Danubio
- C Loira
- D Marna

15 **Quante sono le province del Friuli-Venezia Giulia?**

- A Quattro
- B Sette
- C Otto
- D Due

16 **Quale delle seguenti non è una lingua indo-europea?**

- A Lettone
- B Greco
- C Italiano
- D Ungherese

17 **Qual è la capitale della Serbia?**

- A Bonn
- B Belgrado
- C Spalato
- D Sarajevo

18 **In quale Regione italiana non scorre il Tevere?**

- A Marche
- B Toscana
- C Umbria
- D Lazio

19 **Quale dei seguenti fiumi non è un affluente del Po?**

- A Tanaro
- B Adda
- C Adige
- D Oglio

20 **La Terra ha forma:**

- A di un ellissoide
- B sferica
- C di un geoide
- D ovale, schiacciata ai Poli

21 **Il meridiano fondamentale è:**

- A l'antimeridiano di Greenwich
- B il meridiano la cui latitudine è zero
- C il meridiano a 66° 33′ N
- D il meridiano di Greenwich

22 **Qual è la più meridionale tra le seguenti città europee?**

- A Vienna
- B Monaco di Baviera
- C Praga
- D Budapest

**23 Quale dei seguenti altopiani è il più esteso?**

- A Puna
- B Altopiano etiopico
- C Altiplano
- D Tibet

**24 I moti principali della Terra sono:**

- A precessione dei solstizi e rivoluzione
- B nutazione e precessione degli equinozi
- C rotazione e nutazione
- D rotazione e rivoluzione

**25 La cascata che ha la maggior portata d'acqua al mondo è:**

- A Iguaçu
- B Niagara
- C Urubupunga
- D Paulo Afonso

**26 Il più esteso dei Paesi dell'Unione europea è:**

- A Spagna
- B Francia
- C Germania
- D Turchia

**27 Quale tra le seguenti città è situata più a est?**

- A Palermo
- B Siracusa
- C Bari
- D Tunisi

**28 Con quale delle seguenti Regioni italiane non confina la Svizzera?**

- A Lombardia
- B Trentino-Alto Adige
- C Valle d'Aosta
- D Veneto

**29 Quale isola o gruppo di isole si trova nel Mare Adriatico?**

- A Isola d'Elba
- B Isole Lipari
- C Isole Ponziane
- D Isole Tremiti

**30 Le Langhe sono:**

- A colline del Veneto
- B una regione fisica del Piemonte
- C paludi del Veneto
- D spiagge della Toscana



 

31 **A quale continente appartiene l'Islanda?**

- A America
- B Asia
- C Europa
- D Australia

32 **Le Isole Marianne si trovano:**

- A nell'Oceano Pacifico
- B nell'Oceano Atlantico
- C nell'Oceano Indiano
- D nel Mar Rosso

33 **La capitale dell'Afghanistan è:**

- A Kabul
- B Islamabad
- C Rangoon
- D Bangkok

34 **Quale dei seguenti fiumi non scorre in Africa?**

- A Senegal
- B Congo
- C Gange
- D Zambesi

35 **Quale nazione ospita il delta del Danubio?**

- A Moldavia
- B Bulgaria
- C Romania
- D Repubblica Ceca

36 **Quanti sono i continenti della Terra?**

- A Sei
- B Otto
- C Cinque
- D Undici

37 **Escludere l'espressione estranea alla serie.**

- A Idrografia
- B Bacino imbrifero
- C Linea spartiacque
- D Orografia

38 **Quando la Luna è tra la Terra e il Sole, allineata con Terra e Sole, dalla Terra si può osservare:**

- A un'eclissi di Sole
- B un'eclissi di Luna
- C la faccia nascosta della Luna
- D un plenilunio

**39** **Quale mare bagna la Mongolia?**

- A Mar Caspio
- B Mar Nero
- C Mar Morto
- D Nessuna delle precedenti

**40** **Quale dei seguenti Paesi ha una popolazione inferiore al milione?**

- A Islanda
- B Lituania
- C Estonia
- D Lettonia

## 2.2 | Soluzioni e commenti

1 Con il termine "gentrificazione" (derivato dall'inglese *gentry*, nobiltà), che fu coniato nel 1964 dalla sociologa inglese Ruth Glass, si fa riferimento al fenomeno di rigenerazione e rinnovamento di quelle aree urbane che radicalmente mutano da proletarie a borghesi per effetto dell'acquisto di immobili, e conseguente loro aumento di valore sul mercato immobiliare, da parte di soggetti con potere economico alto. Tale fenomeno, che spesso interessa i centri storici o i quartieri centrali caratterizzati da degrado edilizio ma sottoposti a restauro e miglioramento urbano, comporta un progressivo cambiamento socioculturale che genera l'insediamento di un nuovo gruppo sociale di classe media in aree urbane che prima, proprio per effetto del degrado e dei relativi bassi costi degli alloggi, erano sostanzialmente abitate dalla classe operaia. Si può tradurre semplicemente con "imborghesimento" riferito ai cambiamenti antropici nelle città, nello specifico globali. La risposta esatta è pertanto la B.

Per completezza, si consideri che la A è la definizione sintetica del concetto di "globalizzazione", la C di "concrezione" e la D di "essiccazione".

2 Spettacolare a vedersi e affascinante per il fatto che non si può vedere dove finisce (si inabissa in un tunnel sommerso e riemerge nei pressi dell'aeroporto Kastrup), il ponte di Øresund collega le città di Copenaghen e Malmö e di fatto mette in comunicazione Danimarca e Svezia, che sono separate dal mare (risposta A). Adibito al traffico stradale e ferroviario, è il più lungo ponte sospeso d'Europa (quasi 16 Km) e ha una campata centrale di 490 m. Dopo decenni di discussioni, danesi e svedesi, con la spinta di Bruxelles, ne decisero la costruzione nel 1991 e il ponte di Øresund fu inaugurato il 1° luglio 2000 alla presenza del re di Svezia Carlo XVI Gustavo e della regina di Danimarca Margherita II.

3 A seconda del processo di formazione, le rocce vengono classificate in *magmatiche* (originate dal raffreddamento di magma), *sedimentarie* (originate dalla deposizione e compattazione di sedimenti) e *metamorfiche* (originate da trasformazioni di rocce preesistenti a causa di elevate pressione e temperatura). La risposta corretta è la B.

4 La nebulosa (termine che deriva dal latino *nebula*, quindi "nuvola") è un agglomerato interstellare di polvere, idrogeno e plasma. In origine questo termine veniva impiegato per indicare un qualsiasi oggetto astronomico di grandi dimensioni di natura non stellare né planetaria né cometaria, quindi comprendeva anche quelle che oggi sono note come galassie (per esempio, la Nebulosa di Andromeda faceva riferimento alla Galassia di Andromeda prima che le galassie venissero scoperte da Edwin Hubble). Pertanto, le nebulose sono ammassi di gas e polveri e non contengono né stelle né pianeti. La risposta corretta è la C.

5 L'Anatolia è una regione peninsulare dell'Asia occidentale, politicamente compresa nell'odierna Turchia (alternativa corretta D); fisicamente si protende verso l'Europa, da cui è separata dagli stretti del Bosforo e dei Dardanelli. Storicamente è stata sede di insediamenti antichissimi, fin dall'epoca preistorica e in questo territorio si sono sviluppate le più antiche civiltà mediorientali e sulle sue coste sorsero le colonie greche di Ionia. Il suo nome deriva proprio dal greco *anatolè* (terra del levante), mentre ai latini era nota come *Asia Minor*.

6 Anche senza conoscere precisamente la latitudine di ogni Stato proposto nelle alternative, si può cominciare escludendo quelli evidentemente non plausibili: per esempio la Libia, che è troppo a nord. A seguire si può escludere la Thailandia (ricordando che la penisola dell'Indocina, di cui è una porzione, si trova alle stesse latitudini dell'India, di cui è forse più facile ricordare che si trova sopra la linea dell'Equatore). Più difficile forse escludere l'ultima alternativa, tra Sudan e Repubblica democratica del Congo, Stati africani assai estesi e tra loro confinanti; avendo però ristretto a tal punto la scelta, è d'aiuto ricordare che il Sudan confina con l'Egitto, mentre la Repubblica democratica del Congo è uno Paese dell'Africa centrale. Pertanto, la risposta esatta è la D.

7 La Terra impiega un anno (circa 365 giorni) a percorrere la propria orbita intorno al Sole. In altre parole, il tempo impiegato dal Sole per tornare nella stessa posizione vista dalla Terra, e quindi tra due successivi passaggi della Terra per uno stesso punto della sua orbita, corrisponde al ciclo delle stagioni. Questo tempo trascorso viene definito anno solare e la risposta esatta è la **B**.

8 Il Monte Bianco, la più alta cima europea (4.808 metri), sorge nelle Alpi Graie (sezione delle Alpi nordoccidentali), sullo spartiacque tra le italiane Val Veny e Val Ferret e la francese Vallée de l'Arve, in Alta Savoia. La montagna ha dunque un versante italiano e uno francese (risposta esatta è **D**).

9 La Spagna è divisa in 17 regioni amministrative: Andalusia, Aragona, Asturie, Baleari, Canarie, Cantabria, Castiglia-La Mancha, Castiglia-Léon, Catalogna, Estremadura, Galizia, La Rioja, Madrid, Murcia, Navarra, Paesi Baschi, Valencia. L'Algarve è invece una regione del Portogallo e dunque l'alternativa da indicare è la **A**.

10 Le rocce più antiche conosciute risalgono a 3,8 miliardi di anni fa. Gli studi sulle meteoriti e sulle rocce lunari hanno però permesso di stabilire che l'età della Terra e del Sistema solare è di circa 4,5 miliardi di anni. La risposta giusta pertanto è la **A**.

11 L'Isola del Giglio si trova al largo del promontorio dell'Argentario in Toscana. La risposta esatta è quindi la **A**. È una delle sette isole maggiori (insieme a Elba, Capraia, Montecristo, Pianosa, Gorgona e Giannutri) che costituiscono l'Arcipelago toscano, allungandosi tra la Toscana e la Corsica.

12 Venere è un pianeta molto simile alla Terra, è coperto da uno spesso strato di nubi fatte però per la maggior parte di anidride carbonica. Per questo motivo l'effetto serra è particolarmente importante e la temperatura sulla sua superficie può raggiungere i 500 °C. La risposta esatta è la **B**.

13 Il Canale di Suez è un canale artificiale, inaugurato nel 1869, su un progetto dell'italiano Luigi Negrelli poi realizzato dal francese Ferdinand de Lesseps. Il canale – in origine lungo 164 km, profondo 8 metri e largo in superficie dai 70 ai 125 metri – ha subito di recente dei lavori di ammodernamento, inaugurati il 6 agosto 2015. Al momento la lunghezza del Canale, da Porto Said a Suez è di 170 km; la sua larghezza alla superficie raggiunge i 352 metri, mentre sul fondo varia tra 52 e 107 metri. La profondità consente il passaggio a navi con pescaggio di oltre 20 m. Mette in comunicazione il Mar Mediterraneo con il Mar Rosso e quindi con l'Oceano Indiano. La risposta esatta è la **B**.

14 Il Danubio, secondo fiume più lungo d'Europa (2.860 km), tocca o attraversa il territorio di ben dieci Stati, ma non quello della Francia (risposta **B**), anche se le sue sorgenti in Germania (nella Foresta Nera) si trovano a soli 40 chilometri dal confine francese. Gli Stati interessati sono: Germania, Austria, Slovacchia, Ungheria, Croazia, Serbia, Romania, Bulgaria, Moldavia, Ucraina. Alcuni di essi sono però toccati solo marginalmente: come Slovacchia, Bulgaria e Moldavia, per le quali il Danubio segna solo dei tratti di confine; o come l'Ucraina in cui si trova solo una parte del delta.

15 Le province della regione Friuli-Venezia Giulia sono quattro, relative ai capoluoghi: Gorizia, Pordenone, Trieste e Udine. La risposta esatta è quindi la **A**.

16 La maggior parte delle lingue parlate in Europa appartiene alla grande famiglia delle lingue indoeuropee. Tra le alternative proposte, non dovrebbero sollevare greco e italiano; qualche difficoltà in più potrebbe sorgere invece per il lettone (che è invece di ceppo indoeuropeo come tutte le lingue baltiche). Invece, sebbene l'Ungheria sia trovi proprio nel centro d'Europa, l'ungherese (o magiaro) non è una lingua indoeuropea, ma ugro-finnica. Il luogo di origine di questo ceppo non è ancora stato identificato con certezza, ma l'ipotesi più plausibile è la Russia centro-settentrionale, a occidente dei monti Urali, nel III millennio a.C. La risposta esatta è la **D**.

17 Bonn era la capitale della Repubblica Federale Tedesca (Germania occidentale), Spalato è una città croata, Banja Luka e Sarajevo sono rispettivamente la più importante città e la capitale di Bosnia ed Erzegovina. La risposta esatta è quindi la B. La Serbia, Stato erede della disgregata Jugoslavia, ha infatti come capitale Belgrado.

18 È evidente che il fiume di Roma non può non scorrere nel Lazio. Il Tevere è il maggior fiume dell'Italia centrale, lungo 405 km. Nasce dal Monte Fumaiolo, nell'Appennino tosco-emiliano (situato in Emilia-Romagna), attraversa in parte Toscana e Umbria prima di entrare nel Lazio e sfociare poi nel Tirreno. La risposta esatta è A: il Tevere scendendo dal versante tirrenico dell'Appennino, non può scorrere nelle Marche.

19 Anche se non conoscete i percorsi del lombardo *Oglio* o del piemontese *Tanaro,* è più probabile che ricordiate l'*Adda* come il più importante affluente del Po o, al contrario, che l'*Adige* ha una propria foce nel mar Adriatico, all'altezza di Chioggia. L'Adige non può essere dunque un affluente del Po (risposta C).

20 La Terra ha una forma solo approssimativamente sferica: a causa del moto di rotazione, è infatti leggermente schiacciata ai Poli e rigonfia all'Equatore. La risposta B non è dunque corretta. La forma della Terra è piuttosto simile a quella di un ellissoide, il solido che si origina dalla rotazione di un'ellisse intorno al proprio asse minore. Anche l'ellissoide, però, rappresenta un'approssimazione rispetto alla forma reale del pianeta, dal momento che la superficie del globo non è liscia, ma presenta avvallamenti e sporgenze. Bisogna quindi scartare anche la risposta A. È invece più corretto dire che la Terra ha una *forma propria*, che pur non discostandosi molto da quella dell'ellissoide, non è in realtà descrivibile da nessun solido di rotazione. A tale forma è stato dato il nome di *geoide*; la risposta più precisa è quindi la C.

21 La definizione proposta nell'alternativa B è assurda: lungo un meridiano, la latitudine varia infatti da 0 a 90° di latitudine Nord e da 0 a 90° di latitudine Sud. È parimenti assurda anche la definizione C: a 66° 33' di latitudine Nord, si trova infatti il parallelo particolare (e non un meridiano, come indicato nella risposta), a cui è stato dato il nome di Circolo polare artico. La risposta esatta è invece la D: dato che, a differenza dei paralleli, i meridiani hanno tutti la medesima lunghezza, si è scelto convenzionalmente di considerare come meridiano fondamentale di riferimento per la determinazione dell'ora e della longitudine di un punto della superficie terrestre il meridiano passante per Greenwich (una località alla periferia di Londra, sede di un antico osservatorio astronomico).

22 Senza una cartina, rispondere alla domanda può non essere semplice. Se tra le città citate, Praga è la più settentrionale, Budapest è la più meridionale (risposta D).

23 *Altiplano* è il nome della vasta area delle Ande centrali, divisa tra territorio boliviano e peruviano, che rappresenta un plateau tra i più estesi al mondo. Di esso fa parte la Puna de Atacama, continuazione dell'altopiano boliviano. Si trova ivece in Asia centrale il Tibet che, esteso per 1.200.000 kmq, corrisponde alla risposta esatta (D).

24 La risposta A va esclusa perché il moto di precessione dei solstizi è inesistente. Esiste invece la precessione degli equinozi che, insieme alla nutazione, è uno dei due moti millenari della Terra. I moti millenari sono chiamati anche moti secondari perché le loro conseguenze non sono immediatamente percepibili, a differenza di quanto accade nel caso dei moti principali della Terra, vale a dire la rotazione intorno al proprio asse e la rivoluzione intorno al Sole. L'alternarsi delle stagioni, per esempio, è una delle conseguenze del moto di rivoluzione, mentre l'alternarsi del dì e della notte è la principale conseguenza del moto di rotazione terrestre. In base alle considerazioni esposte, si conclude che la risposta esatta è la D.

25 Le cascate riportate dalle alternative sono quelle che hanno la maggior portata d'acqua al mondo. Al primo posto vengono le cascate del Niagara (risposta esatta B) con un flusso di quasi 8.000 $m^3$ d'acqua al secondo. Seguono la cascata Paulo Afonso, Urubupunga e Iguaçu.

26 La Turchia ha fatto domanda di adesione ma non fa parte dell'Unione europea. All'interno di questa, la nazione più estesa è la Francia. La risposta esatta è la B. La Germania è invece la più popolosa.

27 Le alternative riportano tre città italiane e una tunisina, ma non è chiesto nel testo dell'esercizio di fare distinzioni quanto a nazionalità. La risposta esatta è la C.

28 Il Veneto confina con l'Austria, ma non con la Svizzera. La risposta esatta è la D.

29 La maggior parte delle isole italiane si trova nel Mar Tirreno, ma le Tremiti stanno nell'Adriatico. La risposta esatta è la D.

30 Le Langhe si trovano nella parte meridionale del Piemonte. La risposta esatta è la B.

31 L'Islanda è una nazione insulare dell'Europa settentrionale, quindi fa parte dell'Europa. La risposta esatta è dunque la C. Una piccola parte del suo territorio si trova oltre la linea del Circolo polare artico, che tuttavia non si configura come un continente dato che sotto i ghiacci della calotta polare non ci sono terre. Non bisogna confondere infatti l'Artide con L'Antartide, che è invece un vero e proprio continente, al cui interno si colloca il Polo Sud.

32 Le Isole Marianne dal punto di vista amministrativo sono un *commonwealth* in unione politica con gli Stati Uniti d'America. Dal punto di vista geografico, però, sono parte dell'Oceania, e si trovano nell'Oceano Pacifico. La risposta esatta è la A.

33 La capitale dell'Afghanistan è Kabul (risposta esatta A). Islamabad è la capitale del Pakistan, Rangoon della Birmania e Bangkok della Thailandia.

34 Il Gange è tra i più grandi fiume del subcontinente indiano, noto a tutti anche per il rilievo che ha nella religione induista. È facile quindi individuare in C la risposta esatta. Un ulteriore aiuto è dato dal fatto che i fiumi Senegal, Congo e Zambesi sono anche eponimi di rispettivi Stati africani e quindi si possono facilmente scartare.

35 Il Danubio termina con un delta formato da tre bracci principali e un centinaio di minori. Il più settentrionale dei tre bracci principali separa l'Ucraina dalla Romania, che ospita per intero gli altri due. La risposta esatta è quindi la C.

36 A lungo si sono considerati come continenti solo le terre emerse di Europa, Asia, Africa, America e Oceania. Oggi, tuttavia, si è riconosciuta la qualifica di continente anche all'Antartide, ricoperta dai ghiacci: perciò la risposta esatta è la A. Per la verità, non tutti i geografi accettano l'Europa come continente a sé stante, è la considerano invece come una grande e articolata penisola di un unico continente euroasiatico. Anche lo *status* dell'America come continente unico è dibattuta: la sua articolazione fisica (due grandi corpi uniti da un itsmo) spinge a ulteriori partizioni. Del resto la sua estensione longitudinale, per cui si estende da un Polo all'altro, determina una grande diversificazione nelle caratteristiche umane e climatiche che variano enormemente da un capo all'altro. Sempre più spesso si distinguono così, l'America Centro-Settentrionale da quella Meridionale. Comunque, optiamo per la A.

**37** Il termine da escludere è quello proposto dall'alternativa **D**. L'*orografia*, infatti, è quella parte della geografia fisica che studia e descrive le caratteristiche dei rilievi montuosi della Terra (da *oros*, "monte"), L'*idrografia*, invece, è la branca della geografia che studia la distribuzione delle acque sulla superficie terrestre; quindi si occupa dei bacini fluviali o *imbriferi* (cioè la porzione di territorio drenato da un fiume e dalla rete dei suoi affluenti), i quali sono perimetrati dalle *linee spartiacque,* cioè da limiti immaginari lungo il crinale dei rilievi montuosi che convogliano le acque piovane verso un dato *corpo idrico recettore* (fiume, lago, mare).

**38** La faccia nascosta della Luna per definizione non è osservabile dalla Terra, quindi la risposta **C** è errata. Un plenilunio, ossia la Luna completamente illuminata dal Sole, è osservabile quando la Luna si trova in posizione opposta rispetto al Sole. Se durante un plenilunio Sole, Terra e Luna sono perfettamente allineati, la Terra, interposta tra Sole e Luna, impedisce alla luce solare di raggiungere la Luna, che viene quindi oscurata: si verifica un'eclissi di Luna (risposte **B** e **D** errate). Quando la Luna si interpone tra la Terra e il Sole oscurandolo si verifica invece un'eclissi di Sole.
L'eclissi solare è definita:

- *totale* se il Sole viene completamente oscurato dalla Luna;
- *anulare* se la Luna oscura solo la parte centrale del Sole, lasciando visibile un anello solare visibile intorno all'ombra della Luna;
- *parziale* se solo una parte del Sole viene oscurata dalla Luna.

La risposta corretta è quindi la **A**.

**39** Rispondere a questo quesito è piuttosto facile partendo dalla considerazione che la Mongolia è uno stato dell'Asia orientale che non ha sbocco sul mare, che confina a nord con la Russia e a sud con la Cina. La risposta esatta è quindi la **A**.

**40** Con una popolazione di poco più di 366.000 abitanti e una densità demografica di 3,09 circa abitanti per Km$^2$, l'Islanda è il Paese meno popoloso tra quelli citati dalle alternative e rappresenta la risposta esatta (**A**). Per completezza, si consideri che la Lituania ha una popolazione di quasi 2 milioni e 800.000 abitanti; l'Estonia di poco più di 1 milione e 300.000 e la Lettonia di poco meno di 2 milioni.

CULTURA LETTERARIA, STORICO-SOCIALE E GEOGRAFICA

# 3 | Letteratura italiana

## 3.1 | Esercizi proposti

**1** **Nella Russia di Stalin, un medico trapianta in un cane l'ipofisi di un uomo. L'audace esperimento avrà risvolti surreali. Da qui inizia la storia narrata in quale romanzo di Michael Bulgakov, pubblicato nel 1925?**

A *Cuore di tenebra*
B *Il Rosso e il Nero*
C *Cuore di cane*
D *Possessione*

**2** **Quale dei seguenti autori italiani non ha mai vinto il premio Nobel per la Letteratura?**

A Grazia Deledda
B Giacomo Leopardi
C Giosue Carducci
D Luigi Pirandello

**3** **In quale città è nato il poeta Ungaretti?**

A Roma
B Milano
C Addis Abeba
D Alessandria d'Egitto

**4** **Quale tra i seguenti intellettuali fu ideologo del fascismo?**

A Cesare Pavese
B Benedetto Croce
C Giovanni Gentile
D Elio Vittorini

**5** **Il romanzo pastorale *Arcadia,* misto di poesia e prosa, è stato scritto da Iacopo Sannazzaro. In quale periodo storico-letterario?**

A Verismo
B Romanticismo
C Umanesimo
D Tardo Barocco

**6** **Quale dei seguenti personaggi non compare nella *Divina Commedia*?**

A Farinata degli Uberti
B Francesca da Rimini
C Piero della Francesca
D Pia De' Tolomei

CULTURA LETTERARIA, STORICO-SOCIALE E GEOGRAFICA

**7 La celeberrima opera illuministica *Dei delitti e delle pene* fu scritta da:**

A Cesare Beccaria

B Cesare Beccaria e Alessandro Verri

C Pietro Verri

D Carlo Goldoni

**8 Quale tra i seguenti è il tema fondamentale dell'Ermetismo?**

A L'angoscia esistenziale

B L'esaltazione della forza

C La diffusione della cultura fascista

D L'amore per la propria donna

**9 Che cosa si intende con "scuola siciliana"?**

A Un gruppo di teologi, reso celebre dalle dispute sostenute contro i luterani e in genere i cristiani riformati dal secolo XVI in avanti

B Il movimento letterario ottocentesco che intende raffigurare, soprattutto in opere di narrativa, la vita delle plebi e degli umili, generalmente meridionali, nell'intento di denunciarne il degrado morale e materiale

C Un circolo di poeti fiorito nella prima metà del Duecento attorno alla corte imperiale di Palermo

D Un circolo di scacchisti nato a Palermo nel 1500, che conquistò il primo titolo mondiale a squadre della specialità

**10 Chi è l'autore del *Nuncius Sidereus*?**

A Francesco Redi

B Paolo Sarpi

C Gianbattista Marino

D Galileo Galilei

**11 In quale anno è nato Ugo Foscolo?**

A 1778

B 1798

C 1811

D 1820

**12 Quale dei seguenti movimenti culturali è tipico del XVII secolo?**

A Illuminismo

B Stilnovismo

C Barocco

D Neorealismo

**13 Quale dei seguenti autori non appartiene alla corrente dell'Umanesimo?**

A Cino da Pistoia

B Angelo Poliziano

C Leon Battista Alberti

D Lorenzo de' Medici

**14** **L'*Orlando furioso* è stato scritto da:**

A Ludovico Ariosto
B Francesco Petrarca
C Giacomo Leopardi
D Aristofane

**15** **Che cos'è *La bottega del caffè*?**

A Una rivista fondata da Pietro e Alessandro Verri
B Una lirica del Parini
C Una commedia di Goldoni
D Una commedia di De Filippo

**16** ***Il nome della rosa* è un romanzo ambientato nel secolo:**

A IX
B XII
C XIX
D XIV

**17** **Chi è l'autore del ciclo *I nostri antenati*?**

A Alessandro Tassoni
B Italo Calvino
C Matteo Boiardo
D Alberto Moravia

**18** **Il creatore della prosa scientifica italiana è stato:**

A Sforza Pallavicino
B Galileo Galilei
C Francesco Redi
D Ugo Foscolo

**19** **Chi è l'autore del romanzo *Il Santo*, messo all'Indice dalla Chiesa Cattolica?**

A Gabriele D'Annunzio
B Giosue Carducci
C Ugo Foscolo
D Antonio Fogazzaro

**20** **Quale dei seguenti autori non compose opere di carattere storiografico?**

A Filippo Villani
B Francesco Guicciardini
C Paolo Sarpi
D Vasco Pratolini

**21** **Qual è l'argomento principale della poesia cortese italiana?**

A La fede
B L'amore spirituale
C L'amore erotico
D Il solipsismo

**22 La lingua straniera che più ha influenzato l'italiano nel secolo XVIII è:**

A l'inglese
B il francese
C il tedesco
D lo spagnolo

**23 Quale movimento letterario si è ispirato al Positivismo scientifico?**

A L'Ermetismo
B L'Illuminismo
C Il Verismo
D Il Romanticismo

PARTE SECONDA

**24 Scartare una delle seguenti serie.**

A Muratori, Verri, Beccaria, Parini
B Prati, Boito, Pisani Dossi, Marinetti
C Foscolo, Leopardi, Manzoni
D Porta, Belli, Giusti

**25 Quale dei seguenti fenomeni linguistici fu proprio del Seicento italiano?**

A Il rifiuto, da parte del ceto colto, di usare parole di origine spagnola
B La creazione di nuove parole tramite l'utilizzo di prefissi e suffissi di origine latina e greca
C La diffusione di una serie di parole provenienti dal linguaggio gastronomico francese
D La scomparsa quasi totale dei dialetti

**26 Abbinare correttamente i seguenti autori e le rispettive opere:**

| | |
|---|---|
| **Manzoni** | ***Storia della colonna infame*** |
| **Campanella** | ***Il giardino dei Finzi-Contini*** |
| **Goldoni** | ***L'amante militare*** |
| **Bassani** | ***La città del Sole*** |

A Manzoni – *Storia della colonna infame*; Campanella – *La città del Sole*; Goldoni – *L'amante militare*; Bassani – *Il giardino dei Finzi-Contini*
B Manzoni – *L'amante militare*; Campanella – *La città del Sole*; Goldoni – *Storia della colonna infame*; Bassani – *Il giardino dei Finzi-Contini*
C Manzoni – *Il giardino dei Finzi-Contini*; Campanella – *L'amante militare*; Goldoni – *La città del Sole*; Bassani – *Storia della colonna infame*
D Manzoni – *L'amante militare*; Campanella – *La città del Sole*; Goldoni – *Il giardino dei Finzi-Contini*; Bassani – *Storia della colonna infame*

**27 Chi è l'autore di *Reggimento e costumi di donna*?**

A Giovanni Boccaccio
B Francesco da Barberino
C Baldassar Castiglione
D Giovanni della Casa

**28 Quale delle seguenti composizioni non è di Leopardi?**

A *Il sabato del villaggio*
B *L'infinito*
C *La ginestra*
D *Pianto antico*

**29** **Con quale tra i seguenti scrittori stranieri ebbe rapporti Italo Svevo?**

A James Joyce
B Oscar Wilde
C Gustave Flaubert
D Thomas Mann

**30** **Emilio Praga, oltre che poeta e romanziere, fu un:**

A musicista
B pittore
C attore
D parlamentare

**31** **Quale tra i seguenti fu direttore di «La Voce»?**

A Benito Mussolini
B Benedetto Croce
C Giuseppe Prezzolini
D Renato Serra

**32** **La celebre distinzione critica tra "poesia" e "non poesia" è di:**

A Francesco De Sanctis
B Giosue Carducci
C Benedetto Croce
D Giacomo Leopardi

**33** **Quale delle seguenti non è un'opera di Pavese?**

A *La bella estate*
B *La luna e i falò*
C *Feria d'agosto*
D *Paura alla Scala*

**34** **Il protagonista del romanzo *Il Gattopardo* è:**

A Don Fabrizio di Salina
B Tancredi
C Andrea Sperelli
D Padron 'Ntoni

**35** **Quale dei seguenti romanzi non è di Cassola?**

A *Fausto e Anna*
B *Fuochi d'artifizio*
C *Il taglio del bosco*
D *La ragazza di Bube*

**36** **Gli esponenti del "Gruppo '63" diressero le loro critiche prevalentemente contro:**

A la poesia ermetica
B la letteratura neorealista
C Pascoli
D il marxismo

CULTURA LETTERARIA, STORICO-SOCIALE E GEOGRAFICA

**37 Franco Maironi e Luisa Rigey sono i protagonisti del romanzo:**

- A *Piccolo mondo antico*
- B *Canne al vento*
- C *Fede e bellezza*
- D *Le Vergini delle rocce*

**38 Il romanzo di Moravia *Gli indifferenti* è ambientato:**

- A in età risorgimentale
- B durante la prima guerra mondiale
- C nell'immediato primo dopoguerra
- D in età fascista

**39 Quale delle seguenti opere non è di Elsa Morante?**

- A *Menzogna e sortilegio*
- B *Gente in Aspromonte*
- C *La storia*
- D *L'isola di Arturo*

**40 Chi è l'autore di *I fiori del male*?**

- A Stéphane Mallarmé
- B Victor Hugo
- C Clemente Rebora
- D Charles Baudelaire

**41 Quale tra i seguenti scrittori ha fatto parte del "Gruppo '63"?**

- A Pier Paolo Pasolini
- B Alberto Moravia
- C Umberto Eco
- D Elio Vittorini

**42 Quale delle seguenti serie riporta il corretto ordine cronologico degli autori?**

- A Carducci, Pirandello, D'Annunzio, Pasolini
- B Carducci, D'Annunzio, Pirandello, Pasolini
- C Carducci, D'Annunzio, Pasolini, Pirandello
- D Pasolini, Carducci, D'Annunzio, Pirandello

**43 Nel *Saggio storico sulla rivoluzione napoletana del 1799* Vincenzo Cuoco sostiene che:**

- A la rivoluzione che egli chiama *passiva* è vantaggiosa, perché consente di muoversi su strade conosciute
- B i modelli costituzionali necessari per riformare uno Stato non possono essere astratti né prescindere dalle particolarità locali
- C la rivoluzione è sempre un male, in quanto sovvertimento dell'ordine costituzionale; le riforme vanno introdotte per via pacifica
- D non esiste una forma di governo migliore delle altre, sono gli uomini che fanno la differenza

**44** **La *Divina Commedia* è composta da:**

A) 100 canti raggruppati in tre cantiche
B) 100 cantiche divise in tre canti
C) 30 canti per ogni cantica
D) 100 canti formati da versi dodecasillabi

**45** **La poetica del "fanciullino" è propria di:**

A) Giovanni Pascoli
B) Giosue Carducci
C) Benedetto Croce
D) Giacomo Leopardi

**46** **A quale corrente letteraria si deve ascrivere Giovanni Verga?**

A) Neorealismo
B) Scapigliatura
C) Futurismo
D) Verismo

**47** **Collegare correttamente a ogni autore un'opera:**

| | |
|---|---|
| **a) Manzoni** | **1) *La mandragola*** |
| **b) Petrarca** | **2) *Il conte di Carmagnola*** |
| **c) Foscolo** | **3) *I trionfi*** |
| **d) Machiavelli** | **4) *I sepolcri*** |

A) a-2, b-3, c-4, d-1
B) a-1, b-4, c-3, d-2
C) a-1, b-2, c-3, d-4
D) a-2, b-1, c-3, d-4

**48** **Il tema che attraversa il romanzo *Il deserto dei Tartari* è:**

A) l'amor di patria
B) l'antimilitarismo
C) l'attesa
D) la solitudine

**49** **La morte di Hemingway:**

A) avvenne durante una corrida
B) avvenne durante un incidente in mare
C) avvenne durante la seconda guerra mondiale
D) fu un suicidio

**50** **Quale tra i seguenti *incipit* appartiene a una lirica di Giovanni Pascoli?**

A) L'albero a cui tendevi / la pargoletta mano, / il verde melograno / da' bei vermigli fior
B) Sempre caro mi fu quest'ermo colle, / e questa siepe, che da tanta parte / dell'ultimo orizzonte il guardo esclude
C) Forse perché della fatal quiete / tu sei l'imago a me sì cara vieni / o Sera!
D) E s'aprono i fiori notturni, / nell'ora che penso a' miei cari.

CULTURA LETTERARIA, STORICO-SOCIALE E GEOGRAFICA

## 3.2 | Soluzioni e commenti

1 L'opera in questione è il romanzo fantascientifico-satirico *Cuore di cane*, risposta **C**. Lo scrittore e drammaturgo russo Michail Bulgakov (1891-1940) lo compose tra gennaio e marzo del 1925, dopo che si era espresso pubblicamente contro la censura e la burocrazia sovietica, nella prima fase della NEP (Nuova Politica Economica). Gli eventi narrati si svolgono a Mosca nel dicembre 1924, e hanno per protagonisti il dottor Preobraženskij, il suo assistente Bormental' e il cane Šarik, che viene sottoposto dai primi due al trapianto dell'ipofisi. La conseguenza dell'audace intervento è la metamorfosi in un umanoide che personifica le distorsioni del nuovo corso sovietico. Il romanzo, una parodia che è al contempo un'evidente critica al potere sovietico, risente dell'eugenetica e dei trapianti di ghiandole di cui furono pionieri il biologo russo emigrato Sergej Voronov e il viennese Eugen Steinach, e si colloca in un preciso filone della letteratura fantascientifica europea. Bulkgakov non vedrà il suo romanzo pubblicato: la prima edizione in lingua russa è del 1968.

Le altre opere citate nelle alternative sono: *Cuore di Tenebra* (1899), dello scrittore polacco-britannico Joseph Conrad; *Il rosso e il nero* (1831), romanzo dello scrittore francese Stendhal e *Possessione* (1990), romanzo di A. S. Byatt, scrittrice e critica letteraria britannica.

2 Anche senza ricordare tutti i premiati, basta tenere condo che il premio Nobel è stato istituito nel 1901, mentre Giacomo Leopardi è morto nel 1837. La scelta dunque cade sulla **B**.

3 La risposta esatta è la **D**. Ungaretti nacque nella città egiziana di Alessandria nel 1888, dove visse fino al 1912. I suoi genitori erano però originari di Lucca. In seguito si spostò in Francia e poi si arruolò nell'esercito italiano durante la prima guerra mondiale. Dopo aver abitato a Parigi e a Roma, durante la seconda guerra mondiale si spostò in Brasile. Rientrò a Roma nel 1942.

4 Vittorini fu nemico dichiarato del fascismo, ed ebbe un ruolo di rilievo nella Resistenza: l'alternativa **D** è quindi da escludersi. Anche Pavese, pur non avendo svolto un ruolo politico attivo, fu avverso al fascismo, e dunque è possibile escludere anche la **A**. Croce fu un importante uomo politico prima e dopo il periodo fascista durante il quale redasse il *Manifesto degli intellettuali antifascisti* (1925) e si ritirò dalla vita politica (da scartarsi la risposta **B**).

Pirandello aderì al fascismo, e ne ebbe onorificenze, ma non ne può essere considerato un teorico. Questo ruolo è invece rivestito da Giovanni Gentile, estensore del *Manifesto degli intellettuali fascisti* (1925), tanto che egli fu considerato dai partigiani un nemico da sopprimere e fu ucciso a Firenze nel 1944. La risposta esatta è così la **C**.

5 Non tragga in inganno il fatto che l'Arcadia fu un movimento letterario situato tra Barocco e Illuminismo (prima metà del secolo XVIII): Iacopo Sannazzaro è un umanista vissuto tra il 1458 e il 1530. La risposta esatta è quindi la **C**.

6 La risposta esatta è la **C**: Piero della Francesca è infatti un pittore che, vissuto nel Quattrocento ovvero in un'epoca a lui successiva, Dante non avrebbe potuto incontrare né descrivere nel suo poema. Farinata degli Uberti, Francesca da Rimini e Pia De' Tolomei sono invece tutti personaggi della Divina Commedia.

7 La **D** può essere facilmente esclusa considerando che Carlo Goldoni (1707–1793) è stato commediografo e scrittore della Repubblica di Venezia e che la sua fama segue soprattutto le sue opere teatrali in lingua veneta. *Dei delitti e delle pene* - saggio di stampo illuminista che tratta del sistema giudiziario - è infatti opera di Cesare Beccaria, pur essendo certo che gli amici Pietro e Alessandro Verri insieme agli altri membri dell'Accademia dei Pugni influenzarono e orientarono il suo pensiero. La risposta esatta è la **A**.

**8** La risposta corretta è la **A**. I poeti ermetici non sono interessati ai grandi problemi della storia e della società, quanto piuttosto alle esperienze personali e allo spazio interiore permeato da un senso di solitudine e di estraneità rispetto al mondo. L'alternativa **B** può essere ricondotta al Futurismo e la **D** allo Stil Novo.

**9** La risposta esatta è la **C**, infatti la scuola siciliana è un circolo poetico nato alla corte sveva dell'imperatore Federico II, poeta a sua volta. Questa scuola, che precede lo Stil Novo, risentì profondamente degli influssi della poesia provenzale, pur essendone distinta per l'uso della lingua locale, cioè, appunto, il siciliano (si noti che esiste anche una poesia italiana in lingua provenzale).

**10** Per rispondere a questo quesito possiamo partire dal titolo dell'opera: *Sidereus*, significa stellare. Tra i personaggi citati nelle alternative proposte (a patto di conoscerli tutti!) l'unico che dedicò studi approfonditi alle stelle fu Galileo. Egli confermò le tesi eliocentriche di Copernico grazie all'osservazione dei corpi celesti, resa possibile proprio da una sua invenzione: il cannocchiale. La risposta esatta è la **D**.

**11** Ugo Foscolo è nato a Zante il 6 febbraio del 1778. La risposta **A** è quella corretta. L'eventuale incertezza poteva essere risolta ricordando che Foscolo commenta da testimone la firma del Trattato di Campoformio del 1797, con cui Napoleone consegnò la Repubblica di Venezia all'Austria.

**12** In campo letterario il Seicento non è solo il secolo del Barocco, ma anche della nascita della prosa scientifica con Galileo e Francesco Redi, genere che si tiene ben lontano dai canoni barocchi. In questo caso, l'alternativa da scegliere è però la **C**. Un esercizio consigliato, al fine di verificare la propria preparazione, è collegare le altre correnti letterarie menzionate al rispettivo secolo di appartenenza. L'Illuminismo è una corrente filosofica e letteraria sviluppatasi nel corso del Settecento, il Dolce Stil Novo è cominciato alla fine del secolo XII, il Neorealismo è una corrente letteraria italiana degli anni Cinquanta del XX secolo mentre l'Umanesimo si sviluppa nel XV secolo.

**13** Basta ricordare che Cino da Pistoia era amico di Dante per concludere che visse in un periodo anteriore all'Umanesimo: la risposta esatta è la **A**. Più precisamente, l'esistenza di Cino da Pistoia è compresa tra il 1270 circa e il 1336 o 1337, mentre l'Umanesimo si fa convenzionalmente iniziare nel 1453 (anno della caduta di Costantinopoli).

**14** La risposta corretta è la **A**. Il poema in ottave di Ludovico Ariosto (1474-1533) inizia il racconto sul celebre paladino dal punto in cui si era interrotto l'*Orlando innamorato* di Boiardo. L'opera rappresenta una delle più alte creazioni letterarie del Rinascimento ed è esemplare degli ideali dell'epoca (il cavalleresco, l'avventura, la fantasia, la centralità dell'uomo e del valore individuale, la generosità, la nobiltà d'animo, l'amore sensuale, l'armonia con la natura). Ariosto ne pubblicò tre diverse redazioni (1516, 1521, 1532); l'ultima è in 46 canti.

**15** La celebre rivista curata dai fratelli Verri aveva nome «Il Caffè»; la commedia di cui fu autore da giovane papa Wojtyla si intitola *La bottega dell'orefice*: la **A** e la **D** sono quindi errate. La risposta corretta è la **C**.

**16** Il *Nome della rosa* è un romanzo storico, il cui principale pregio è quello di integrare intimamente la trama "gialla" della narrazione all'epoca in cui la vicenda stessa è ambientata. Nulla di quello che accade nel romanzo potrebbe accadere se l'epoca non fosse il Trecento medioevale. La risposta esatta è quindi la **D**.

**17** La risposta esatta è la **B**. Fu Italo Calvino a comporre questo ciclo, che raccoglie tre romanzi scritti nell'arco di sette anni: *Il visconte dimezzato* (1952); *Il barone rampante* (1957) e *Il cavaliere inesistente* (1959). L'intento non era quello di realizzare dei romanzi storici (di cui hanno solo la divertita e divertente apparenza), ma di reinterpretare con ironia i caratteri del *conte philosophique* settecentesco. In particolare l'esercizio propone delle alternative ingannevoli con autori di opere di argomento cavalleresco.

**18** L'unico dubbio può sussistere nella scelta tra Galileo e Redi, i quali furono entrambi scienziati, mentre non lo furono (almeno in senso moderno) gli altri: Pallavicino fu uno storico, Foscolo un poeta. Sia Galileo sia Redi elaborarono per i loro scritti una lingua e uno stile adatti alla necessità di esporre in forma chiara e precisa i concetti scientifici frutto delle loro ricerche, dove la parola diventa quindi veicolo di comunicazione di idee. Si trattò insomma di una corrente letteraria contrapposta a quella predominante nello stesso secolo (il Seicento): il marinismo barocco, che aveva lo scopo di affascinare il lettore con virtuosismi stupefacenti assai più che di persuadere la sua ragione con argomentazioni fondate e descrizioni scientifiche. Chiarito ciò, e dovendo sciogliere il dubbio, si può osservare che Galileo nacque 64 anni prima di Redi e che quindi, almeno per ragioni cronologiche, il primato spetta a lui: la risposta esatta è quindi la **B**.

**19** Non traggano in inganno gli atteggiamenti critici di Carducci e Foscolo verso la Chiesa. La sorte di venire messo all'Indice toccò al romanzo *Il Santo*, pubblicato nel 1905, di Fogazzaro, nonostante la nota sensibilità religiosa dello scrittore: è esatta, quindi, la risposta **D**.

**20** Pur essendo autore di *Metello*, un romanzo storico (ambientato e definito dal preciso momento in cui si svolge, con la ricostruzione del contesto e degli eventi), lo scrittore neorealista Vasco Pratolini (1913-91) non ha pubblicato mai opere storiografiche. La risposta esatta è dunque la **D**.

**21** Con *amore erotico* (dal greco *eros*, che indica l'amore sensuale) si vuole indicare specificamente l'amore passionale, per distinguerlo da altri tipi di sentimento in cui l'amore per la donna veniva sublimato in senso spirituale (per esempio verso la donna angelicata dello stilnovismo), o differenziarlo dalle esperienze di amore mistico e religioso. Per i trovatori della prima metà del Duecento, e per i poeti delle scuole siciliana e toscana, oggetto poetico era proprio l'amore per la donna (*domina*, di cui il poeta è *vassallo*) completo della dimensione sensuale. La risposta esatta è **C**.

**22** Il secolo XVIII, cioè il Settecento, vede nascere e diffondersi la cultura illuministica, che ebbe il suo centro in Francia; fu dunque il francese a influenzare maggiormente la lingua italiana: la risposta esatta è **B**. Occorre notare, comunque, che la reciproca influenza tra le lingue è un fenomeno molto antico e ininterrotto. L'italiano nei secoli ha ricevuto, così come ha dato, molto dal francese e dallo spagnolo. Il latino, poi, non solo è la lingua da cui direttamente deriva la nostra ma ha continuato a essere fonte di nuovi vocaboli (soprattutto nel campo delle scienze). In tempi più recenti sono numerosi e di vario genere prestiti e calchi dall'inglese.

**23** Il Positivismo è un movimento filosofico, inaugurato da Auguste Comte in Francia e proseguito in Inghilterra da Herbert Spencer. Due sono i caratteri fondamentali di questo approccio: primo, porre come obiettivo della filosofia la ricerca delle leggi di natura, rinunciando alla dimensione metafisica; secondo, applicare i metodi propri delle scienze naturali anche alle discipline "umanistiche". In Italia, il Verismo si rifà esplicitamente a Positivismo e Naturalismo: compito della letteratura è documentare l'umano, rispondendo in primo luogo al canone dell'impersonalità, senza interferire con la realtà che si rappresenta. La risposta esatta è quindi la **C**.

**24** Le serie riportano autori italiani, raggruppati in base a una temperie letteraria unificatrice. A un primo esame delle opzioni date, si nota però con facilità che il poeta futurista Marinetti ha poco da spartire con Giovanni Prati, esemplare esponente del secondo Romanticismo, o con scapigliati quali Boito e Pisani Dossi. Dal momento che gli altri gruppi mostrano autori più famosi e in tutta evidenza tra loro compatibili (in A gli illuministi, in C i romantici, in D i dialettali), è facile concludere che la serie da scartare è proprio quella contenuta nell'alternativa B.

**25** La risposta esatta è la B mentre tutte le altre alternative riportate sono di pura fantasia. Vale comunque la pena osservare l'alternativa A che ribalta un fenomeno reale e vigoroso proprio nel Seicento, cioè l'introduzione nella lingua italiana di parole di origine spagnola, dovuta all'instaurarsi della dominazione spagnola su gran parte della Penisola nel secolo precedente.

**26** È sufficiente conoscere con sicurezza anche un solo abbinamento autore-opera, tra quelli richiesti, per ridurre le alternative plausibili. Conoscendone due, la soluzione è univoca. Per esempio, assumendo tutti in grado di collegare Manzoni a *Storia della colonna infame*, resta in lizza solo A. Un altro abbinamento alla portata di tutti è quello Bassani - *Il giardino dei Finzi Contini*: ed ecco individuata la risposta esatta in A.

**27** A parte Boccaccio, tutti gli altri sono autori di manuali di comportamento: Della Casa, *Galateo*; Castiglione *Il Cortegiano*; Da Barberino, appunto, *Reggimento e costumi di donna*: la risposta esatta è la B (si noti che quest'ultimo precede di un paio di secoli gli altri citati). Si tratta di opere in cui, da un lato, si delinea filosoficamente l'ideale del perfetto gentiluomo, della donna onorata ecc. e, dall'altro, si danno consigli pratici al lettore per consentirgli di avvicinarsi il più possibile a tale ideale. Un altro scrittore rinascimentale scrisse un celeberrimo manuale di comportamento, questa volta per il perfetto principe: Niccolò Machiavelli.

**28** Un quesito di pura erudizione, ma le opere citate sono tutte molto famose. *Pianto antico* è una lirica di Carducci, dedicato al figlio morto in tenera età, e quindi la risposta esatta è la D.

**29** La risposta esatta è la A. Joyce infatti insegnò alla Berlitz School di Trieste, ed ebbe come allievo nel corso di lingua inglese Italo Svevo. Dopo il primo incontro nel 1907, con il tempo nacque una profonda amicizia e una certa consonanza artistica. Nel 1927, a Milano, Svevo tenne anche un ciclo di conferenze sull'opera dello scrittore di Dublino.

**30** Emilio Praga (1839-1875) appartiene al movimento della Scapigliatura, di cui fu un tipico rappresentante, sia per il contenuto delle sue opere sia per la sregolatezza della sua vita. In campo artistico fu anche pittore. La risposta esatta è la B.

**31** Dal 1908 al 1912 e di nuovo dal 1913 al 1914 Giovanni Prezzolini (1882-1992) fu direttore di «La Voce» (risposta esatta C). Questa fu forse la rivista più importante e influente dell'epoca, terreno di incontro e scontro della più vivace cultura italiana. Si distinguono quattro fasi della testata, quante le diverse direzioni. Dopo Prezzolini la guidò Giovanni Papini, quindi di nuovo di Prezzolini e infine Giuseppe de Robertis, che firmò l'ultimo numero nel dicembre 1916.

**32** Nella concezione di Croce (risposta esatta C), "poesia" è l'intuizione artistica allo stato puro, "non poesia" la produzione letteraria contaminata dalla riflessione morale e intellettuale. Questo canone, elevato a rigida regola, portò Croce a esprimere drastici giudizi su ogni autore e a ridimensionare, per esempio, il valore poetico di larga parte della *Divina Commedia*.

**33** *Paura alla Scala* è opera di Dino Buzzati. È un racconto lungo, pubblicato per la prima volta nel 1948, in quattro puntate, su «L'Europeo». È però anche il titolo della seconda raccolta di racconti di Buzzati, uscita nel 1949. La risposta esatta è quindi la D.

**34** Andrea Sperelli è protagonista del romanzo *Il piacere* di D'Annunzio; Padron 'Ntoni è personaggio di *I Malavoglia* di Verga. Tancredi è una figura importante di *Il Gattopardo*, ma il protagonista è Don Fabrizio, nobile siciliano spettatore del cambiamento epocale provocato dall'impresa di Garibaldi e dalla nascita dell'Italia unita. La risposta esatta è la **A**.

**35** *Fuochi d'artifizio* non è opera di Cassola e non è nemmeno un romanzo: è una raccolta di liriche di Corrado Govoni (1884-1965). La risposta esatta è la **B**.

**36** Molto criticate dal "Gruppo '63", che si autodefinì avanguardista e sperimentalista, furono le opere del neorealismo e della letteratura impegnata (risposta esatta **B**). Moravia mise acutamente in luce come, nonostante le differenze, l'esigenza comune dei neorealisti e degli avanguardisti fosse quella di ristabilire un rapporto con la realtà autentica, dalla quale l'uomo moderno è troppo spesso alienato.

**37** Franco e Luisa sono i protagonisti del capolavoro di Fogazzaro, *Piccolo mondo antico* (1895). La risposta esatta è la **A**.

**38** La risposta esatta è **D**. Alcuni critici hanno visto nel ritratto di una borghesia dai costumi allentati e spiritualmente inerte una qualche critica al fascismo. In realtà, l'impressione è che l'età fascista non sia più che un'occasione per Moravia di dare avvio al suo discorso (questo romanzo del 1929 è il primo e il più celebre della sua carriera di scrittore) di stampo neorealista ed esistenzialista.

**39** La risposta esatta è la **B**. Corrado Alvaro (1895-1956) fu un autore radicato nella terra d'origine, la Calabria, ma il suo regionalismo ebbe una qualità differente dal verismo, innanzi tutto per il suo carattere di lirica e nostalgica rievocazione. La sua miglior prova fu proprio il romanzo *Gente in Aspromonte* (1930), in cui riuscì a coniugare la dimensione corale e la sottile analisi psicologica, in linea con le nuove conquiste del moderno romanzo europeo.

**40** La risposta esatta è la **D**. *I fiori del male* sono l'espressione della "poesia pura" teorizzata da Baudelaire che è all'origine di tanta poesia moderna.

**41** In Italia, nel secondo Novecento, i poeti della Neoavanguardia si raccolgono nell'eterogeneo Gruppo '63 (così detto perché ufficialmente nato nel 1963 a Palermo, anche se in realtà aveva già affermato una propria identità nell'antologia *I Novissimi* del 1961). Il gruppo comprendeva tra gli altri Elio Pagliarani, Alfredo Giuliani, Edoardo Sanguineti, Nanni Balestrini, Antonio Porta, Angelo Guglielmi, Edoardo Sanguineti, Renato Barilli, Umberto Eco. La risposta esatta è quindi la **C**.

**42** Nella serie data, non è difficile individuare Carducci come lo scrittore più "antico" e Pasolini come il più recente. La scelta si riduce così alle alternative **A** e **B**. Restano da collocare gli altri due: D'Annunzio, nato nel 1863, precede Pirandello, nato nel 1867. Anche se poi Pirandello morì prima di D'Annunzio (rispettivamente, 1936 e 1938) la risposta esatta va identificata nella **B**.

**43** La risposta esatta è la **B**. Cuoco rimprovera ai pensatori francesi della rivoluzione del 1789 un eccesso di astrattismo e, ai loro imitatori italiani, il non aver tenuto nel debito conto la diversità della situazione italiana rispetto a quella francese. Altro difetto della rivoluzione napoletana è di essere stata *passiva*, cioè imposta dall'esterno e quindi non nata da intime esigenze di riforma.

**44** La risposta esatta è la **A**. La *Divina Commedia* è composta di 14.233 versi endecasillabi, disposti in terzine, ed è suddivisa in 100 canti, raggruppati in 3 cantiche: 34 canti nell'*Inferno* – che ne ha uno in più, come proemio all'intero poema – e 33 ciascuno per *Purgatorio* e *Paradiso*.

**45** La risposta corretta è senza dubbio la **A**. La poetica pascoliana viene espressa efficacemente nella prosa *Il fanciullino* del 1897. Esistono in ciascuno, a suo dire, una forma di conoscenza pre-razionale e una disposizione a vedere il mondo come se fosse la prima volta, cioè con lo stupore del fanciullo; usare l'intelletto in maniera più libera e irrazionale aiuta ad avvicinarsi alla verità delle cose. Il poeta è colui che traduce questa attitudine in poesia. Il vero poeta è chi dà sempre ascolto al fanciullino invece di preferirgli una conoscenza razionale della realtà,. La poesia diventa così intuitiva e spontanea proprio come la lingua che la esprime.

**46** La risposta corretta è la **D**. Il Verismo è un movimento letterario fiorito in Italia negli ultimi decenni del XIX secolo. In *I Malavoglia* (1881) di Verga, primo di una progettata serie di cinque romanzi (ciclo dei *Vinti*) è possibile trovare un'esplicita dichiarazione di poetica verista.

**47** La risposta esatta è la **A**. *Il conte di Carmagnola* è una tragedia scritta da Manzoni nel 1820; *I trionfi* è il titolo di un poema in volgare in terzine di Petrarca, iniziato probabilmente prima del 1340 e compiuto nel 1374; *I sepolcri* è il celebre carme di Foscolo pubblicato a Milano nel 1807; *La mandragola*, commedia datata intorno al 1518, si iscrive all'interno della produzione teatrale di Machiavelli.

**48** Questo grande romanzo di Buzzati del 1940 racconta la permanenza del giovane ufficiale Drogo nella Fortezza Bastiani, dove egli condivide l'attesa dei suoi colleghi per un imminente attacco dei Tartari. L'attesa è vissuta da questi soldati non con timore ma con speranza, cioè come occasione che consentirà loro di dimostrare il proprio valore. L'attesa di un grande evento, dunque, domina il romanzo insieme alla consapevolezza che mentre si attende si invecchia, la vita sfugge e il tanto desiderato momento forse non verrà mai (risposta esatta **C**).

**49** Sebbene inizialmente si cercò di attribuire la morte di Hemingway a un colpo di fucile partito accidentalmente, ben presto fu chiaro che lo scrittore americano si era, come il proprio padre, suicidato: una sconfitta per il vitalismo che aveva teorizzato e realizzato e un abbandono all'unico assoluto possibile, quello della morte. La risposta esatta è la **D**.

**50** Le alternative riportano i primi versi di quattro famosissime liriche di illustri poeti. Essi appartengono rispettivamente a: **A**, *Pianto antico* di Carducci (da *Rime nuove*); **B**, *L'infinito* di Leopardi (dai *Piccoli Idilli*); **C**, *Alla sera* di Foscolo; **D**, *Il gelsomino notturno* di Pascoli (da *Canti di Castelvecchio*). La risposta esatta è la **D**.

CULTURA LETTERARIA, STORICO-SOCIALE E GEOGRAFICA

# 4 | Storia dell'arte

## 4.1 | Esercizi proposti



1 **L'immagine raffigura la Chiesa di Santa Maria Goretti, opera dell'architetto Mario Cucinella, inaugurata a Mormanno (in provincia di Cosenza) a fine 2021.**

**Le sue linee curve trovano ispirazione nell'arte:**

A barocca

B povera

C gotica

D razionalista

2 **È la tribuna rialzata destinata ai canti o alla lettura dei testi sacri, oppure alla predicazione del vescovo, e costituisce elemento di rilievo dell'arredo della basilica cristiana con caratteristiche artistiche di pregio e decorazioni in scultura o mosaico. In alcuni edifici religiosi se ne trovano due, disposti simmetricamente davanti all'altare, ai lati del presbiterio. Solitamente è sorretto da colonnine o da un basamento pieno e delimitato da un parapetto che può proseguire ai lati lungo le scale di accesso formando un'unica struttura.**

**Si può considerare il predecessore del pulpito, che si sviluppa specialmente nel tardo Medioevo e nel primo Rinascimento. Si tratta di:**

A contrafforte

B arco rampante

C ambone

D fregio

**3** **Il gruppo scultoreo *Apollo e ......* – soggetto mitologico ispirato alle *Metamorfosi* di Ovidio e incentrato sull'amore frustrato di Apollo per la ninfa......, figlia del dio fluviale Peneo – è una composizione sorprendentemente dinamica, che realizza l'"impossibile" sfida di tradurre nel marmo il movimento rapidissimo e concitato dell'inseguimento tra due amanti.**

**Qual è il nome della ninfa, che completa correttamente le due lacune del testo?**

A Sibilla
B Dafne
C Leda
D Psiche

---

**4** **Considerato uno dei capolavori del Rinascimento e apprezzato per l'invenzione prospettica di grande effetto, questo dipinto mostra il corpo di Cristo che giace inerme su una fredda lastra di pietra coperta da un lenzuolo. Un telo protegge il cadavere dal bacino ai piedi che rimangono esposti e mostrano le ferite dei chiodi sulle piante. Il capo di Gesù poggia su un cuscino rettangolare mentre le braccia sono abbandonate lungo i fianchi. Anche sul dorso delle mani sono evidenti i segni dei chiodi. A destra, al lato del cuscino, si vede il contenitore di unguenti usato per preparare il corpo alla sepoltura; a sinistra verso l'alto ci sono i dolenti che piangono e vegliano il corpo.**

**Quale delle seguenti è l'opera sopra descritta?**

A *Cristo dolente* di Bramantino
B *Cristo alla colonna* di Donato Bramante
C *Crocifissione* di Masaccio
D *Cristo morto* di Andrea Mantegna

---

**5** **La basilica di San Vitale a Ravenna appartiene all'architettura:**

A neoclassica
B bizantina
C gotica
D rinascimentale

---

**6** **Quale delle seguenti idee non è attribuibile a Brunelleschi?**

A L'armonia prospettica di tutti gli elementi della composizione
B La dignità di artista autonomo da riconoscere all'architetto
C La dispersione nello spazio delle componenti architettoniche
D L'integrazione dell'edificio nello spazio circostante

---

**7** **Come può essere definita l'*Art Déco*?**

A Uno stile ispirato al Barocco
B Un'arte derivata dal *Liberty*, ma più standardizzata e superficiale
C L'anti-arte
D Il tentativo di sovvertire tutti i canoni artistici tradizionali

---

**8** **I propilei sono un:**

A gruppo scultoreo
B accesso
C teatro
D tempio

PARTE SECONDA

**9** **L'espressionismo fu una corrente artistica di reazione:**

A al classicismo
B al funzionalismo
C all'impressionismo
D all'ermetismo

**10** **L'opera *Amore e Psiche* di Antonio Canova risale al:**

A 1795 B 1686 C 1787 D 1589

**11** **Nel tardo XIX secolo John Singer Sargent divenne celebre come:**

A ritrattista
B paesaggista
C scultore
D decoratore d'interni

**12** **Quale tra i seguenti autori non appartiene all'impressionismo?**

A Schiele B Manet C Monet D Cézanne

**13** **Quale tra i seguenti movimenti artistici è riconducibile all'inizio del XX secolo?**

A Impressionismo
B Dadaismo
C Simbolismo
D Pop Art

**14** **A quale dei seguenti movimenti artistici sono riconducibili Vasilij Kandinskij e Paul Klee?**

A Surrealismo
B Astrattismo
C *Art Déco*
D Futurismo

**15** **Quale tra le seguenti coppie di artisti italiani prese parte al movimento futurista?**

A Ligabue e Modigliani
B Guttuso e Adami
C Boccioni e Carrà
D Munari e Pininfarina

**16** **I primi grattacieli vennero costruiti negli Stati Uniti:**

A verso la fine del Settecento
B nella prima metà dell'Ottocento
C nella seconda metà dell'Ottocento
D tra le due guerre mondiali

**17** **Tra gli autori del progetto per il Centre Georges Pompidou di Parigi vi è l'architetto:**

A Giò Ponti
B Renzo Piano
C Frank Lloyd Wright
D Le Corbusier

**18** **Indicare, tra i seguenti, l'artista che non partecipò alla fondazione del *Cabaret Voltaire*, il circolo artistico e letterario da cui si sviluppò il dadaismo.**

A Hans Arp

B Julius Evola

C Hugo Ball

D Tristan Tzara

**19** **Qual è l'elemento principale sul quale Dan Flavin ha lavorato per buona parte della sua vita?**

A Il colore

B La forma

C La materia

D La luce

**20** **L'opera di Duchamp *Ruota di bicicletta* ha un intento:**

A demistificatorio nei confronti del potere

B ironico nei confronti dell'arte

C dissacratorio nei confronti della religione

D di esaltazione nei confronti dello sport

**21** **Il Costruttivismo è nato:**

A negli Stati Uniti

B in Unione Sovietica

C in Francia

D in Italia

**22** **Claude Monet e Pierre-Auguste Renoir sono due importanti rappresentanti del:**

A realismo

B impressionismo

C simbolismo

D espressionismo

**23** **Con il primo *Manifesto Surrealista* scritto dal poeta André Breton nel 1924, nasce ufficialmente a Parigi il movimento surrealista. Quale tra i seguenti pittori è un esponente di questo movimento?**

A Salvador Dalì

B Pablo Picasso

C Marc Chagall

D Carlo Carrà

**24** **In quale sequenza cronologica sono stati costruiti i monumenti elencati di seguito?**

**a) Piazza San Pietro a Roma**

**b) Stadio olimpico di Roma**

**c) Arco della Pace a Milano**

**d) Duomo di Milano**

**e) Grattacielo Empire State Building di New York**

A a-b-d-c-e

B c-d-a-b-e

C b-a-d-e-c

D d-a-c-e-b

**25** **Quale dei seguenti movimenti novecenteschi pose al centro della sua attenzione la scomposizione dei piani compositivi?**

A Cubismo

B Divisionismo

C Fauves

D Impressionismo

**26** **Qual è il colore più tipico e caratteristico dei quadri monocromi di Yves Klein?**

A Blu B Rosso C Bianco D Nero

**27** **Tra la metà del diciottesimo secolo e l'inizio del diciannovesimo si cominciò a teorizzare la divaricazione fra due modalità principali di intendere l'arte; le due concezioni sono:**

A romantica e neogotica

B classica e romantica

C gotica e romantica

D romanica e romantica

**28** **Quale architetto ha progettato l'edificio rappresentato in figura?**

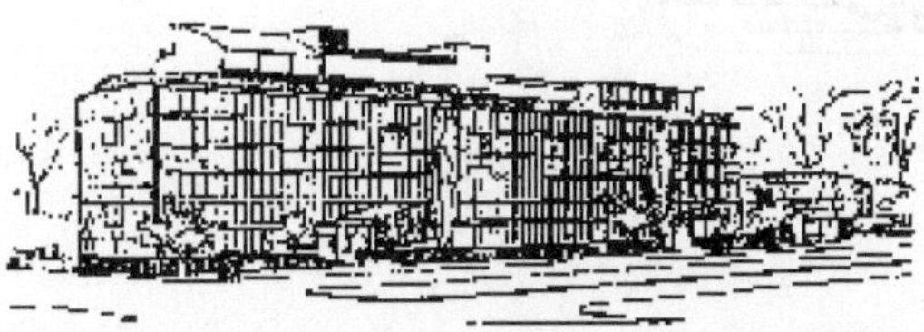

A Aldo Rossi

B Le Corbusier

C Antoni Gaudí

D Frank Lloyd Wright

**29** **Individuare la successione cronologica corretta, dal più antico al più recente, degli edifici di cui sono riprodotte le piante.**

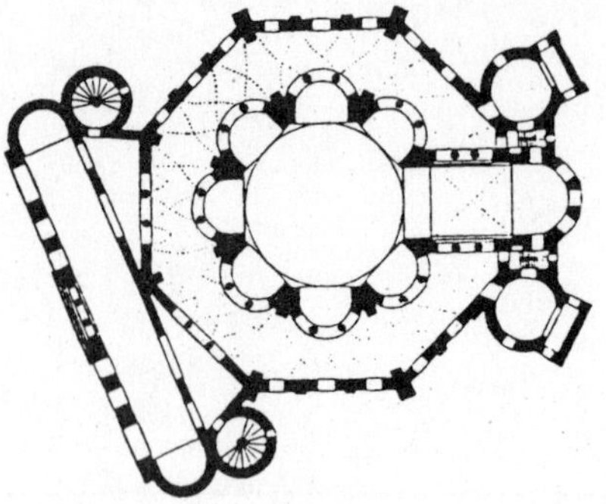

1

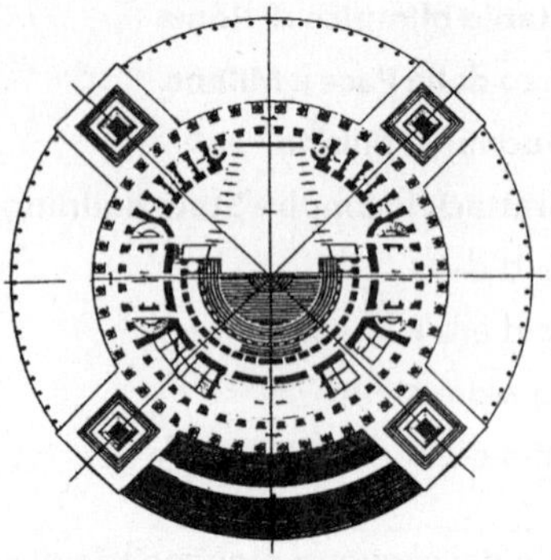

2

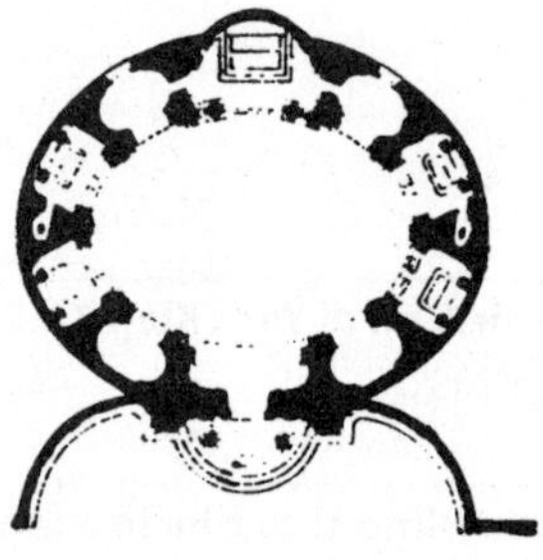

3

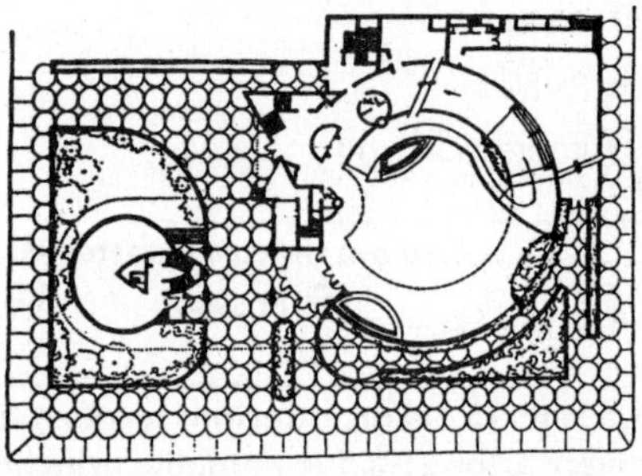

4

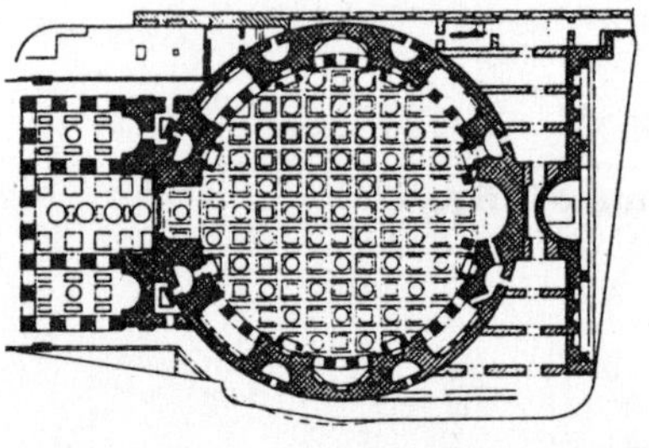

5

A) 1, 3, 4, 5, 2
B) 2, 3, 5, 1, 4
C) 1, 5, 2, 3, 4
D) 5, 1, 3, 2, 4



 

**30** **Nella figura seguente, si individui lo stile delle colonne:**

(a) (b) (c) (d)

A (a) corinzio, (b) tuscanico, (c) dorico romano, (d) composito
B (a) maya, (b) tuscanico, (c) romano, (d) composito
C (a) dorico romano, (b) miceneo, (c) corinzio, (d) composito
D (a) corinzio, (b) celtico, (c) dorico, (d) egiziano

## 4.2 | Soluzioni e commenti

1 Progettata da MC A – Mario Cucinella Architects, questa Chiesa sorge nell'Appennino meridionale, al confine tra Basilicata e Calabria. Raccolta e conchiusa come uno scrigno, monolitica e dall'aspetto solitario, occupa una superficie di 950 metri quadri e raggiunge un'altezza di 16 metri. Uno dei suoi punti di forza è l'armonia con cui dialoga con il paesaggio circostante. È stata pensata come un'architettura organica in pianta e in prospetto e si ispira dichiaratamente alle geometrie curve di alcune delle più riuscite e rappresentative chiese barocche come la Basilica di Sant'Andrea delle Fratte, San Carlo alle Quattro Fontane e Sant'Ivo alla Sapienza, a Roma, o l'Oratorio Ghisilieri a Ferrara. La risposta esatta è quindi la A.

2 Il testo propone una definizione di "ambone", ossia la tribuna balaustrata, e solitamente rilevata di pochi gradini, adibita alle letture liturgiche. Non è difficile in questo caso procedere, per escludere le risposte errate, considerando che: il contrafforte (risposta A) è una struttura architettonica che ha la funzione di bilanciare una spinta in corrispondenza di una volta o di un arco e non ha pertanto funzione decorativa; l'arco rampante (risposta B), che del contrafforte si può considerare l'evoluzione, è una tipologia di arco con geometria asimmetrica con funzione contenitiva e di scarico a terra delle forze esercitate lateralmente da altri elementi architettonici; il fregio (risposta D) è una fascia decorativa con andamento perlopiù orizzontale che si trova, nel tempio classico, sopra l'architrave. La risposta esatta è perciò la C.

PARTE SECONDA

3 Il gruppo scultoreo *Apollo e Dafne* (risposta B) di Gian Lorenzo Bernini è oggi conservato a Roma alla Galleria Borghese. È l'ultimo dei cosiddetti *quattro gruppi borghesiani*, commissionati all'artista dal cardinale e mecenate Scipione Borghese: *Enea e Anchise* (1618-19), il *Ratto di Proserpina* (1621-22), *David* (1623-24) e *Apollo e Dafne* (1624-25). Il realismo di quest'opera, scolpita in un unico blocco marmoreo, è raggiunto tramite la scelta dell'istante rappresentato (la metamorfosi della ninfa Dafne in un albero di alloro) e dal contrasto tra i differenti profili psicologici dei due soggetti: Dafne, avvertita la presa del dio, si volta urlando di terrore, senza avvedersi che il suo corpo ha già iniziato a ricoprirsi di foglie e la sua pelle a trasformarsi in dura corteccia; Apollo, accortosi di quanto sta accadendo, reagisce con stupore e incredulità, senza tuttavia rallentare la propria corsa, che prosegue di slancio. Altra sorprendente caratteristica dell'opera è senza dubbio il ritmo ascensionale del gruppo, proiettato in uno spazio circolare e indeterminato. Tra le opzioni di risposta, l'unica che poteva trarre in inganno era la D: *Psiche* – protagonista insieme ad Amore di un altro famoso racconto mitologico – è infatti parte di un altro celeberrimo gruppo scultoreo, opera di Andrea Canova (1757-1822).

4 L'elemento della descrizione che porta a scegliere il *Cristo morto* di Mantegna (risposta esatta D) è senza dubbio «l'invenzione prospettica di grande effetto». Quest'opera infatti è celebre proprio per il fatto che ritrae frontalmente il corpo di Cristo sdraiato, inquadrando i piedi in primo piano e dietro in prospettiva tutto il corpo fino al capo. Realizzato nel periodo tra il 1478 e il 1483 è conservato alla Pinacoteca di Brera di Milano. Tra le restanti alternative, si potevano escludere facilmente, anche senza conoscere direttamente i dipinti, B e C in quanto i titoli indicano due altri e diversi momenti della Passione. Anche la A si lascia escludere: l'opera di Bramantino (che si rifà apertamente al dipinto qui citato di Bramante) è da taluni detta *Cristo risorto*, ma in tutti i casi il titolo non collima con la descrizione fornita dall'esercizio. *Cristo morto* di Mantegna è un *compianto* (tipica rappresentazione sacra in cui altri personaggi si raccolgono presso il corpo di Gesù per piangerlo) e la prospettiva è tale per cui chi guarda si sente personalmente collocato ai piedi del Cristo morto.

5 La basilica di San Vitale è un'architettura bizantina. Le chiese che i bizantini costruirono a Ravenna, quando questa città fu capitale del loro Esarcato (VI e VIII secolo), furono autentici capolavori. Utilizzarono entrambe le tipologie allora in uso: quella basilicale, per Sant'Apollinare in Classe o Sant'Apollinare Nuovo, e quella centrale per San Vitale. Quest'ultima, con la sua pianta ottagonale articolata e complessa, coperta con una cupola, rimane una delle realizzazioni più apprezzate. La risposta corretta è la B.

6 Con Brunelleschi (1337-1446) l'architetto diventa l'unico progettista dell'edificio, il suo inconfondibile ideatore, a cui spetta la messa a punto dell'opera, che poi gli operai costruiranno seguendo le sue indicazioni (risposta B).

7 La risposta corretta è la B. L'*Art Déco* è derivata o, come dice taluno, degenerata, dal *Liberty*, da cui riprende il gusto per la decorazione perdendo però il carattere aristocratico e acquisendo quelli di standardizzazione e superficialità. Un ulteriore passo "in avanti" lungo questa direzione sarà rappresentato dal *Kitsch*. È il caso di ricordare come sia il *Liberty* che l'*Art Déco* che il *Kitsch* non sono confinati a una forma d'arte particolare, ma spaziano dall'architettura agli oggetti d'arredamento e d'uso comune (si può così comprendere bene perché si è parlato di una "produzione standardizzata", realizzata spesso in forma industriale).

8 Dal greco *pro-pilon*, "davanti alla porta", il termine indica una struttura che segna l'ingresso d'onore, grandioso e monumentale, di un edificio o di un complesso di edifici pubblici, come un santuario o un'*agorà*. Anche nell'acropoli greca i propilei designavano l'ingresso monumentale, spesso con più porte. La risposta esatta è pertanto la B.

9 L'ermetismo (alternativa D) fu una corrente poetica sviluppatasi all'inizio del Novecento, ispirata dalle creazioni del simbolismo e del postsimbolismo francese. Si sviluppò quindi all'incirca nello stesso periodo dell'impressionismo ma è una corrente prettamente poetica e non si può certo sostenere che sia il punto di riferimento polemico dell'espressionismo. Anche il funzionalismo (alternativa B) si sviluppa all'incirca nello stesso periodo dell'espressionismo ma è una corrente principalmente architettonica e urbanistica. Il classicismo (alternativa A) è invece un movimento artistico antecedente di circa un secolo rispetto all'espressionismo e il naturalismo (risposta E) si sviluppa in Francia alla fine dell'ottocento. La risposta corretta è dunque la C: l'espressionismo infatti intende reagire all'estetica impressionista, così come il termine "espressione" è il contrario del termine "impressione". Si ha da un lato, quindi, l'idea che l'opera d'arte debba essere il risultato che dai moti interni alla coscienza dell'uomo muove verso l'esterno, verso la realtà (espressionismo), mentre dall'altro lato, è la realtà stessa che si impone alla coscienza umana (impressionismo), realizzando quindi un moto di direzione inversa, dall'esterno verso l'interno.

10 Canova è uno dei caposcuola del Neoclassicismo e deve quindi essere situato nel XVIII secolo. Ciò permette di scartare le alternative B e D. Assai più ardua invece la scelta tra la A e la C. È quest'ultima la soluzione corretta.

11 La risposta esatta è la A. Di genitori statunitensi, Sargent (1856-1925) nacque in Italia, studiò in Europa, fu influenzato dagli impressionisti (e da Velásquez) e visse tra Londra e Parigi conquistando grande successo come ritrattista dell'aristocrazia e della borghesia finanziaria continentale e americana.

12 Cézanne (alternativa D), Degas (alternativa E) e Monet (alternativa C) appartengono a pieno diritto all'impressionismo, essendone tra i principali ispiratori e fondatori insieme a Renoir, Pissarro e Sisley. La prima "esposizione" di questi artisti avvenne nel 1874, a Parigi, e scandalizzò subito i benpensanti e i critici tradizionalisti. A essa ne seguirono numerose altre, nel 1877, nel 1878, nel 1880 nel 1881, nel 1882 e nel 1886 che imposero al mondo artistico il confronto con le opere di questi artisti rivoluzionari. Manet (alternativa B) era anagraficamente più anziano rispetto al gruppo dei giovani artisti fondatori dell'impressionismo, dai quali venne considerato un precursore. Può quindi essere anch'egli considerato un impressionista anche perché si avvicinò sempre più alle tecniche e

alla concezione estetica dei più giovani artisti. La risposta corretta è dunque la A: Schiele è un artista austriaco che mosse dall'opera di Klimt per sviluppare i principali motivi nella direzione artistica teorizzata dall'espressionismo, con una particolare attenzione nei confronti dell'introspezione psicologica e dell'identificazione della morte quale inseparabile sostrato dell'essere.

**13** La risposta corretta è la B: il movimento dadaista nacque infatti a Zurigo tra il 1915 e il 1916. Già a partire dal nome del movimento (la parola *dada* è priva di significato ed è ispirata al linguaggio dei bambini), si evince l'intento dissacratorio e irriverente nei confronti di tutti i valori precostituiti della cultura convenzionale. Questo intento viene anche espresso tramite l'utilizzo di strumenti espressivi non convenzionali come il fotomontaggio e il collage. L'impressionismo (alternativa A) è la famosa corrente pittorica che si sviluppò in Francia tra il 1860 e il 1880, il simbolismo (alternativa C) nacque nel 1886 mentre lo stile rococò (alternativa E) nel XVII secolo. Infine la Pop Art (alternativa D) nacque in contemporanea in Inghilterra e negli Stati Uniti all'inizio degli anni Sessanta del XX secolo.

**14** Vasilij Kandinskij (pittore russo, 1866-1944) e Paul Klee (pittore svizzero, 1879-1940) sono tra i più importanti esponenti dell'astrattismo, movimento che si sviluppò intorno al secondo decennio del XX secolo prendendo le mosse dal cubismo e dall'espressionismo. L'astrattismo è un'arte non figurativa dalle forme molto semplici e stilizzate, basata sulla funzione espressiva del colore e sull'accostamento di forme geometriche e astratte. La risposta corretta è quindi la B.

**15** Il movimento futurista venne fondato nel 1909 dal poeta Marinetti e coinvolse numerosi artisti italiani quali Umberto Boccioni, Carlo Carrà, Gino Severini, Giacomo Balla, Antonio Sant'Elia e Luigi Russolo. Il movimento futurista è strettamente legato all'evoluzione industriale dell'epoca e propone una nuova arte basata sul movimento e sulla velocità come fondamento della nuova civiltà delle macchine, sperimentando la rappresentazione contemporanea di più fenomeni sia nella pittura sia nella scultura. La risposta corretta è quindi la C. In particolare, Umberto Boccioni (1882-1916), pittore e scultore, fu uno dei maggiori teorici del futurismo all'interno del quale svolse importanti ricerche sul "dinamismo plastico". Carlo Carrà (1881-1966) dopo la partecipazione al primo futurismo aderì, insieme ad altri famosi artisti italiani come De Chirico, Morandi e De Pisis, alla pittura metafisica in cui oggetti d'uso quotidiano venivano insolitamente accostati a figure mitologiche nel tentativo di cogliere il mistero che sta al di là dell'apparenza delle cose.

**16** Con l'avvento della rivoluzione industriale, in America, alla fine del XIX secolo, prese avvio una nuova tendenza architettonica che si basava sulle nuove tecniche di uso dell'acciaio per la costruzione di edifici multipiano – i *grattacieli* – con minor vincoli stilistici rispetto a quelli imposti dalle tradizioni di matrice europea. Nel 1871 un incendio distrusse quasi completamente la città Chicago. Nei decenni successivi, l'opera di ricostruzione permise la sperimentazione su grande scala delle nuove tecnologie architettoniche. Una visione comune accompagnò i professionisti coinvolti nell'impresa, facendoli identificare nella cosiddetta «scuola di Chicago» (risposta C).

**17** Il *Beaubourg* (Centre Georges Pompidou di Parigi) è stato progettato e costruito nel 1970-76 da Renzo Piano e Richard Rogers, che hanno così dato inizio al cosiddetto stile *high-tech* (risposta B). Renzo Piano ha inoltre realizzato a Osaka, in Giappone, il più vasto aeroporto al mondo su un'isola artificiale; ha inoltre progettato, in occasione dell'Expo 1992, la ristrutturazione del porto di Genova. Tutte le altre alternative presentano altri importanti architetti: Giò Ponti (1891-1979), pittore e architetto, è anche famoso nel dopoguerra per le sue opere di design; tra gli edifici più importanti in clima razionalista sono la Facoltà di Matematica a Roma (1934) e soprattutto il grattacielo Pirelli a Milano (1955). Frank Lloyd Wright (1869-1959) è uno dei più importanti architetti americani e ha progettato, tra l'altro, il Guggenheim Museum di New York, completato nel 1957. Le Corbusier (1870-1965) è lo pseudonimo di C. Eduard Jeanneret: svizzero, è stato probabilmente il maggiore architetto del XX secolo, oltre che urbanista e artista; è considerato il principale esponente razionalista, anche se successivamente ha proceduto verso una nuova architettura plastica neo-espressionista. Frank O. Gehry è un architetto canadese decostruttivista, noto per il suo approccio organico alla progettazione.

---

**18** Il dadaismo è un movimento d'avanguardia dell'inizio del XX secolo il cui principale obiettivo è la demistificazione di tutte le forme di arte del passato, ma anche del futuro; gli esponenti dada intendono costituirsi come avanguardia negativa, cioè non propositiva di nuovi canoni estetici ma solo come arte il cui compito è la creazione di non-arte: tale obiettivo dà luogo a una critica distruttiva su ogni aspetto della società a tali artisti contemporanea, della quale essi vogliono negare il sistema di valori e il ricorso stesso a nuovi possibili valori sostitutivi. Alcuni dei fondatori del circolo *Cabaret Voltaire* da cui si sviluppò il dadaismo sono Arp, Ball, Tzara e Hennings. L'alternativa corretta è quindi la **B**. Julius Evola, intellettuale italiano vicino al fascismo e poi al nazionalsocialismo, fu all'inizio del secolo in contatto epistolare con Tzara e ne condivise l'atteggiamento demistificante nei confronti dei principali aspetti della società borghese; alcune sue opere di inizio secolo risentono proprio dell'influenza dadaista ma Evola non è considerabile uno dei fondatori del dadaismo.

---

**19** Flavin (1933-96) è stato l'iniziatore del movimento minimalista. Fu autore di installazioni in cui concentrò tutta la sua ricerca sulla luce. Lavorò con tubi di neon, creando sculture e ambienti di luce. La risposta esatta è così la **D**.

---

**20** L'opera è stata realizzata nel 1913 ed è considerata un tipico esempio di dadaismo. L'utilizzo di una ruota di bicicletta proposta come opera d'arte ha lo scopo di negare ogni possibilità creativa dell'arte e, insieme, di ironizzare sulle velleità di nobilitare la realtà a fini poetici. La risposta esatta è quindi la **B**.

---

**21** Il Costruttivismo si definì verso gli anni Venti del Novecento in Unione Sovietica (risposta **B**), coinvolgendo essenzialmente l'architettura e il design; elementi tipici dell'architettura erano la semplicità funzionale e il rispetto per la logica dei materiali.

---

**22** Il realismo si sviluppa in Francia sull'onda delle rivoluzioni del 1830 e 1848 e concepisce l'opera come espressione della realtà oggettiva, concentrando l'attenzione su soggetti di vita contemporanea. L'impressionismo si sviluppa sempre in Francia tra il 1860 e il 1880 e sposta l'attenzione dell'artista dal soggetto allo stile, attraverso l'utilizzo di giochi di luce e di colore che consentono di trasmettere immediatamente l'emozione. Tra i più importanti pittori impressionisti figurano Monet (sostenitore della pittura *en plein air*) e Renoir: la risposta esatta è dunque la **B**. Il simbolismo nasce negli ultimi decenni del XIX secolo nell'ambito del decadentismo e come reazione al naturalismo e all'impressionismo (dei quali rifiuta la rappresentazione del mondo esterno); tra i gli esponenti più importanti: Mallarmé, Verlaine, Rimbaud, Valéry in ambito letterario; Redon e Gauguin in ambito pittorico. L'espressionismo si sviluppa nel primo decennio del XX secolo in Europa grazie alle opere di Van Gogh, Gauguin e in particolare con Edvard Munch, divenuto famoso per la rappresentazione drammatica dei sentimenti. Infine il futurismo si sviluppa in Italia negli anni Dieci del Novecento.

---

**23** I surrealisti prestano particolare attenzione alla dimensione fantastica, onirica, folle e inconscia dell'uomo (anche sulla base della teoria psicoanalitica di Freud studiata da Breton). Essi intendevano dare voce diretta a tale dimensione oscura senza mediazioni intellettuali, servendosi al caso di tecniche nuove (come il *frottage,* disegno casuale ottenuto per mezzo di sfregamento, la pittura a fumo, i fotomontaggi e le composizioni tipografiche). Obiettivo del movimento è un rivolgimento totale dell'interiorità umana e il suo programma non si limita (al contrario di altre avanguardie come per esempio il dadaismo) alla semplice fase polemica e distruttiva. Gli esponenti più noti del movimento sono stati Joan Mirò, Salvador Dalì, Max Ernst e René Magritte. La risposta corretta è quindi la **A**.

24 Per risolvere esercizi di questo tipo, è spesso sufficiente saper collocare esattamente nella successione anche un solo elemento (preferibilmente quello iniziale o finale), e questo anche senza conoscere l'anno esatto in cui, in questo caso, iniziarono i lavori di costruzione. Così, per esempio, non occorre sapere in quale anno fu intrapresa la fabbrica del Duomo di Milano: basta sapere che fu nel Medioevo, e questo permette di collocare la lettera d) al primo posto delle sequenza. È evidente allora che la risposta esatta è la D. Altrettanto semplicemente si sarebbe potuto arrivare alla risposta sapendo che l'ultima opera terminata è stata lo Stadio olimpico di Roma.

25 Fu Picasso (1881-1973) a cassare l'ultima legge della pittura accademica: la prospettiva. Già nel periodo post-impressionista, gli artisti si erano liberati dai vincoli della costruzione prospettica: prima con la risoluzione bidimensionale di Guaguin, poi con la deformazione di Cézanne, che mette tutto in prospettiva ma da angoli diversi, così da demolire il principio fondamentale dell'unicità del punto di vista. Picasso portò questa molteplicità dei punti di vista alle estreme conseguenze. Nei suoi quadri, le immagini si compongono di frammenti visti tutti da angolazioni diverse e mescolati. La molteplicità dei punti di vista vuole ottenere una rappresentazione "totale" dell'oggetto. Questa tecnica produceva immagini pressoché incomprensibili e da ciò nacque la definizione denigratoria di *Cubismo* (perché i quadri di Picasso sembravano fatti solo di facce sbilenche di cubi). Risposta A.

26 La risposta esatta è la A. Klein (1928-62) realizzò un gran numero di opere monocrome: il suo intento era utilizzare i singoli pigmenti puri (senza leganti), per conservarne la luminosità. A unn certo punto decise però di abbandonare lo studio delle diverse tinte per concentrarsi su una sola, il blu. Nel 1956 trovò una particolare tonalità: «la più perfetta espressione del blu», un oltremare saturo e luminoso, privo di alcuna alterazione, poi da lui brevettato col nome di International Klein Blue.

27 Anche l'arte fu investita dal particolare clima culturale diffusosi dapprima nell'area tedesca e da lì in poi in tutta Europa: le ricerche poetiche e la teorizzazione di canoni artistici dei fratelli Schlegel, di Tieck, di Hölderlin, di Goethe di Schelling e di tanti altri condussero anche le arti plastiche e pittoriche a uniformarsi ai canoni e alla sensibilità romantica di tali autori. Accanto a tale concezione, un altro gruppo di artisti e di teorici dell'arte fece ricorso al classicismo riconoscendo in esso il canone dell'artisticità (si pensi, per esempio, a Winckelmann): la risposta corretta è dunque la B.

28 Si tratta dell'edificio per abitazioni costruito a Zurigo da Le Corbusier nel 1932. L'edificio è in stile chiaramente razionalista, per cui vanno eliminati gli altri architetti non appartenenti a tale movimento (risposta B).

29 Nella pianta 5 è riconoscibile il Pantheon di Roma, sicuramente l'edificio più antico; la pianta 4 rappresenta invece un edificio moderno, riconoscibile dalle rampe di accesso per le automobili. Di conseguenza, è possibile eliminare le alternative A, B e C. Tra le piante 1 (San Vitale a Ravenna) e la 3 (Sant'Andrea al Quirinale, Roma), sicuramente la 1 è più antica, da cui si deduce la D come risposta esatta.

30 La risposta esatta è la A. Il quesito non è particolarmente difficile, in quanto è sufficiente riconoscere anche solo qualcuno degli stili per poter individuare la serie corretta. Così, per esempio, è facile riconoscere nella colonna (a) lo stile corinzio e nella (d) quello composito che come è noto unisce le foglie d'acanto del corinzio alle volute dello ionico. O ancora, era facile identificare nella ferma semplicità della colonna (c) lo stile dorico, sia pure qualificato *romano* dall'esercizio.

 

# 5 | Educazione civica

## 5.1 | Esercizi proposti

1 **Lo statuto regionale delle Regioni a statuto ordinario è:**

A deliberato dal Consiglio regionale con una legge speciale e approvato con legge costituzionale

B approvato dal Parlamento e ratificato dalla Giunta regionale

C deliberato dalla Giunta regionale e approvato con legge statale

D approvato dal Consiglio regionale con una legge speciale

2 **L'Unione europea agisce anche in materia ambientale?**

A Sì

B Sì, ma solo in ambito nucleare

C Sì, ma solo in materia di inquinamento

D Sì, ma solo in materia di rifiuti tossici

3 **Chi regola la condizione giuridica dello straniero in Italia?**

A La legge italiana in conformità delle norme e dei trattati internazionali

B Solo la legge italiana

C La legge del Paese di provenienza

D I trattati internazionali

4 **In Italia, esiste un diritto inviolabile del cittadino alla segretezza della propria corrispondenza?**

A No, l'autorità giudiziaria e l'autorità postale possono sempre verificare il contenuto della corrispondenza

B No, se si tratta della corrispondenza di un pregiudicato

C Sì, l'autorità giudiziaria non può mai limitare la segretezza della corrispondenza

D Sì, ma l'autorità giudiziaria può limitare la segretezza della corrispondenza con atto motivato e con le garanzie stabilite dalla legge

5 **La foggia e i colori della bandiera italiana sono regolati dalla legge?**

A Sì, dalla Costituzione secondo la quale il tricolore italiano è verde, bianco e rosso, a tre bande verticali di eguali dimensioni

B Sì, dalla Costituzione secondo la quale il tricolore italiano è bianco, rosso e verde, a tre bande verticali di eguali dimensioni

C Sì, dalla Costituzione secondo la quale il tricolore italiano è verde, bianco e rosso, a tre bande verticali, con la banda bianca di maggiori dimensioni

D Sì, dalla Costituzione secondo la quale il tricolore italiano è verde, bianco e rosso, a tre bande verticali, con la banda verde di maggiori dimensioni

6 **In Italia, è possibile essere eletti contemporaneamente alle due Camere del Parlamento?**

- A Solo in casi particolari
- B Sì, ma questa condizione pone limiti regolati dalla legge
- C Sì, ma solo se prima di essere parlamentari si è senatori
- D No

7 **Il sistema tributario italiano è:**

- A improntato a criteri di proporzionalità
- B fisso
- C improntato a criteri di progressività
- D improntato a criteri di esponenzialità

8 **Il codice penale italiano stabilisce che se la legge del tempo in cui è stato commesso un reato è diversa da quelle posteriori si applica:**

- A la legge più sfavorevole al reo
- B la legge cronologicamente anteriore
- C una delle due leggi a scelta della vittima del reato
- D la legge più favorevole al reo

PARTE SECONDA

9 **Affinché sia ammessa l'estradizione dall'Italia in un altro Stato occorre che:**

- A il fatto per il quale l'estradizione è richiesta sia qualificato come reato dalla legge italiana e da quella dell'altro Stato
- B il fatto per il quale l'estradizione è richiesta sia punito dalla legge italiana con una pena pari ad almeno 10 anni di reclusione
- C il reo acconsenta all'estradizione
- D il fatto per il quale l'estradizione è richiesta sia punito dalla legge dello Stato straniero con una pena pari ad almeno 8 anni di reclusione

10 **Secondo la Costituzione, lo straniero al quale sia impedito nel suo Paese l'effettivo esercizio delle libertà democratiche garantite dalla Costituzione italiana:**

- A non può avere accesso al territorio della Repubblica
- B ha diritto d'asilo nel territorio della Repubblica
- C può ottenere la cittadinanza italiana
- D deve essere estradato in Italia

11 **In Italia, tutti possono professare liberamente la propria fede religiosa?**

- A No, deve essere una fede riconosciuta dallo Stato
- B No, solo la fede cattolica è religione di Stato
- C Sì, deve però essere un culto non contrario al buon costume
- D Sì, ma solo della religione cattolica può farsi legittimamente propaganda

12 **In Italia, chi delibera lo stato di guerra?**

- A Il Governo della Repubblica
- B Il Presidente della Repubblica, capo delle Forze armate
- C Le Camere
- D Il Presidente della Repubblica, di concerto con i Capi di Stato maggiore di Esercito, Aeronautica e Marina militare

**13** **Quante sono le Regioni italiane?**

A 30
B 25
C 20
D 22

**14** **In Italia, l'età minima per l'eleggibilità a senatore è di:**

A 40 anni
B 30 anni
C 21 anni
D 25 anni

**15** **In Italia, la magistratura e le autorità di polizia possono raccogliere schedature sui cittadini?**

A Sì, sempre
B Sì, se sono pregiudicati per delitti comuni
C Sì, ma devono comunicarlo agli schedati
D Sì, ma devono comunicarlo ai familiari degli schedati

**16** **Il principio *nullum crimen sine lege* significa:**

A il crimine è nullo se non c'è una legge a convalidarlo
B nessun reato resta impunito
C tutti i reati sono puniti dalla legge
D solo la legge può stabilire se una determinata fattispecie di comportamento è reato

**17** **I comitati interministeriali:**

A sono costituiti *ad interim* quando un ministero è vacante
B possono essere costituiti con delibera del Consiglio dei ministri
C possono essere costituiti esclusivamente per legge
D sono organi informali in quanto hanno solo funzioni consultive

**18** **La Carta dei diritti fondamentali dell'Unione europea:**

A non esiste
B è stata approvata nel 1975
C è stata approvata nel 2000
D entrerà in vigore nel 2018

**19** **Lo statuto regionale delle Regioni a Statuto speciale è:**

A adottato con procedure speciali dai rispettivi Consigli Regionali
B adottato con legge costituzionale
C adottato con deliberazione del Parlamento riunito in seduta comune
D parte della Costituzione italiana

**20** **Le politiche economiche degli Stati membri dell'Unione europea vengono coordinate nell'ambito:**

A del Parlamento europeo
B della Commissione europea
C del Consiglio dell'Unione europea
D del Comitato economico e sociale

**21** **Il Governo ha la possibilità di contrastare una legge regionale?**

- A Sì, impugnando la legge per questioni di merito innanzi al Parlamento o di legittimità costituzionale innanzi alla Corte Costituzionale
- B Sì, ma solo se interviene prima che la legge sia entrata in vigore, tramite un decreto del Presidente del Consiglio dei ministri
- C Sì, facendo negare il visto alla legge da parte del Commissario di Governo
- D Sì, proponendo la questione di legittimità costituzionale innanzi alla Corte Costituzionale

**22** **In base alla Costituzione italiana, lo Stato può riservare a sé determinate imprese o categorie di imprese?**

- A Sì, ma per non più di 20 anni
- B Sì, se si riferiscono a servizi pubblici essenziali o a fonti di energia o a situazioni di monopolio e hanno lo scopo di favorire l'occupazione
- C Sì, se si riferiscono a servizi pubblici essenziali o a fonti di energia o a situazioni di monopolio e hanno carattere di preminente interesse generale
- D Sì, senza limitazioni

**23** **Il Consiglio di Stato ha giurisdizione in materia di diritti soggettivi?**

- A Sì, nelle materie indicate dalla legge
- B Sì, senza limiti
- C No, ha giurisdizione solo in materia di interessi legittimi
- D No, perché non ha alcuna giurisdizione

**24** **Il privato cittadino può operare un arresto?**

- A No, mai
- B Sì, sempre
- C Sì, ma solo avvertendo preventivamente le forze dell'ordine e presentando domanda di convalida al Pubblico Ministero
- D Sì, in alcuni casi

**25** **Quale tra le seguenti è una fonte secondaria del diritto?**

- A L'atto amministrativo
- B Il regolamento amministrativo
- C La legge regionale
- D Lo Statuto regionale

**26** **Qual è la differenza saliente tra procura e mandato?**

- A La procura è un negozio giuridico unilaterale, il mandato è un contratto
- B La procura conferisce la rappresentanza, il mandato l'amministrazione
- C La procura obbliga il procuratore a compiere solo atti necessari, il mandatario invece può compiere anche atti non necessari
- D La procura è un contratto, il mandato è un negozio giuridico unilaterale

**27** **Con la trasformazione della CEE in UE, qual è stata la sorte del Consiglio d'Europa?**

- A Non è stato modificato da tale trasformazione
- B È stato assorbito nelle strutture della UE
- C È stato soppresso
- D Continua a esistere come sorta di "anticamera" per gli Stati che intendono associarsi alla UE

PARTE SECONDA

**28 L'Unione europea ha una politica di sicurezza comune?**

- A No, solo la CEE l'aveva
- B Sì
- C Sì, ma solo nei confronti dell'Africa
- D Sì, e ha un apparato militare

**29 La Costituzione italiana prevede che nel processo penale:**

- A la persona accusata di un reato sia informata riservatamente della natura e dei motivi dell'accusa elevata a suo carico
- B la natura e i motivi dell'accusa elevata contro una persona ricevano la massima diffusione e pubblicizzazione nella società
- C la natura dell'accusa contro una persona sia pubblica e, possibilmente, divulgata; i motivi invece siano comunicati solo alla persona accusata
- D la natura e i motivi dell'accusa elevata contro una persona siano comunicati a lei, ed eventualmente divulgati, solo dopo la conclusione del processo

**30 Nel Trattato di Roma la diversità delle culture europee:**

- A deve essere superata a favore del comune retaggio culturale
- B deve essere rispettata, eccetto che nel settore linguistico dove è di ostacolo alla comunicazione
- C deve essere rispettata e promossa
- D non è presa in considerazione

**31 Cosa sono le commissioni parlamentari?**

- A L'insieme dei membri di una camera del Parlamento, appartenenti allo stesso partito
- B Gruppi composti da senatori e da deputati, investiti di alcuni compiti
- C L'insieme dei membri delle due camere del Parlamento, appartenenti allo stesso partito
- D Organi di ciascuna camera del Parlamento

**32 Le Camere del Parlamento italiano sono:**

- A due
- B tre
- C cinque
- D dieci

**33 Il Parlamento del Nord era:**

- A un'associazione eversiva
- B un'istituzione dello Stato
- C una struttura extra-costituzionale
- D un'istituzione dello Stato, nata come associazione privata e ufficializzata dalla legge nel 1994

**34 Limitazioni al diritto di iscriversi a partiti politici:**

- A possono essere stabilite con legge per i rappresentanti diplomatici e consolari all'estero
- B non possono mai essere stabilite
- C possono essere stabilite solo per gli interdetti e gli ergastolani
- D sono previste per il Presidente della Repubblica, il Presidente del Consiglio, il Presidente della Corte Costituzionale

**35** **Gli atti della Provincia sono pubblici?**

A Solo se i loro destinatari ne fanno esplicita richiesta

B Sì, a eccezione di quelli riservati per legge o per tutelare la riservatezza di persone, gruppi o imprese

C No, mai

D No, a meno che la loro conoscenza sia essenziale per la sicurezza nazionale

**36** **La famiglia di fatto è riconosciuta dal diritto italiano?**

A Sì, ma solo per gli stranieri

B Era riconosciuta fino al 1975

C Attualmente no, ma lo diventerà nel 2013, a seguito di una direttiva dell'Unione europea

D Sì

**37** **Quali delle seguenti branche del diritto rientrano nella categoria del diritto pubblico?**

A Diritto penale, diritto processuale penale, diritto industriale

B Diritto ecclesiastico, diritto tributario, diritto amministrativo

C Diritto finanziario, diritto tributario, diritto commerciale

D Diritto penale, diritto civile, diritto costituzionale

**38** **Quanti rappresentanti del Parlamento europeo vengono eletti in ogni Stato membro?**

A 10

B 50

C 75

D In numero variabile da Stato a Stato

**39** **Gli Stati membri della NATO sono:**

A 11

B 30

C 61

D 8

**40** **Esiste un ministero per i rapporti con il Parlamento?**

A No, non è mai esistito

B Sì

C Esisteva prima del 1992, poi è stato abolito

D Esisterà dal 2022

## 5.2 | Soluzioni e commenti

1 L'articolo 123, comma 2, della Costituzione, così come modificato dalla legge costituzionale 22 novembre 1999, n. 1, stabilisce che lo statuto sia approvato e modificato dal Consiglio regionale con legge approvata a maggioranza assoluta dei suoi componenti, con due deliberazioni successive adottate a intervallo non minore di due mesi. Il Governo può promuovere la questione di legittimità costituzionale dello Statuto regionale davanti alla Corte Costituzionale. La risposta corretta è la D.

2 Tra i compiti della UE non poteva mancare la tutela dell'ambiente, senza particolari limitazioni. La risposta corretta è dunque la A.

3 La C è esclusa in quanto l'Italia non potrebbe ammettere una tale limitazione della propria sovranità. Anche la D non è accettabile in quanto, in assenza di trattati, si rischierebbe di ospitare stranieri dalla posizione giuridica indefinita. La risposta esatta è quindi la A.

4 Individuare la risposta esatta a questo quesito non dovrebbe presentare particolari difficoltà anche perché la A, la B e la C indicano ipotesi troppo estreme, in un senso o nell'altro. La risposta corretta è quindi la D.

5 La foggia e i colori della bandiera italiana sono regolati dall'articolo 12 della Costituzione e ciò fa escludere l'alternativa D. La C è senz'altro eliminabile. Il lettore disattento avrebbe forse potuto confondere l'ordine dei colori, che è elencato correttamente dalla A.

6 Non è mai possibile essere membri contemporaneamente dei due rami del Parlamento. La risposta corretta è la D.

7 Le sole alternative seriamente proponibili sono la A e la C. È comunemente noto però che in Italia l'aliquota fiscale cresce più che proporzionalmente rispetto al reddito imponibile, per cui il sistema tributario non può che essere progressivo (risposta C).

8 La risposta corretta è la D. Questa norma è introdotta nell'ordinamento italiano dal terzo comma dell'articolo 2 del codice penale ("Se la legge del tempo in cui fu commesso il reato e le posteriori sono diverse, si applica quella le cui disposizioni sono più favorevoli al reo") e risponde all'esigenza umanitaria di alleggerire la posizione del reo (*favor rei*), qualificando il fatto, da lui commesso, in base alla norma a lui più favorevole.

9 La risposta esatta non è difficile da individuare, considerando che per poterci essere estradizione occorre che il fatto compiuto sia, in Italia, reato (diversamente, si potrebbe essere estradati per fatti perfettamente leciti). Oltre a ciò, l'ordinamento italiano impone che il fatto incriminato debba essere qualificato come reato anche dalla legge dello Stato straniero: ciò comporta la conseguenza che uno Stato estero non può chiedere l'estradizione per un fatto che, per il suo ordinamento non è reato. La risposta esatta è perciò la A.

10 La soluzione da dare al quesito è quella più ragionevole. L'articolo 10, terzo comma, della Costituzione dice che "Lo straniero al quale sia impedito nel suo Paese l'effettivo esercizio delle libertà democratiche garantite dalla Costituzione italiana ha diritto d'asilo nel territorio della Repubblica [...]". Se, quindi, una persona nel suo Paese non gode di quelle libertà democratiche che l'Italia giudica essenziali, essa in Italia può trovare asilo. Sarebbe naturalmente assurdo pensare a una soluzione punitiva nei confronti di tale persona (come dicono le alternative A e D), ma sarebbe anche eccessiva una soluzione troppo favorevole (come la concessione della cittadinanza). La risposta esatta è dunque la B.

11 All'interno della libertà religiosa, vige la limitazione della *non contrarietà al buon costume*. Non è indispensabile che una religione sia quella cattolica o sia riconosciuta dallo Stato per poter essere professata. Si possono così escludere le alternative A e D. La B deve essere scartata in quanto non esiste in Italia una religione di Stato. La risposta esatta è dunque la C.

12 Una decisione tanto importante è stata rimessa dalla Costituzione alle Camere in quanto è attraverso di esse che si esprime la volontà popolare (risposta C).

13 La risposta esatta è la C. Di queste venti, cinque sono invece quelle a statuto speciale.

14 La parola senatore deriva dal latino *senex*, cioè *vecchio*, cosa che già orienta verso un'età piuttosto avanzata. La risposta esatta è la A.

15 La riposta A è da ritenersi eccessiva in quanto, se fosse vera, rischierebbe di portare allo "Stato di polizia". La C, se vera, svuoterebbe grandemente di significato l'attività investigativa, e lo stesso discorso vale per la D. Nessuna controindicazione invece per la B, che è infatti la risposta corretta.

16 Il principio *nullum crimen sine lege* significa che soltanto la legge è abilitata a stabilire che un determinato comportamento sia un reato, punibile pertanto con una sanzione penale. La risposta corretta è perciò la D.

17 La A è assurda in quanto l'esistenza di un comitato interministeriale (essendo quest'ultimo per definizione composto da più ministri) presuppone l'esistenza degli stessi ministri. La C non è corretta, perché i comitati interministeriali possono essere costituiti, oltre che per legge, anche per delibera del Consiglio dei ministri e per disposizione del Presidente del Consiglio. La D non è infine corretta perché, pur avendo anche funzioni consultive, i comitati interministeriali sono organi formali. Non resta dunque che optare per la B.

18 La Carta dei diritti fondamentali è stata approvata dal Consiglio nell'anno 2000 (risposta esatta C) ed è considerata un passo in avanti verso l'elaborazione di una Costituzione europea. È divisa in sei capitoli, concernenti importanti valori civili e sociali (dignità, libertà, uguaglianza, solidarietà, cittadinanza, giustizia). La Carta è operativa dall'entrata in vigore del Trattato di Lisbona nel dicembre 2007 e ha lo stesso valore giuridico dei trattati.

19 L'articolo 116 comma 1, della Costituzione stabilisce che gli statuti delle Regioni che godono di particolari condizioni di autonomia sono adottati con legge costituzionale. La risposta corretta è pertanto la B.

20 La risposta esatta è la C. L'articolo 98 del Trattato dell'Unione europea (così come modificato dal Trattato di Amsterdam) dice che "gli Stati membri considerano le loro politiche economiche una questione di interesse comune e le coordinano nell'ambito del Consiglio", intendendosi il Consiglio europeo, chiamato anche Consiglio dei ministri.

21 Il visto del Commissario del Governo e il giudizio di merito sulla legge regionale davanti al Parlamento non esistono più, dopo le modifiche introdotte all'articolo 127 della Costituzione dalla legge costituzionale 18 ottobre 2001, n. 3. È rimasta però la possibilità per il Governo di promuovere la questione di legittimità davanti alla Corte Costituzionale, entro sessanta giorni dalla sua pubblicazione. La risposta corretta è perciò la D.

22 La risposta esatta è la C, e la si rinviene all'articolo 43 della Costituzione. In Italia, vige il principio generale della libertà di iniziativa economica. Tuttavia, esso soffre di talune limitazioni. Alcune di queste sono indicate dall'articolo 41 (la non contrarietà all'utilità sociale, alla sicurezza, libertà e dignità umana). Un'altra è invece proprio questa, enunciata dall'articolo 43. In questo caso, lo Stato sottrae all'iniziativa economica privata alcune attività, purché si riferiscano "a servizi pubblici essenziali o a fonti di energia o a situazioni di monopolio" e" altresì abbiano "carattere di preminente interesse generale".



 

**23** Il Consiglio di Stato è definito dall'articolo 100 della Costituzione come "organo di consulenza giuridico-amministrativa e di tutela della giustizia nell'amministrazione". L'articolo 103 della Costituzione specifica poi che "Il Consiglio di Stato e gli altri organi di giustizia amministrativa hanno giurisdizione per la tutela nei confronti della pubblica amministrazione degli interessi legittimi e, in particolari materie indicate dalla legge, anche dei diritti soggettivi". La risposta corretta è dunque la A.

**24** La E è suggestiva, ma non è vera. La C vanificherebbe lo scopo dell'arresto, che è quello di impedire la fuga di chi è stato sorpreso nella flagranza di reato. La risposta esatta è la D.

**25** Una fonte del diritto è un atto che *innova* l'ordinamento giuridico, introducendo nuove norme. La legge regionale e lo Statuto regionale sono fonti del diritto, ma non secondarie, bensì primarie. La sentenza invece non è una fonte del diritto, perché si limita ad applicare il diritto. Quanto agli atti amministrativi, alcuni di essi possono essere normativi, ma non tutti lo sono necessariamente (esistono anche atti amministrativi solo applicativi): per questo motivo, non è accettabile la risposta A. Il regolamento invece, pur rientrando tra gli atti amministrativi, è sicuramente normativo, perché è fonte di diritto. In particolare, è una fonte secondaria, perché non può derogare alla Costituzione né alla legge ordinaria né disciplinare materie coperte da riserva di legge. La risposta corretta è la B.

**26** La procura e il mandato sono due negozi che attribuiscono a un soggetto la competenza a compiere atti per conto di un altro. La procura è posta in essere mediante un atto unilaterale, il mandato tramite contratto. La risposta esatta è perciò la A.

**27** Il Consiglio d'Europa è altra cosa rispetto alla CEE e alla UE. È un'istituzione internazionale fondata nel 1949 col Trattato di Londra (le Comunità europee vennero istituite nel periodo 1951-57 e poi unificate nel 1967, dopodiché la CEE si è trasformata in UE), alla quale aderiscono attualmente 47 Paesi (25 sono i membri della UE). Ha sede a Strasburgo ed è dotata di organi propri (cioè la Corte europea dei Diritti dell'Uomo e il Comitato dei ministri). La risposta esatta è la A.

**28** Il Titolo 1 del Trattato di Maastricht prevede che l'Unione abbia una politica estera e di sicurezza comune. Nello stesso tempo però l'Unione non ha forze armate proprie. La risposta esatta è così la B.

**29** Questa previsione è stata introdotta nella Costituzione, all'articolo 111, dalla legge costituzionale 23 novembre 1999, n. 2 che, sancendo a livello costituzionale i principi del cosiddetto "giusto processo", ha inteso risolvere i problemi – e troncare le relative polemiche – che accompagnavano la gestione della giustizia penale in Italia. Per la verità, il malfunzionamento della giustizia era evidente da molti anni, ma è stato solo dopo Tangentopoli, cioè dopo che molti personaggi eccellenti sono finiti nel mirino della magistratura, che si è deciso di procedere a una riforma. La risposta esatta è la A. Uno dei più gravi pregiudizi arrecati alla persona sottoposta a indagini (specie se eccellente) è proprio la diffusione incontrollata delle accuse e delle ragioni delle stesse. La pubblica opinione è infatti spesso portata a "condannare" l'accusato prima ancora della conclusione del processo, fenomeno questo accentuato dai cosiddetti processi di piazza o mediatici che hanno recentemente infiammato l'Italia, e quindi a danneggiare la sua immagine e la sua rispettabilità. Cosa che diventa particolarmente grave nel caso in cui dovesse essere provato – come pure è capitato – che le accuse fossero infondate. Per questo motivo, la Costituzione attualmente prevede che le informazioni sulla natura dell'accusa e dei relativi motivi siano date all'interessato in forma "riservata".

**30** La diversità delle culture è sempre stata considerata una ricchezza e come tale deve essere non solo difesa ma anche promossa, senza limitazioni ai campi o ai settori. I rappresentanti dei popoli europei non hanno mancato di riconoscere esplicitamente la necessità della salvaguardia e della promozione della diversità culturale, pur avendo altresì messo in luce l'esistenza di una inequivocabile matrice culturale comune europea che differenzia gli uomini del Vecchio Continente da tutti gli altri (commi 1 e 4 dell'art. 151 del Trattato di Roma così come modificato dal Trattato di Amsterdam del 1997 e da quelli successivi). La risposta esatta è dunque la C.

**31** L'alternativa **A** riporta la definizione di "gruppo parlamentare", mentre la **C** non corrisponde a nulla e perciò si scarta. Esiste, invece, un'entità che corrisponde alla definizione data dalla **B**: si tratta delle Commissioni bicamerali, che vengono istituite per legge (e perseguono gli scopi indicati dalla legge) e sono composte sia da senatori sia da deputati; ma evidentemente non è questa la risposta che stiamo cercando. Le Commissioni parlamentari sono organi che ciascuna camera ha al proprio interno (e quindi sono composte da soli senatori in Senato e da soli deputati alla Camera) e hanno lo scopo di esaminare i progetti di legge prima che essi siano sottoposti all'assemblea nel suo insieme o anche (in casi particolari) di votarli al posto dell'assemblea. Le Commissioni parlamentari sono previste dall'articolo 72 della Costituzione. La risposta esatta è la **D**.

**32** Il Parlamento italiano è composto da due Camere, la Camera dei deputati e il Senato della Repubblica. La risposta esatta è perciò la **A**.

**33** Il Parlamento del Nord era una struttura associativa non prevista dalla Costituzione né da altre leggi, costituita nel 1995 dal partito politico Lega Nord, che riuniva i rappresentanti di questo partito. La risposta esatta è perciò la **C**.

**34** Secondo l'articolo 98 della Costituzione il diritto di iscriversi a un partito politico, di cui sono titolari tutti i cittadini, può essere limitato per alcune categorie di soggetti, tra cui i rappresentanti diplomatici consolari all'estero. La risposta esatta è perciò la **A**. In relazione alle altre risposte, si noti che per interdetti ed ergastolani sono previsti limiti al diritto di voto.

**35** La legge 142/1990 ha stabilito come principio generale che gli atti degli enti locali siano pubblici. Le risposte **A**, **C** e **D** sono quindi errate. L'alternativa corretta è perciò la **B**.

**36** Accanto alla famiglia fondata sul matrimonio (cosiddetta "famiglia legittima") è sempre più frequente, nel diritto italiano e in particolare nella giurisprudenza, il riconoscimento della famiglia composta da persone di sesso diverso che convivono come se fossero legalmente sposati (cosiddetta "famiglia di fatto"). Una formalizzazione al massimo livello di questo orientamento si è avuta con la sentenza 404/88 della Corte Costituzionale, che consentendo al convivente *more uxorio* di succedere al convivente nella titolarità del rapporto di locazione, lo ha parificato al coniuge. La risposta corretta è perciò la **D**.

**37** Il diritto pubblico regola l'organizzazione e l'azione dello Stato e degli altri enti pubblici e i loro rapporti con i soggetti privati; il diritto privato regola invece i rapporti reciproci tra individui, sia nel campo personale sia in quello patrimoniale. L'unica risposta corretta è perciò la **B**: il diritto industriale, commerciale, civile e del lavoro fanno infatti parte del diritto privato.

**38** Il numero di parlamentari europei non è fisso, ma è determinato sulla base della popolazione di ciascuno Stato. Questo criterio risponde d'altronde a una semplice logica democratica, la quale impone uguale diritto di rappresentatività a ogni persona. Ne consegue che i Paesi con un numero più elevato di cittadini sono anche quelli che eleggono un numero più elevato di parlamentari europei. In seguito al ritiro del Regno Unito dall'Ue alla fine di gennaio 2020, la distribuzione dei seggi al Parlamento europeo vede la Germania con 96 europarlamentari, la Francia con 79, l'Italia con 76 e la Spagna con 59. La risposta esatta è la **D**.

**39** Gli Stati membri della NATO sono 30 (risposta esatta: **B**) e precisamente: Albania (2009), Belgio, Bulgaria (2004), Canada, Croazia (2009), Danimarca, Estonia (2004), Francia, Germania (1955), Grecia (20 febbraio 1952), Islanda, Italia, Lettonia (2004), Lituania (2004), Lussemburgo, Macedonia del Nord (2020), Montenegro (2017), Norvegia, Paesi Bassi, Polonia (1999), Portogallo, Regno Unito, Repubblica Ceca (1999), Romania (2004), Slovacchia (2004), Slovenia (2004), Spagna (1982), Stati Uniti d'America, Turchia (1952) e Ungheria (1999).

**40** Questo Ministero esiste (risposta esatta: **B**) e si occupa di coordinare l'attività del governo con quella legislativa del Parlamento.

parte terza

# Cultura matematico-scientifica

# 1 | Matematica e informatica

## 1.1 | Matematica

**1** **La frazione 7/5 viene definita:**

- A propria
- B impropria
- C apparente
- D inapparente

**2** **Un numero si dice primo se:**

- A è divisibile solo per l'unità
- B è divisibile solo per sé stesso e per l'unità
- C è divisibile per 3
- D è immaginario

**3** **Calcolare il M.C.D. e il m.c.m. dei numeri 45, 135 e 315.**

- A 5 e 315
- B 15 e 315
- C 45 e 315
- D 45 e 945

**4** **Disporre in ordine crescente i numeri:**

$$a = 2/3 \qquad b = 3/4 \qquad c = 4/5$$

- A *a, b, c*
- B *b, c, a*
- C *c, a, b*
- D *c, b, a*

**5** **In una comunità di 5.000 persone, il 5% viene colpito da una malattia infettiva che richiede il ricovero del 50% dei casi. Quanti ricoveri si sono avuti?**

- A 50
- B 100
- C 125
- D 150

CULTURA MATEMATICO-SCIENTIFICA

**6** **Quanto vale l'espressione** $\frac{43^{65} \cdot (43^2)^3}{43^{-12} \cdot 43^{20}}$ **?**

A $43^{78}$

B $43^{-43}$

C $43^{-2}$

D $(43^3)^{21}$

---

**7** **L'espressione** $-x^2 + 17x - 72$ **è uguale a:**

A $(x+9)(x-8)$

B $(x-9)(x-8)$

C $(9-x)(x-8)$

D $(9-x)(8+x)$

---

**8** **Il quadrato di** $(5a + b)$ **si sviluppa in:**

A $25a^2 + b^2$

B $25a^2 + b^2 + 2ab$

C $5a^2 + b^2 + 10ab$

D $25a^2 + 10ab + b^2$

---

**9** **Calcolare il M.C.D. fra i seguenti monomi:**

$$3x^2y^2z \qquad -5x^3z^2 \qquad 7y^3z^3 \qquad 15xy^4$$

A $105x^3y^4z^3$

B $xyz$

C $xy^2z$

D 1

---

**10** **Individuare quale delle seguenti uguaglianze è falsa:**

A $(a+b)(a-b) = a^2 - b^2$

B $(a+b)(a+b) = a^2 + b^2$

C $(a+b)^3 = a^3 + 3a^2b + 3ab^2 + b^3$

D $(a-b)^2 = a^2 - 2ab + b^2$

PARTE TERZA

11 **Qual è il risultato dell'espressione $\frac{d}{3ad^2} - \frac{2b}{6b^2d} + \frac{a}{a^2b}$?**

A $\frac{d-2b+a}{18a^3b^3d^3}$

B $\frac{b-a+3d}{3abd}$

C $\frac{d-2b+a}{abd}$

D 3

12 **L'espressione $\sqrt{\frac{a^{-3}}{a^{-2}}}$ risulta uguale a:**

A $a^{-1/2}$

B $a^{1/2}$

C $a^{-1/3}$

D $a^{2/3}$

13 **π è un numero:**

A razionale
B irrazionale
C decimale illimitato periodico
D negativo

14 **Quanto vale $\left(\frac{1}{3}\right)^{-\frac{1}{2}}$?**

A $\frac{\sqrt{3}}{3}$

B $-\frac{\sqrt{3}}{3}$

C $\sqrt{3}$

D $\frac{1}{9}$

15 **Il sistema di due equazioni in due incognite $\begin{cases} x+y=1 \\ 2x+2y=4 \end{cases}$ è:**

A risolubile solo per $x = 0$ e $y = x$
B indeterminato
C impossibile
D risolubile per ogni valore di $x$

CULTURA MATEMATICO-SCIENTIFICA

**16** **L'equazione $x + |x| = 0$:**

- A ha l'unica soluzione $x = 0$
- B ha le due soluzioni $x = 0$ e $x = 1$
- C ha infinite soluzioni
- D ha due sole soluzioni $x = 0$ e $x = -1$

**17** **Moltiplicando i due membri di un'equazione per il numero $-1$, le soluzioni dell'equazione che si ottiene:**

- A non hanno alcun legame con le soluzioni dell'equazione di partenza
- B sono l'opposto di quelle dell'equazione di partenza
- C sono le stesse dell'equazione di partenza
- D sono l'inverso delle soluzioni dell'equazione di partenza

**18** **Le radici dell'equazione $x^2 + x + 1 = 0$ sono:**

- A opposte
- B reali
- C coincidenti
- D nessuna delle precedenti risposte è corretta

**19** **La disequazione $x^2 - \frac{1}{2} < 0$ è soddisfatta per:**

- A $-\frac{1}{2} < x < \frac{1}{2}$
- B $-\frac{\sqrt{2}}{2} < x < \frac{\sqrt{2}}{2}$
- C $x < \frac{\sqrt{2}}{2}$
- D $x > \frac{\sqrt{2}}{2}$

**20** **Qual è il più grande numero reale *x* che soddisfa la disuguaglianza $x^2 - 3 \leq 33$?**

- A 6
- B 30
- C 11
- D $\sqrt{11}$

**21** **Qual è l'insieme delle soluzioni reali della seguente disequazione?**

$$\frac{1}{x^2} + \frac{1}{x+2} > 0$$

- A Ogni *x* reale
- B $x \geq -2$
- C $x > -2$ e $x \neq 0$
- D $-2 < x < 0$

PARTE TERZA

**22** **Il logaritmo di *x* in base 5 è un numero *y* tale che:**

(A) *y* elevato a 5 è uguale a *y*
(B) *x* elevato a 5 è uguale a *y*
(C) 5 elevato a *x* è uguale a *y*
(D) 5 elevato a *y* è uguale a *x*

**23** **$\log_4 2 + \log_2 4$ vale:**

(A) non si possono sommare logaritmi con base diversa
(B) 2
(C) 4
(D) 2,5

**24** **L'espressione $10^x$ è uguale a:**

(A) 1000 per $x = 4$
(B) 1 per $x = 1$
(C) 0,1 per $x = -1$
(D) 0 per $x = 0$

**25** **($\log_a b$) con *a* positivo e *b* negativo:**

(A) è un numero negativo
(B) è un numero positivo
(C) non esiste
(D) è uguale a zero

**26** **I punti $P \equiv (1;2)$ e $Q \equiv (2;4)$ appartengono a una retta il cui coefficiente angolare ha valore:**

(A) 0
(B) 1
(C) infinito
(D) 2

**27** **La funzione $y = 3x^2 + 4$ rappresenta:**

(A) una parabola
(B) una circonferenza
(C) una retta
(D) un'iperbole

**28** **Sul piano cartesiano (*Oxy*), la circonferenza di raggio unitario e centro nell'origine è rappresentata dall'equazione:**

(A) $y/x = 1$
(B) $x + y = 0$
(C) $y = 1/x$
(D) $x^2 + y^2 = 1$

CULTURA MATEMATICO-SCIENTIFICA

**29** **Una fornitura di gas per uso domestico prevede una quota fissa mensile (il mese è convenzionalmente inteso di 30 giorni) di 5,1 euro per il servizio di distribuzione e un costo unitario per metro cubo di gas consumato di 0,65 euro. Indicata con *y* la spesa complessiva giornaliera e con *x* il consumo giornaliero in metri cubi, individuare la relazione tra le variabili *x* e *y*.**

A $y = 0,65x + 5,1$

B $y = 0,65x - 5,1$

C $y = 0,17 + 0,65x$

D $y = \frac{0,65}{x} + 0,17$

**30** **La funzione $y = \frac{x^4}{4}$ è:**

A crescente

B decrescente

C pari

D dispari

**31** **Determinare il campo di esistenza T della funzione:**

$$f(x) = \frac{1}{\sqrt{1-3x}}$$

A $T = (-\infty, 0)$

B $T = (-\infty, 0]$

C $T = [0, +\infty)$

D $T = (-\infty, 1/3)$

**32** **In un sacchetto ci sono 8 caramelle alla menta e 2 alla frutta. Quante caramelle alla frutta bisogna aggiungere per fare in modo che la probabilità di estrarre una caramella alla frutta sia pari a 1/3 ?**

A 4 B 6 C 3 D 2

**33** **Quale tra le seguenti affermazioni relative a due lanci consecutivi di una moneta è corretta?**

A La probabilità di ottenere due risultati uguali è uguale alla probabilità di ottenere due risultati diversi

B È più probabile ottenere due risultati diversi

C È più probabile ottenere due risultati uguali

D La probabilità di ottenere due risultati uguali è il doppio della probabilità di ottenere due risultati diversi

**34** **Si considerino due dadi da gioco non truccati; le facce di ciascuno dei dadi sono numerate da 1 a 6. Lanciando i dadi, qual è la probabilità che il totale ottenuto (somma dei numeri sulle due facce rivolte verso l'alto) sia uguale a 5?**

A 1/2 B 1/3 C 1/9 D 1/4



 

**35** **Un'urna contiene 100 palline numerate da 1 a 100. Qual è la probabilità di estrarre una pallina con un numero maggiore di 95 o minore 6?**

A 95% B 6% C 101% D 10%

**36** **Quale delle seguenti terne di numeri può rappresentare la lunghezza dei lati di un triangolo rettangolo?**

A 7, 7, 7

B 7, 6, 15

C 30, 40, 50

D 2, 3, 2

**37** **Quanto vale il rapporto fra l'area di un cerchio di raggio unitario e l'area di un quadrato inscritto nel cerchio?**

A $\pi$ B $\pi^2$ C $\pi/2$ D $\pi - 2$

**38** **Tra gli aggettivi proposti quello che descrive un angolo maggiore di 90° è:**

A acuto

B ottuso

C piatto

D ortogonale

**39** **Date due sfere di centri O e O′ e raggi R e R′ con R > R′, se la distanza OO′ è uguale a R + R′, le due superfici sferiche sono:**

A esterne una all'altra

B secanti

C tangenti esternamente

D tangenti internamente

**40** **Il rettangolo ABCD in figura viene ruotato attorno al lato AB.**

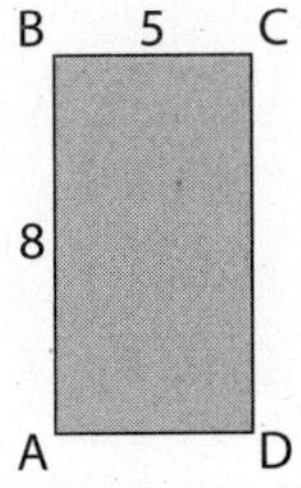


**Il volume del cilindro generato vale:**

A $40\pi$

B $50\pi$

C $100\pi$

D $200\pi$

CULTURA MATEMATICO-SCIENTIFICA

## 1.2 | Informatica

**41 Che cos'è un indirizzo IP?**

- A Un protocollo di trasferimento dei file
- B Una particolare scheda di espansione dei PC
- C Un identificativo univoco assegnato ad un computer in rete
- D Un sistema di instant messaging

**42 Quale delle seguenti affermazioni è vera?**

- A Un terminale remoto è un terminale non più utilizzato perché ritenuto obsoleto dal punto di vista tecnologico
- B Il sistema operativo è una parte del software applicativo installato su un computer
- C La porta USB è un dispositivo di visualizzazione
- D Una webcam è un dispositivo di input

**43 Come si chiama l'operazione di ricerca di un record all'interno di un database?**

- A Macro
- B Query
- C Report
- D Sort

**44 Un numero in forma binaria è:**

- A un numero costituito da due cifre
- B un numero divisibile per due
- C un numero che è codificato in un linguaggio che utilizza solo due simboli
- D un numero che è codificato in modo da essere costituito sempre da due cifre

**45 Una variabile *booleana* è:**

- A una variabile che può assumere soltanto valori interi
- B una variabile con almeno 8 cifre (binarie) significative
- C una variabile che può assumere soltanto uno dei due valori "Vero" oppure "Falso"
- D nessuna delle precedenti

**46 Individua l'elemento anomalo.**

- A Smartphone
- B Tablet
- C E-book
- D SSD

**47 Che cos'è Internet?**

- A Una LAN
- B Un programma di videoscrittura
- C Una rete di computer
- D Un computer di grandi dimensioni



 

**48** **La PEC è:**

- **A** un sistema di posta elettronica certificata
- **B** un'utility utilizzata per proteggere il PC dai virus
- **C** una porta che permette di collegare più periferiche "a cascata"
- **D** una memoria riscrivibile

**49** **Con il termine informatica si intende:**

- **A** la disciplina che studia la simulazione tramite macchine di comportamenti propri degli esseri viventi
- **B** la disciplina che si occupa della rappresentazione, trasmissione ed elaborazione delle informazioni mediante calcolatori
- **C** l'insieme dei linguaggi di programmazione per calcolatori elettronici
- **D** la disciplina che studia e definisce tecniche e strumenti per la trasmissione di informazioni per mezzo di satelliti e linee telefoniche

**50** **La figura sotto riportata riproduce un dettaglio della barra degli strumenti di Word. Cliccando con il mouse sul bottone indicato dalla freccia:**

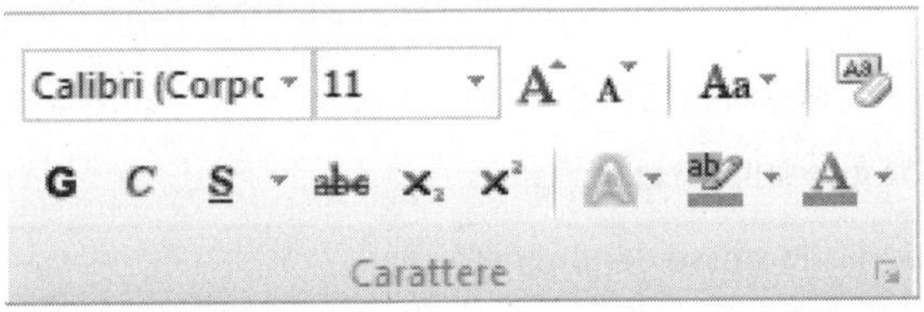


- **A** si colora il testo selezionato
- **B** si stampa il documento in uso
- **C** viene inserita una nuova tabella nel documento in uso
- **D** viene effettuato il controllo ortografico del testo selezionato

CULTURA MATEMATICO-SCIENTIFICA

## 1.3 | Soluzioni e commenti

**1** Le frazioni si dividono in:

- *proprie*: hanno il numeratore minore del denominatore;
- *improprie*: hanno il numeratore maggiore del denominatore, ma non multiplo di esso;
- *apparenti*: hanno il numeratore multiplo del denominatore, dunque rappresentano un numero intero.

Le frazioni inapparenti, invece, non esistono.

La frazione 7/5 ha il numeratore maggiore del denominatore, ma 7 non è multiplo di 5, pertanto si tratta di una frazione impropria (risposta **B**).

**2** Per definizione, i numeri primi sono divisibili solo per sé stessi e per l'unità, per cui la risposta corretta è la **B**.

**3** Il primo passo consiste nella scomposizione in fattori primi dei numeri dati:

$$45 = 3^2 \cdot 5 \qquad 135 = 3^3 \cdot 5 \qquad 315 = 3^2 \cdot 5 \cdot 7$$

per cui risulta:

$$\text{M.C.D.} = 3^2 \cdot 5 = 45 \qquad \text{m.c.m.} = 3^3 \cdot 5 \cdot 7 = 945$$

La risposta corretta è dunque la **D**.

**4** Riducendo le frazioni allo stesso denominatore:

$$a = \frac{2}{3} = \frac{40}{60} \qquad b = \frac{3}{4} = \frac{45}{60} \qquad c = \frac{4}{5} = \frac{48}{60}$$

e confrontando i numeratori, si conclude che $a < b < c$ (risposta **A**).

**5** Il numero delle persone della comunità colpite dalla malattia infettiva è pari al 5% di 5.000, ossia:

$$5.000 \cdot \frac{5}{100} = 250$$

Di queste, il 50% (ossia la metà) richiede il ricovero, per cui il numero di ricoveri è pari a:

$$250 \cdot \frac{50}{100} = 250 \cdot \frac{1}{2} = 125$$

per cui la risposta corretta è la **C**.

**6** I passaggi da fare sono i seguenti:

$$\frac{43^{65} \cdot (43^2)^3}{43^{-12} \cdot 43^{20}} = \frac{43^{65} \cdot 43^6}{43^{-12} \cdot 43^{20}} = \frac{43^{71}}{43^8} = 43^{63} = (43^3)^{21}$$

per cui la risposta corretta è la **D**.

**7** Il modo più veloce per arrivare alla soluzione è osservare che nel polinomio $-x^2 + 17x - 72$:

- il termine di grado massimo (ossia $-x^2$) si deve ottenere moltiplicando i termini di grado massimo dei due fattori;
- il termine noto (ossia $-72$) si deve ottenere moltiplicando i termini noti dei due fattori.

Le alternative **A** e **B** possono essere escluse perché il prodotto dei termini di grado massimo dei fattori in esse indicati è $x^2$ e non $-x^2$. L'alternativa **D** va invece scartata perché il prodotto dei termini noti presenti nei fattori è 72, non $-72$. Per esclusione, la risposta corretta è quindi la **C**.

Anche svolgendo direttamente il prodotto si perviene alla stessa risposta:

$$(9-x)(x-8) = -x^2+9x+8x-72 = -x^2+17x-72$$

**8** Applicando al binomio $(5a+b)$ la regola del quadrato di un binomio:

$$(a+b)^2 = a^2+2ab+b^2$$

si ottiene:

$$(5a+b)^2 = (5a)^2+2(5a)(b)+(b)^2 = 25a^2+10ab+b^2 \text{ (risposta D)}$$

**9** La risposta corretta è la D in quanto i coefficienti numerici hanno massimo comune divisore unitario e non vi sono lettere comuni ai quattro monomi (infatti la $x$ manca nel terzo monomio, la $y$ nel secondo e la $z$ nel quarto).

**10** L'uguaglianza falsa è quella indicata dalla lettera B in quanto:

$$(a+b)(a+b) = (a+b)^2 = a^2+2ab+b^2 \neq a^2+b^2$$

**11** La risposta corretta è la B. Trovando il m.c.m. tra i denominatori e riducendo l'espressione a un'unica frazione, infatti, si ottiene:

$$\frac{2ab^2d-2a^2bd+6abd^2}{6a^2b^2d^2} = \frac{2abd(b-a+3d)}{6a^2b^2d^2} = \frac{b-a+3d}{3abd}$$

**12** Essendo $\sqrt{a^{-3}/a^{-2}} = \sqrt{a^{-1}} = a^{-1/2}$, la risposta corretta è la A.

**13** $\pi$ è un numero non esprimibile sotto forma di frazione ed è quindi un numero decimale illimitato non periodico. I numeri di questo tipo prendono il nome di numeri irrazionali, quindi la risposta corretta è la B.

**14** Ricordando le proprietà delle potenze con esponente negativo e con esponente frazionario:

$$a^{-n} = \frac{1}{a^n} \quad \text{e} \quad a^{m/n} = \sqrt[n]{a^m}$$

si ottiene:

$$\left(\frac{1}{3}\right)^{-\frac{1}{2}} = \frac{1}{\left(\frac{1}{3}\right)^{\frac{1}{2}}} = \frac{1}{\frac{1}{3^{1/2}}} = 3^{1/2} = \sqrt{3}$$

quindi la risposta corretta è la C.

**15** Le due equazioni costituenti il sistema hanno i coefficienti delle variabili in proporzione. Moltiplicando per 2 entrambi i membri della prima equazione il sistema diventa:

$$\begin{cases} 2x+2y = 2 \\ 2x+2y = 4 \end{cases}$$

Essendo uguali i primi membri delle due equazioni, lo dovrebbero essere anche i secondi membri; si conclude che il sistema è impossibile (risposta C). Alternativamente è anche possibile osservare che il rapporto tra i coefficienti delle incognite vale $1/2$ mentre il rapporto tra i termini noti vale $1/4$.

**16** Se $x \geq 0$, l'equazione diventa $x + x = 0$, cioè $2x = 0$ da cui $x = 0$.

Se $x < 0$, l'equazione assume la forma $x - x = 0$, cioè $0 \cdot x = 0$ (equazione indeterminata). L'equazione ammette dunque infinite soluzioni e precisamente tutti i numeri reali non positivi. La risposta esatta è pertanto la **C**.

---

**17** La risposta esatta è la **C**; infatti, il secondo principio di equivalenza delle equazioni afferma che moltiplicando o dividendo ambo i membri di un'equazione per uno stesso numero diverso da zero, o per una stessa espressione algebrica sempre definita (cioè che non si annulla mai), si ottiene un'equazione equivalente a quella iniziale, avente cioè le medesime soluzioni.

---

**18** L'equazione data è di secondo grado in $x$. Calcolando il suo discriminante:

$$\Delta = b^2 - 4ac = 1^2 - 4 \cdot 1 \cdot 1 = 1 - 4 = -3 < 0$$

si ricava che le soluzioni non sono reali, dunque la risposta esatta è la **D**.

---

**19** Si tratta di una disequazione di secondo grado verificata dai valori interni all'intervallo delle radici dell'equazione associata:

$$x^2 - \frac{1}{2} < 0 \quad \rightarrow \quad -\frac{1}{\sqrt{2}} < x < \frac{1}{\sqrt{2}}$$

La risposta corretta è quindi la **B**, nella quale i denominatori dei due valori di riferimento sono stati razionalizzati (infatti $1/\sqrt{2} = \sqrt{2}/2$).

---

**20** La risposta corretta è data dall'alternativa **A** poiché:

$$6^2 - 3 = 36 - 3 = 33$$

Sostituendo invece i numeri 11 e 30 (che sono maggiori di 6) al posto dell'incognita $x$ la disuguaglianza non è verificata.

---

**21** Una volta poste le condizioni di esistenza:

$$\text{C.E.: } x \neq 0; x \neq -2$$

si svolge la somma calcolando il denominatore comune:

$$\frac{1}{x^2} + \frac{1}{x+2} > 0 \quad \rightarrow \quad \frac{x + 2 + x^2}{x^2(x+2)} > 0 \quad \rightarrow \quad \frac{x^2 + x + 2}{x^2(x+2)} > 0$$

Si tratta di una disequazione frazionaria dove il segno del numeratore è sempre positivo (il trinomio $x^2 + x + 2$ non si annulla mai in quanto $\Delta = b^2 - 4ac = 1 - 8 = -7 < 0$) mentre il segno del denominatore è dato dal prodotto di due fattori (ossia $x^2$ e $x + 2$):

$x^2 > 0$ per $x \neq 0$

$x + 2 > 0$ per $x > -2$

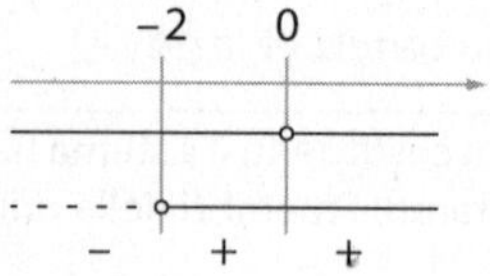


La risposta corretta è dunque la **C**: $x > -2$ e $x \neq 0$.

---

**22** La risposta corretta è la **D** per la definizione stessa di logaritmo.

---

**23** Si osservi innanzitutto che non è possibile applicare la regola:

$$\log a + \log b = \log(a \cdot b)$$

dal momento che i logaritmi considerati non hanno la stessa base. È quindi necessario calcolare il valore di ogni singolo logaritmo, applicando la definizione stessa:

$$\log_4 2 = x \leftrightarrow 4^x = 2 \rightarrow x = \frac{1}{2}$$

$$\log_2 4 = x \leftrightarrow 2^x = 4 \rightarrow x = 2$$

La relazione data equivale quindi a:

$$\log_4 2 + \log_2 4 = \frac{1}{2} + 2 = 0{,}5 + 2 = 2{,}5$$

pertanto la risposta esatta è la **D**.

---

**24** Calcolando le potenze di 10 richieste si ha:

- per $x = 4$ $10^4 = 10.000$
- per $x = 1$ $10^1 = 10$
- per $x = -1$ $10^{-1} = 0{,}1$
- per $x = 0$ $10^0 = 1$

La risposta esatta è quindi la **C**.

---

**25** Un logaritmo risulta definito solo quando il suo argomento è strettamente positivo (ossia non nullo né tantomeno negativo). La risposta corretta è dunque la **C**.

---

**26** Il coefficiente angolare di una retta passante per due punti generici A e B, di coordinate $(x_1; y_1)$ e $(x_2; y_2)$ rispettivamente, è dato dalla relazione:

$$m = \frac{y_2 - y_1}{x_2 - x_1}$$

quindi, applicando la formula al quesito proposto, si ottiene:

$$m = \frac{4-2}{2-1} = 2$$

per cui la risposta corretta è la **D**.

---

**27** Si tratta di una parabola (risposta **A**). In generale, per riconoscere una conica (ossia una curva del secondo ordine) a partire dalla sua equazione cartesiana, si utilizza un *metodo pratico*; data l'equazione generale della conica (non degenere):

$$Ax^2 + Bxy + Cy^2 + Dx + Ey + F = 0$$

si calcola per essa la quantità (detta *discriminante*):

$$\Delta = B^2 - 4AC$$

Si possono presentare i seguenti tre casi:

- Se $\Delta = B^2 - 4AC < 0$ allora la conica è un'ellisse;
  in particolare è una circonferenza se $A = C$ e $B = 0$;
- se $\Delta = B^2 - 4AC = 0$ allora la conica è una parabola;
- se $\Delta = B^2 - 4AC > 0$ allora la conica è un'iperbole;
  inoltre l'iperbole è equilatera se e solo se $A + C = 0$.

Nell'equazione data si ha $A = 3$ e $B = C = 0$, per cui $\Delta = B^2 - 4AC = 0$.

---

**28** La risposta corretta è la **D**. Un'equazione del tipo $x^2 + y^2 = r^2$ prende il nome di *equazione canonica* della circonferenza.

CULTURA MATEMATICO-SCIENTIFICA

**29** La spesa complessiva giornaliera è data dalla somma del valore fisso $\frac{5,1}{30} = 0,17$, pari alla quota fissa mensile (in euro) suddivisa per il numero dei giorni del mese, e del valore variabile $0,65x$, dove $x$ indica il consumo giornaliero di metri cubi di gas e 0,65 il costo del gas in euro al metro cubo.

Indicando con $y$ la spesa complessiva giornaliera, risulta quindi:

$$y = 0,17 + 0,65x$$

e la risposta esatta è la **C**.

---

**30** La risposta corretta è la **C**, infatti:

$$f(-x) = \frac{(-x)^4}{4} = \frac{x^4}{4} = f(x)$$

Si noti che la funzione proposta non è né monotóna crescente, né monotóna decrescente. Per mostrarlo, è sufficiente trovare opportuni controesempi.

Per mostrare che la funzione non è monotóna crescente si scelgono $x_1$ e $x_2$ con $x_1 < x_2$ (per esempio $x_1 = -3$ e $x_2 = -2$) e si verifica se $f(x_1) < f(x_2)$: essendo $f(-3) = +81/4 > f(-2) = +4$, la funzione non è monotóna crescente.

Analogamente, per mostrare che la funzione non è monotóna decrescente si scelgono $x_1$ e $x_2$ con $x_1 < x_2$ (per esempio $x_1 = +2$ e $x_2 = +3$) e si verifica se $f(x_1) > f(x_2)$: essendo $f(+2) = +4 < f(+3) = +81/4$, la funzione non è monotóna decrescente.

---

**31** Il denominatore della funzione frazionaria proposta deve esistere ed essere diverso da zero. Per l'esistenza del radicale si deve avere $1 - 3x \geq 0$, mentre per il non annullamento del denominatore si deve avere $\sqrt{1-3x} \neq 0$, cioè $1 - 3x \neq 0$: combinando le due condizioni si ha $1 - 3x > 0$, ossia $x < 1/3$, per cui $T = (-\infty, 1/3)$.La risposta corretta è quindi la **D**.

---

**32** La probabilità di estrarre una caramella alla frutta, in base alla definizione di probabilità, è data dal rapporto tra il numero di casi favorevoli e il numero di casi possibili.

Pertanto, se $x$ è il numero di caramelle alla frutta da aggiungere, allora si ottiene:

- numero casi favorevoli = numero di caramelle alla frutta = $x + 2$;
- numero casi possibili = numero totale di caramelle = $10 + x$;
- $P = \frac{x+2}{10+x} = \frac{1}{3}$, da cui $3(x+2) = 10 + x$, ossia $x = 2$.

La risposta corretta è quindi la **D**.

---

**33** Lanciando due volte una moneta, i casi possibili sono 4 e sono i seguenti:

| Primo lancio | Secondo lancio |
|---|---|
| T | T |
| C | T |
| T | C |
| C | C |

La probabilità di ottenere due risultati diversi (CT e TC) è pari a:

$$P_{diversi} = \frac{2}{4} = \frac{1}{2}$$

PARTE TERZA

così come quella di ottenere due casi uguali (TT e CC):

$$P_{uguali} = \frac{2}{4} = \frac{1}{2}$$

Poiché la probabilità di ottenere due risultati uguali è uguale alla probabilità di ottenere due risultati diversi, la risposta esatta è la **A**.

---

**34** I casi favorevoli sono quattro e sono descritti nella seguente tabella:

| Primo dado | Secondo dado | Somma |
|---|---|---|
| 1 | 4 | 5 |
| 2 | 3 | 5 |
| 3 | 2 | 5 |
| 4 | 1 | 5 |

Poiché i casi possibili sono 36, si conclude che la probabilità P richiesta è uguale a:

$$P = \frac{4}{36} = \frac{1}{9} \text{ (risposta C)}$$

---

**35** Occorre applicare il teorema delle probabilità totali: se *E* e *F* sono due eventi incompatibili, la probabilità che si verifichi *E* oppure *F* è uguale alla somma delle probabilità dei singoli eventi.

La probabilità di estrarre un numero maggiore di 95 è pari a 5/100 (ossia 5%).

Anche la probabilità di estrarre un numero minore di 6 è pari a 5/100 (quindi ancora 5%).

La somma di queste probabilità dà una probabilità totale pari a 10%.

La risposta corretta è quindi la **D**.

---

**36** Affinché una terna di numeri rappresenti la lunghezza dei lati di un triangolo rettangolo, essa deve essere una *terna pitagorica*, ossia deve soddisfare il teorema di Pitagora: il quadrato costruito sul lato maggiore (ipotenusa) è pari alla somma dei quadrati costruiti sui due lati rimanenti (cateti). L'unica terna che soddisfa il teorema di Pitagora è quella individuata dalla lettera **C**.

---

**37** L'area di un cerchio vale $\pi r^2$, dove $r$ indica il raggio: nel caso di raggio unitario tale area vale $\pi$. Per il calcolo dell'area del quadrato inscritto conviene osservare che la diagonale $d$ del quadrato coincide con il diametro del cerchio, quindi ha lunghezza 2.

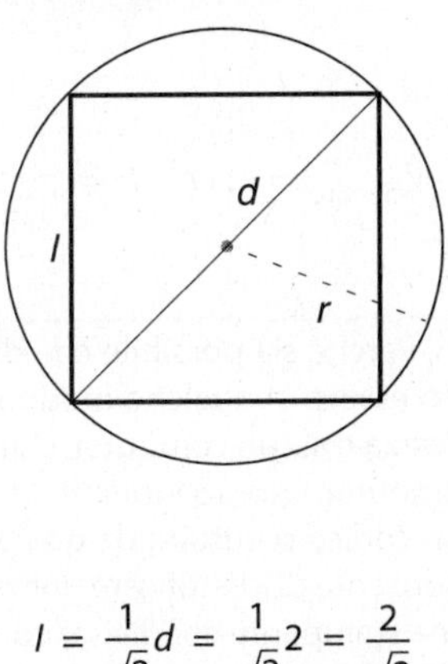


Essendo $d = \sqrt{2} \cdot l$ si ricava:

$$l = \frac{1}{\sqrt{2}}d = \frac{1}{\sqrt{2}}2 = \frac{2}{\sqrt{2}}$$

CULTURA MATEMATICO-SCIENTIFICA

per cui l'area del quadrato risulta essere:

$$l^2 = \left(\frac{2}{\sqrt{2}}\right)^2 = \frac{4}{2} = 2$$

Il rapporto fra l'area del cerchio e l'area del quadrato inscritto risulta quindi essere:

$$\frac{\text{area del cerchio}}{\text{area del quadrato inscritto}} = \frac{\pi}{2}$$

per cui la risposta corretta è la **C**.

---

**38** La risposta esatta è la **B**: un angolo ottuso, infatti, ha ampiezza compresa tra 90° e 180°. Un angolo acuto ha invece ampiezza inferiore a 90°, mentre quella di un angolo piatto è esattamente pari a 180°.

---

**39** Dal momento che la distanza fra i due centri O e O′ è uguale alla somma dei raggi R e R′, le due sfere sono tangenti esternamente (risposta **C**).

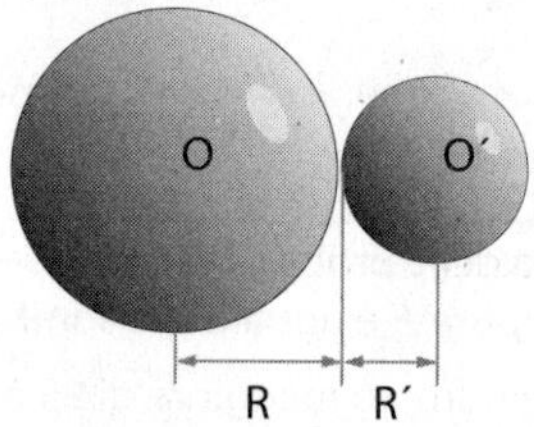


---

**40** Tramite la rotazione del rettangolo ABCD attorno al lato AB si genera un cilindro di altezza $h = 8$ e raggio di base $r = 5$:

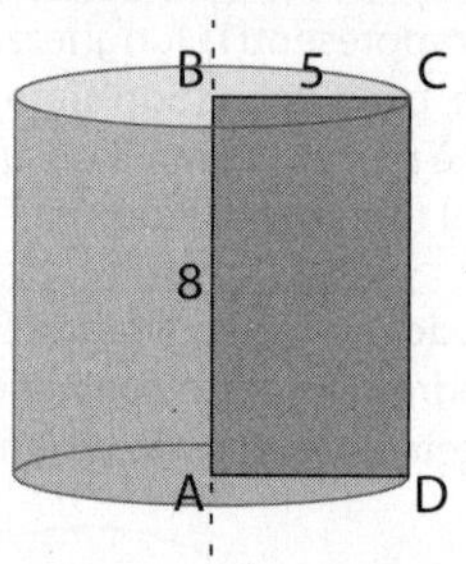


Il volume del cilindro è quindi:

$$V_{\text{cilindro}} = \pi \cdot r^2 \cdot h = \pi \cdot 5^2 \cdot 8 = 200\pi$$

La risposta corretta è la **D**.

---

**41** La risposta corretta è la **C**. Perché sia possibile che due computer comunichino tra di loro e si scambino dati, essi devono essere in qualche modo identificati univocamente: ci deve essere dunque un indirizzo associato a ciascun computer, che lo renda unico, individuabile e raggiungibile da parte di un altro computer. Questo indirizzo associato ad ogni computer prende il nome di indirizzo IP: si tratta di un codice costituito da quattro serie numeriche, ciascuna delle quali è compresa tra 0 e 255, che consente di identificare univocamente un computer (o altro dispositivo di rete come un router o una stampante condivisa) connesso a una rete. Un esempio di indirizzo IP può essere il seguente: 192.168.1.132.

42 Per *terminale remoto* si intende un terminale collegato a distanza, quindi l'alternativa A è errata. Anche l'alternativa B non è corretta, in quanto il sistema operativo costituisce parte del software di base (l'insieme di programmi necessari al funzionamento del computer) e non del software applicativo (programmi di calcolo, videoscrittura, disegno ecc.). La porta USB presente nell'alternativa C identifica un'interfaccia di input/output e non un dispositivo di visualizzazione. Per esclusione, la risposta corretta è la D: una webcam permette infatti di registrare e visualizzare immagini e filmati nel PC e di trasmetterli a distanza grazie ad appositi software ed è quindi un dispositivo di input.

43 La risposta esatta è la B, infatti con il termine *Query* si indicano tutte le operazioni volte a selezionare uno o più record all'interno di un database. *Macro* e *Report* sono due termini usati in *Access*, mentre *Sort* è un comando utilizzato per l'ordinamento dei database.

44 Un numero in forma binaria è un numero espresso per mezzo del sistema di numerazione binario (anche detto in base 2) attraverso il quale ogni numero viene "codificato" per mezzo di soli due simboli: 0 e 1. La risposta corretta è quindi la C.

45 La risposta corretta è la C: una variabile booleana può assumere soltanto uno dei due valori *Vero* (codificato dalla cifra binaria 1) oppure *Falso* (codificato dalla cifra binaria 0). Il termine *booleano* deriva dal nome del matematico e logico irlandese George Boole.

46 Tutte le alternative citano un device (dispositivo elettronico), a eccezione della risposta C che indica non uno strumento bensì un formato elettronico di testo. Con e-book, infatti, si indica un libro in formato digitale, e non lo strumento con il quale leggerlo (e-reader o e-book reader).Potrebbe ingannare l'alternativa D, che rimanda a una strumentazione meno familiare al grande pubblico: con SSD (acronimo di *solid-state drive*, "unità di memoria a stato solido") si indica infatti una unità di memoria alternativa ai classici hard disk. Si tratta di dispositivi di archiviazione di dati e applicazioni digitali (interni o esterni a un computer) che funzionano con una diversa tecnologia (flash) rispetto a quella dei dischi magnetici, senza parti meccaniche in movimento.

47 La risposta corretta è la C: Internet è la più famosa rete di computer. È anche nota come "rete delle reti" ed è costituita da milioni di computer collegati tra loro. I servizi offerti da Internet sono innumerevoli: posta elettronica, shareware, possibilità di acquisti telematici, collegamenti a musei, giornali, aziende pubbliche e private, università.

48 La risposta corretta è la A. PEC è l'acronimo di posta elettronica certificata, un tipo particolare di posta elettronica utilizzato in alcuni Paesi del mondo che permette di dare a un messaggio di posta elettronica lo stesso valore legale di una tradizionale raccomandata con avviso di ricevimento, garantendo così la prova dell'invio e della consegna.

49 Il termine informatica deriva dalla contrazione di inform-azione e autom-atica e indica la disciplina che studia l'acquisizione, l'elaborazione e la distribuzione delle informazioni tramite l'impiego di sistemi automatici di elaborazione dati (elaboratori elettronici). La risposta corretta è quindi la B.

50 Il tasto indicato nel quesito viene utilizzato per assegnare un colore particolare al testo selezionato (per scegliere il colore da utilizzare è sufficiente cliccare sulla piccola freccia alla destra del tasto e selezionare, dalla palette dei colori, quello desiderato). La risposta corretta è quindi la A.

# 2 | Scienze della Terra e della vita

## 2.1 | Scienze della Terra

**1** **In una carta geografica, per rappresentare l'altezza sul livello del mare di una località, si usano:**

- A le isobare
- B gli altimetri
- C le isotoniche
- D le isoipse

**2** **Qual è, presumibilmente, l'età della Terra?**

- A 3,9 miliardi di anni
- B 4,6 miliardi di anni
- C 2,5 miliardi di anni
- D Circa un miliardo di anni

**3** **Cosa si intende con il termine *Pangea*?**

- A L'insieme delle terre emerse
- B Un antico continente ora scomparso
- C Un supercontinente formato dall'unione di tutti i continenti nel Paleozoico
- D Un supercontinente formato dall'unione dell'Africa e dell'Europa

**4** **Cos'è l'ipocentro o fuoco di un terremoto?**

- A Il luogo preciso nel sottosuolo dove si origina un terremoto
- B Il luogo in superficie da cui si dipartono le onde sismiche
- C Una profonda frattura dove ha origine un terremoto
- D La zona maggiormente colpita da un sisma

**5** **Un'eclissi solare si verifica:**

- A quando la Terra si trova fra la Luna e il Sole e i tre corpi solo perfettamente allineati
- B a ogni fase di "luna piena"
- C una volta ogni 100 anni
- D quando la Luna si trova fra la Terra e il Sole e i tre corpi celesti sono perfettamente allineati

**6** **Sulla Terra esistono le stagioni perché:**

- A l'asse terrestre è inclinato rispetto al piano dell'orbita
- B il Sole varia di luminosità durante l'anno
- C l'orbita percorsa dalla Terra intorno al Sole è ellittica
- D l'orbita terrestre non è piana

7 **Cosa si intende con l'espressione *inversione termica atmosferica*?**

A La temperatura dell'atmosfera

B La differenza di temperatura dei vari strati dell'atmosfera

C L'inverso della temperatura atmosferica

D Un'inversione del gradiente di temperatura atmosferica

8 **Che cosa si intende per ciclo idrologico?**

A È lo scambio continuo che avviene tra le acque degli oceani, dei mari, dei fiumi e dell'atmosfera

B È la trasformazione dell'acqua di un lago

C È il rimescolamento unilaterale dell'acqua dei fiumi nei mari e non negli oceani

D È un ciclo che riguarda esclusivamente l'atmosfera

9 **L'aria è una miscela gassosa contenente**

A circa l'80% di azoto

B circa l'80% di ossigeno

C in parti uguali azoto e ossigeno

D in parti uguali azoto, ossigeno e idrogeno

10 **L'effetto serra dipende:**

A dall'aumento della temperatura all'interno della Terra

B dall'aumento di ozono nell'atmosfera

C dallo scioglimento progressivo della calotta polare

D dall'aumento di $CO_2$ nell'atmosfera

## 2.2 | Biologia

11 **I mitocondri:**

A sono deputati alla riproduzione cellulare

B possono essere considerati le centrali energetiche della cellula

C si trovano all'interno della membrana cellulare

D sono contenuti all'interno della struttura ad elica del DNA

12 **A livello di quale dei seguenti organuli si ha la sintesi di catene polipeptidiche?**

A nucleo

B ribosomi

C mitocondri

D cloroplasti

13 **Quale cellula si caratterizza per la presenza della parete cellulare?**

A La cellula animale

B La cellula vegetale

C Il virus

D La cellula animale appartenente all'epitelio di rivestimento



 

**14** **L'ordine di grandezza delle dimensioni delle cellule umane è:**

A il millimetro
B il dalton
C il micron
D l'angstrom

**15** **La sindrome di Down:**

A è dovuta all'assunzione di particolari farmaci durante la gravidanza
B è conseguenza di comportamenti devianti dei genitori
C può insorgere per imitazione di soggetti che ne sono affetti
D riguarda i cromosomi

**16** **Due gemelli presentano alla nascita lo stesso sesso. Quale delle seguenti affermazioni è vera?**

A La fecondazione è avvenuta sicuramente da un solo spermatozoo
B Hanno lo stesso patrimonio genetico
C Possono essere sia monovulari sia biovulari
D Sono senz'altro biovulari

**17** **Cosa si intende per "gruppo sanguigno"?**

A Le diverse composizioni chimiche del sangue (zuccheri, proteine, elementi cellulari ecc.)
B La concentrazione di globuli rossi nel sangue
C La presenza/assenza di determinati antigeni sulla superficie dei globuli rossi
D La presenza/assenza di determinati antigeni sulla superficie dei globuli bianchi

**18** **Un gene è costituito da:**

A un cromosoma
B un pezzo di cromosoma
C un pezzo di DNA
D una catena di amminoacidi

**19** **Per "discendenza con variazioni" Darwin intendeva che:**

A nei fossili sono visibili gli stessi organismi che vivono ancora oggi
B vi è unitarietà nella diversità di specie
C discendenti di un antenato comune hanno caratteri nuovi
D discendenti di antenati diversi hanno gli stessi caratteri

**20** **Quale fra i seguenti animali produce uova dotate di guscio rigido?**

A Trota
B Pinguino
C Canguro
D Rana

**21** **Il vischio assorbe le sostanze nutritive dagli alberi su cui si sviluppa; per questo motivo si dice che è:**

A un fungo
B un parassita
C un simbionte
D un predatore

**22 I legamenti servono a:**

A garantire l'azione contrattile del muscolo sulla superficie articolare dell'osso
B legare i muscoli scheletrici tra di loro
C connettere i muscoli scheletrici alle ossa
D connettere le ossa tra loro, mantenendole in posizione appropriata

**23 La definizione di tessuto è:**

A un insieme di organi deputati alla stessa funzione
B un insieme di cellule e di organi deputati alla stessa funzione
C un gruppo di cellule simili organizzate in un'unità strutturale e funzionale
D un gruppo di cellule diverse deputate alla stessa funzione

**24 Quale fra i seguenti NON è un osso del corpo umano?**

A Martello
B Staffa
C Capitato
D Timpano

**25 Qual è normalmente il volume del sangue circolante in un uomo adulto di corporatura media?**

A 1/2 litro
B 5 litri
C 1 litro
D 10 litri

**26 L'uretra:**

A porta l'urina dalla vescica all'esterno
B è un segmento delle vie genitali interne femminili
C porta l'urina dai reni alla vescica
D congiunge utero e ovaie

**27 Cosa sono le sinapsi?**

A Zone di contatto tra due neuroni in cui si effettua la trasmissione degli impulsi nervosi
B Organuli cellulari propri dei neuroni
C Organuli cellulari propri delle cellule vegetali
D Zone di contatto tra due batteri durante lo scambio di materiale genetico

**28 Di notte si ha difficoltà a vedere i colori perché:**

A sono attivi solo i coni della lunghezza d'onda corrispondente al blu
B nessun fotorecettore è attivo
C sono attivi solo i coni, che hanno solo un fotopigmento
D sono attivi solo i bastoncelli, che hanno solo un fotopigmento

**29 A cosa serve il sistema endocrino?**

A A far sviluppare le ossa
B A produrre ormoni
C Esclusivamente a difendere l'organismo
D A permettere la mitosi cellulare

**30** **Una sostanza riconosciuta come estranea all'organismo dal sistema immunitario è:**

A un anticorpo
B una citochina
C un antigene
D un'immunoglobulina

**31** **Nella cellula batterica è assente:**

A il nucleo
B la membrana plasmatica
C il materiale genetico
D il citoplasma

**32** **Gli amminoacidi utilizzati per formare le proteine sono:**

A 100
B 20
C 64
D 4

**33** **Gli elementi chimici essenziali che costituiscono la materia vivente sono:**

A azoto, ossigeno e calcio
B ossigeno, idrogeno, calcio e azoto
C carbonio, ossigeno, idrogeno e azoto
D carbonio, ossigeno e calcio

**34** **La meiosi è un tipo speciale di divisione cellulare che avviene:**

A solamente negli eucarioti monocellulari
B nelle cellule della linea germinale di tutti gli esseri a riproduzione sessuata
C saltuariamente in tutte le cellule dell'organismo
D esclusivamente nelle cellule sessuali degli animali

**35** **Con genotipo si intende:**

A il capostipite di una specie
B l'aspetto di un individuo
C uno studioso di genetica
D la costituzione genetica di un individuo

**36** **Come avviene il processo di duplicazione del DNA?**

A Il DNA viene copiato da una sequenza amminoacidica
B Il DNA viene copiato in RNA e da questo di nuovo sintetizzato
C Entrambi i filamenti della nuova molecola di DNA vengono sintetizzati ex novo
D Un filamento funge da stampo mentre il filamento complementare viene sintetizzato ex novo

**37** **In una pianta, qual è la struttura che protegge l'embrione e ne permette la dispersione?**

A Il fiore
B La foglia
C Il seme
D Il tronco

**38** **La rana appartiene alla classe**

- A degli artropodi
- B degli insetti
- C degli anfibi
- D dei rettili

**39** **Quali organismi sono in grado di produrre sostanze organiche a partire da sostanze inorganiche prelevate dall'ambiente?**

- A Gli omozigoti
- B I consumatori
- C Gli eterotermi
- D Gli autotrofi

**40** **L'ecologia:**

- A è un movimento a livello mondiale che si occupa di denunciare inquinamenti e problemi ambientali
- B è praticata da tutti coloro che si dedicano alla raccolta dei rifiuti
- C è una forma letteraria utile alla descrizione della natura
- D studia i rapporti tra viventi e ambiente

**41** **I funghi porcini:**

- A dopo la pioggia, se fa caldo nascono da semi
- B dopo la fioritura che avviene sotto terra con fiori bianchi filamentosi, sono generati dalla terra di castagno e di altre piante come la quercia e l'erica
- C sono generati da batteri particolari che vivono nel terreno
- D si riproducono tramite spore

**42** **Il pancreas è:**

- A una ghiandola annessa al tubo digerente
- B un organo dell'apparato riproduttore
- C un diverticolo dell'intestino
- D una struttura che immagazzina bile

**43** **Il miocardio è:**

- A una parte dell'intestino
- B una lesione del cuore
- C una valvola del cuore
- D la parte muscolare del cuore

**44** **L'ulna è:**

- A un osso della gamba
- B un'articolazione del ginocchio
- C un osso dell'avambraccio
- D una disfunzione del fegato

**45** **Il sistema deputato a svolgere la funzione di coordinazione degli altri sistemi nel corpo umano è quello:**

- A muscolo-scheletrico
- B urinario
- C tegumentario
- D nervoso

**46** **Un vaccino, quando è iniettato, agisce perché:**

- A distrugge direttamente l'agente infettante
- B contiene gammaglobuline
- C contiene anticorpi specifici
- D stimola il sistema immunitario ad attivare le sue difese

**47** **La mastite è:**

- A un animale
- B una colla
- C una malattia
- D una pianta

**48** **A Linneo si deve:**

- A la classificazione dei viventi con una nomenclatura binomia
- B la teoria della selezione naturale
- C la prima teoria della trasmissione dei caratteri ereditari
- D la teoria della gravitazione universale

**49** **La penicillina fu scoperta:**

- A nella prima metà del XIX secolo
- B nella seconda metà del XX secolo
- C nella prima metà del XX secolo
- D nella prima metà del XXI secolo

**50** **Nel corpo umano, quale tra le seguenti strutture fa parte dell'apparato uditivo?**

- A L'aorta
- B Le trombe di Eustachio
- C Il pancreas
- D L'esofago

## 2.3 | Soluzioni e commenti

1 Per rappresentare su una carta l'altezza sul livello del mare di una località si possono usare le *isoipse*, linee curve che uniscono i punti posti alla stessa quota. Come è raffigurato a lato, il profilo tridimensionale del terreno viene tagliato da dei piani orizzontali, equidistanti tra loro lungo la verticale. Le isoipse sono ottenute proiettando sull'orizzontale le intersezioni tra questi piani e il profilo della zona. La risposta esatta è quindi la **D**.

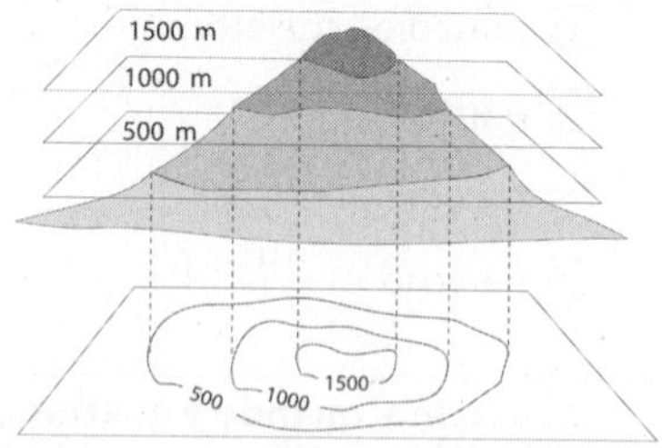


2 Le rocce più antiche conosciute risalgono a 3,8 miliardi di anni fa. Gli studi sulle meteoriti e sulle rocce lunari hanno però permesso di stabilire che l'età della Terra e del Sistema solare è di circa 4,6 miliardi di anni. La risposta giusta pertanto è la **B**.

3 Pangea è il nome dato alla massa continentale che alla fine del Paleozoico (circa 250 milioni di anni fa) si estendeva sulla superficie terrestre, circondata da un unico grande oceano (Pantalassa) e formatasi dalla collisione di precedenti blocchi continentali per i processi dovuti alla tettonica delle placche.

Dal Mesozoico, Pangea cominciò a frammentarsi sino alla separazione e alla deriva che hanno poi determinato l'attuale configurazione delle terre e degli oceani del nostro pianeta. La risposta esatta è la **C**.

4 La risposta corretta è la **A**. L'ipocentro o fuoco è il punto nel sottosuolo in cui avviene la rottura iniziale, lungo una frattura o faglia, mentre l'epicentro è il punto in superficie situato sulla verticale del fuoco.

5 Si ha un'eclissi di Sole quando la Luna si interpone tra la Terra e il Sole oscurandolo (risposta **D**). L'eclissi solare è definita:

- *totale* se il Sole viene completamente oscurato dalla Luna;
- *anulare* se la Luna oscura solo la parte centrale del Sole, lasciando visibile un anello solare visibile intorno all'ombra della Luna;
- *parziale* se solo una parte del Sole viene oscurata dalla Luna.

6 L'alternarsi delle stagioni è da imputarsi all'inclinazione dell'asse terrestre, che fa si che la Terra riceva differenti quantità di radiazione solare in diversi periodi dell'anno. L'inclinazione comporta inoltre che le stagioni siano speculari nei due emisferi. La risposta esatta è quindi la **A**.

7 La temperatura della troposfera (lo strato più basso dell'atmosfera) in condizioni normali diminuisce all'aumentare della quota secondo il gradiente termico. Può capitare che aria calda in quota vada a invadere aree negli strati bassi in cui è presente aria più fredda. Di conseguenza in quella zona all'aumentare della quota non si assiste a una diminuzione della temperatura, ma a un aumento: il gradiente termico risulta invertito. Questo fenomeno è detto *inversione termica atmosferica*. La risposta corretta è la **D**.

8 Il riscaldamento del Sole favorisce l'evaporazione delle superfici liquide (soprattutto mari e oceani) e il vapore acqueo entra in atmosfera per essere trasportato ovunque dagli spostamenti delle masse d'aria. Sotto forma di precipitazioni, l'acqua torna sulla superficie terrestre e, per effetto della forza di gravità, scivola sul terreno, si raccoglie in fiumi, ingrossa i laghi e infine torna al punto di origine, ossia il mare. Questo processo prende il nome di *ciclo idrogeologico*, risposta **A**.

9 L'aria è una miscela di più gas composta per circa il 78% da azoto e per circa il 21% da ossigeno, mentre l'1% è composto da altri gas, come l'anidride carbonica; risposta **A**.

**10** L'energia solare che arriva sulla Terra scalda il pianeta, e l'anidride carbonica e il vapore acqueo presenti nell'atmosfera riflettono nuovamente verso il terreno la radiazione infrarossa in uscita. Questo processo è definito *effetto serra*, risposta **D**.

**11** I mitocondri sono organuli presenti nel citoplasma delle cellule eucariotiche. Sono provvisti di doppia membrana e possiedono un proprio DNA circolare e propri ribosomi. Sono considerati le centrali energetiche della cellula: al loro interno infatti avvengono il ciclo di Krebs, la catena di trasporto di elettroni e la fosforilazione ossidativa, cioè reazioni che portano alla formazione di ATP. La risposta corretta è la **B**.

**12** La sintesi delle proteine (o catene polipeptidiche) avviene grazie ai ribosomi, organuli formati da proteine e rRNA, non circondati da membrana, risposta **B**.

**13** I virus non sono cellule, quindi è possibile escludere la risposta **C**. Le cellule animali non hanno parete cellulare in nessun caso, escludiamo anche le alternative **A** e **D**. La parete cellulare è tipica dei procarioti e delle cellule eucariotiche vegetali: nel primo caso si tratta di una struttura di zuccheri e amminoacidi e prende il nome di peptidoglicano, mentre nel secondo caso si tratta di una parete costituita da cellulosa, uno dei polimeri del glucosio. La risposta corretta è la **B**.

**14** La risposta **B** è da scartare perché il dalton non è unità di misura della lunghezza mentre lo sono tutte le altre. Il millimetro si può facilmente scartare: infatti, se l'ordine di grandezza delle cellule umane fosse il millimetro, queste sarebbero visibili a occhio nudo, cosa che non accade. L'ordine di grandezza delle cellule umane è il micron, pari alla millesima parte del millimetro ($10^{-3}$ mm o $10^{-6}$ m); risposta **C**. L'angstrom, invece, pari a $10^{-10}$ m, è l'ordine di grandezza delle strutture subcellulari.

**15** La sindrome di Down, o trisomia 21, è una patologia che comprende malformazioni e ritardo mentale, dovuta alla presenza nelle cellule di tre copie del cromosoma 21, anziché 2, come accade normalmente. Questa sindrome è dovuta a errori che si verificano durante la meiosi, processo che permette la formazione dei gameti, non è quindi una malattia causata dall'assunzione di farmaci durante la gravidanza; la risposta **A** è da escludere, come pure la **B** e la **C**. La risposta corretta è pertanto la **D**.

**16** La nascita di due gemelli *monovulari* (o *monozigotici*) si verifica quando durante lo sviluppo embrionale uno zigote o una blastula (uno dei primi stadi dell'embrione composto da poche cellule) si dividono in due, dando origine a due embrioni separati. Sviluppandosi dal medesimo zigote, i gemelli monozigotici sono geneticamente identici e hanno perciò necessariamente lo stesso sesso. La nascita di due gemelli *biovulari* (o *dizigotici*) si verifica invece quando, durante un ciclo mestruale, vengono rilasciate eccezionalmente due cellule uovo, che vengono poi fecondate da due spermatozoi diversi, formando due zigoti distinti. I gemelli biovulari non sono dunque geneticamente identici, hanno la stesso grado di somiglianza genetica di due fratelli normali e possono quindi essere sia dello stesso sesso, sia di sesso diverso. In base alle considerazioni esposte, si conclude che la risposta corretta è la **C**.

**17** Il gruppo sanguigno è determinato dalla presenza/assenza di determinati antigeni sulla superficie dei globuli rossi: essere di gruppo A significa avere sulla superficie dei globuli rossi l'antigene A; essere di gruppo B significa avere l'antigene B; essere di gruppo AB significa avere sia l'antigene A sia l'antigene B; essere di gruppo 0 significa non avere nessun antigene. La risposta corretta è quindi la **C**.

**18** Un gene è una porzione di DNA che tipicamente contiene le informazioni per costruire le proteine. Ogni gene ha una localizzazione precisa in un determinato cromosoma e ogni cromosoma è composto da più geni. La risposta corretta è la **C**.

CULTURA MATEMATICO-SCIENTIFICA

19 Uno dei punti della teoria evolutiva di Darwin è che gli esseri viventi si riproducono generando individui simili, ma non identici, a se stessi, che presentano dunque delle variazioni. Di conseguenza, i discendenti di un antenato comune possono presentare dei caratteri nuovi, risposta C.

20 Tutti gli animali proposti dal quesito appartengono al *subphylum* dei vertebrati: fra questi, gli anfibi e i pesci producono uova piccole e prive di guscio rigido, che si sviluppano in ambiente acquatico. I rettili e gli uccelli, invece, producono uova dotate di guscio rigido che vengono deposte in ambiente terrestre e lo sviluppo dell'embrione è permesso dal liquido contenuto nel sacco amniotico. I mammiferi, infine, non depongono uova (tranne l'ornitorinco e l'echidna), bensì sono vivipari. Fra le alternative proposte, l'unico animale che depone uova dotate di guscio rigido è il pinguino, appartenente alla classe degli uccelli; risposta B.

21 Un essere vivente che si nutre a spese di un altro organismo è detto parassita; la risposta corretta è la B.

22 I legamenti sono cordoni di tessuto connettivo, particolarmente ricco di collagene ed elastina, che collegano tra loro le ossa in corrispondenza di articolazioni sottoposte a notevoli sollecitazioni. La risposta esatta è quindi la D.

23 Un insieme di cellule con la stessa struttura e la stessa funzione formano un tessuto, risposta C.

24 Il martello e la staffa sono gli ossicini dell'orecchio medio; il capitato è un osso della mano. Il timpano invece non è un osso, bensì la membrana dell'orecchio che viene fatta vibrare dalle onde sonore; risposta D.

25 In un uomo adulto normale sono contenuti mediamente da 4 a 6 litri di sangue; la risposta corretta è quindi la B.

26 I reni filtrano il sangue e producono urina, la quale, tramite gli ureteri, viene convogliata nella vescica per poi essere eliminata all'esterno attraverso un canale chiamato uretra, risposta A.

27 La sinapsi è la struttura di contatto fra due neuroni, a livello della quale l'impulso nervoso è trasmesso da una cellula nervosa all'altra. L'alternativa corretta è pertanto la A.

28 I coni sono i fotorecettori responsabili alla visione diurna e sono sensibili alle lunghezze d'onda del rosso, del verde e del blu; i bastoncelli sono responsabili della visione in condizioni di scarsa illuminazione e consentono una visione in bianco e nero, risposta D.

29 Il sistema endocrino è formato dall'insieme delle ghiandole endocrine e delle sostanze che queste producono e immettono nel circolo sanguigno: gli ormoni. La risposta corretta è la B.

30 Una sostanza (di solito di natura proteica) che viene riconosciuta come estranea dal sistema immunitario, è detta antigene; risposta C.

31 I batteri sono organismi unicellulari procarioti; come tutti i procarioti sono privi di organelli intracellulari (a eccezione dei ribosomi) e anche di nucleo, hanno infatti semplicemente un'unica molecola circolare di DNA a doppio filamento, libera nel citoplasma. I batteri possiedono la membrana plasmatica, il citoplasma e il materiale genetico: la risposta corretta è quindi la A.

32 Le proteine sono polimeri costituiti da un gran numero di amminoacidi, legati a formare lunghe catene. I diversi amminoacidi che entrano nella composizione delle proteine sono 20; risposta B.

33 La materia vivente è costituita da biomolecole classificabili in quattro classi principali: carboidrati, proteine, lipidi e acidi nucleici. Sono tutte molecole organiche, ossia composte principalmente da carbonio, è possibile quindi escludere le risposte A e B. I carboidrati, come suggerisce il nome, oltre al car-

PARTE TERZA

bonio possiedono idrogeno e ossigeno, quindi anche la risposta D è errata. Nell'unica opzione rimanente compare l'azoto: questo elemento è presente nel gruppo amminico degli amminoacidi che costituiscono le proteine e nelle basi azotate degli acidi nucleici, la risposta corretta è quindi la C.

**34** La meiosi è un tipo particolare di divisione cellulare che permette la formazione di quattro cellule aploidi a partire da una cellula diploide. La meiosi avviene solo nelle cellule della linea germinale degli organismi a riproduzione sessuata (animali, piante e funghi) per formare i gameti, o cellule riproduttive; risposta B.

**35** Un gene, unità fondamentale dell'ereditarietà, è un tratto di DNA che contiene l'informazione per la sintesi di una specifica proteina. Ogni gene può esistere in almeno due forme diverse, dette *alleli*, e il genotipo è l'insieme degli alleli posseduti da un certo organismo. La risposta corretta è quindi la D.

**36** Il DNA è una molecola formata da due filamenti polinucleotidici (polimeri di nucleotidi) uniti dai legami idrogeno che si formano fra le basi azotate complementari e avvolti su sé stessi a formare una sorta di elica. La duplicazione (o replicazione) del DNA permette la sintesi di una nuova molecola di DNA, identica a una già esistente. Questo processo avviene in modo "semiconservativo", e questo significa che ognuna delle due molecole che si ottengono alla fine della duplicazione è formata da un filamento del DNA di partenza (detto "parentale") e da un filamento di nuova sintesi. La risposta corretta è quindi la D.

**37** Il fiore è l'organo riproduttivo, sede dello sviluppo dei gametofiti maschili e femminili, dell'impollinazione e della formazione del seme (risposta A errata). La foglia è l'organo della pianta in cui avvengono fotosintesi e traspirazione (risposta B errata), mentre il tronco è la struttura portante della pianta (risposta D errata). La risposta corretta è la C: il seme è formato dall'embrione, da tessuto nutritivo e dai tegumenti che proteggono l'embrione dagli insulti chimici e fisici esterni, fino all'incontro con un terreno adatto alla germinazione.

**38** La rana appartiene agli anfibi, classe di animali vertebrati che dipendono per parte del loro ciclo vitale, di solito allo stadio larvale, dall'ambiente acquatico, mentre dopo la metamorfosi, in fase adulta, possono vivere sulla terraferma, risposta C.

**39** Gli autotrofi sono organismi in grado di utilizzare le sostanze prelevate dall'ambiente per produrre sostanze organiche, come ad esempio le piante, che, attraverso il processo della fotosintesi clorofilliana, sono in grado di produrre glucosio a partire da anidride carbonica. La risposta corretta è la D.

**40** L'ecologia è la scienza che studia gli ecosistemi, ossia gli esseri viventi in relazione all'ambiente in cui vivono. Anche se il termine è usato nel lessico colloquiale, non va confuso con l'ambientalismo, movimento che si occupa della preservazione dell'ambiente, promuovendo abitudini atte allo scopo. Quindi la risposta esatta è la D.

**41** I funghi porcini, come gli altri funghi, sono organismi eterotrofi, cioè, a differenza delle piante, non sono in grado di produrre autonomamente molecole organiche complesse per la propria nutrizione; si nutrono infatti di sostanza organica in decomposizione che assorbono dal terreno. Il corpo, formato da un intreccio di filamenti detti ife, è chiamato micelio. Nascono prevalentemente nei boschi di abeti, querce o castagno, in condizioni di clima sufficientemente umido e non freddo; si riproducono tramite spore. L'unica affermazione corretta fra quelle proposte è quindi la D.

42 Il pancreas è un organo con funzione sia esocrina che endocrina. La componente endocrina del pancreas produce gli ormoni insulina e glucagone, responsabili della regolazione della glicemia. La parte esocrina del pancreas, invece, produce enzimi digestivi che vengono immessi nel duodeno e sono di grande importanza per i processi che si svolgono in questo tratto dell'intestino. La risposta corretta è quindi la A.

43 Il miocardio è il tessuto muscolare che costituisce il cuore; risposta D. Questo tessuto muscolare ha aspetto striato ed è soggetto a contrazione involontaria.

44 L'ulna è una delle ossa lunghe che formano lo scheletro dell'avambraccio; risposta C. Lo scheletro dell'arto superiore è infatti formato dall'omero nel braccio, che è il tratto più vicino alla spalla, e da radio e ulna nell'avambraccio. Lo scheletro dell'arto inferiore è invece formato dal femore, nella coscia, e da tibia e perone nella gamba.

45 Il sistema muscolo-scheletrico ha la funzione di movimento e mantenimento della postura (risposta A errata); la funzione dell'apparato escretore (urinario) è l'eliminazione dal circolo sanguigno di sostanze estranee e dannose per l'organismo (risposta B errata). L'apparato tegumentario protegge per mezzo della pelle, l'organismo da insulti esterni e dalla disidratazione (risposta C errata). Il sistema nervoso invece ha la funzione di recepire informazioni dall'esterno e dall'interno dell'organismo e coordinare gli altri sistemi del corpo umano, risposta D.

46 Un vaccino contiene patogeni (virus o batteri) morti o attenuati, in modo da stimolare il sistema immunitario a produrre delle cellule in grado di riconoscerli in tempi brevi ed eliminarli, prima che possano diffondersi nell'organismo. La risposta corretta è la D.

47 In medicina i termini che hanno suffisso *-ite* indicano un'infiammazione. La mastite infatti è un'infiammazione della mammella e la risposta corretta è la C.

48 Linneo, vissuto nel XVIII secolo, è considerato il padre della moderna tassonomia, ossia della classificazione degli esseri viventi: egli infatti propose il metodo della nomenclatura binomia, che prevede di nominare ogni essere viventi con due termini, il primo relativo al genere di appartenenza e il secondo relativo alla specie, come ad esempio *Homo sapiens*. La risposta corretta è quindi la A.

49 La penicillina, il primo antibiotico utilizzato in campo medico, fu scoperta da Alexander Fleming nel 1928; la risposta corretta è quindi la C.

50 Tra le alternative suggerite si può facilmente escludere da subito la A, considerando che l'aorta è l'arteria più grande e perciò importante del corpo umano. Il pancreas (risposta C) è invece un organo che si trova nell'addome e fa parte dell'apparato digerente e del sistema endocrino dei vertebrati, mentre l'esofago (risposta D) è l'organo a forma cilindrica attraverso cui passa il cibo. Le trombe di Eustachio sono un condotto complesso che mette in comunicazione il rinofaringe con 'l'orecchio medio e pertanto la B è la risposta esatta.



 

# 3| Scienze della materia

## 3.1 | Chimica

**1** **L'acqua è:**

- A una soluzione
- B una miscela omogenea
- C una sostanza elementare
- D un composto chimico

**2** **Di che cosa è un esempio un campione di acqua torbida?**

- A Miscuglio eterogeneo
- B Sostanza pura
- C Composto chimico
- D Miscuglio omogeneo

**3** **Quale dei seguenti è un elemento chimico?**

- A Legno
- B Acido cloridrico
- C Bronzo
- D Alluminio

**4** **L'atomo è:**

- A è una massa compatta
- B è sempre carico negativamente
- C è una struttura praticamente vuota
- D ha un raggio atomico diecimila volte più piccolo del raggio del suo nucleo

**5** **Secondo la "legge delle proporzioni multiple":**

- A due elementi si combinano tra loro secondo numeri piccoli e interi
- B la massa dei reagenti è sempre uguale alla massa dei prodotti
- C volumi di gas uguali nelle stesse condizioni di temperatura e pressione contengono lo stesso numero di molecole
- D una mole di Ne contiene $6{,}022 \cdot 10^{23}$ atomi

**6** **L'elettrone:**

- A ha carica elettrica positiva
- B è una particella che si trova nel nucleo atomico
- C viene ceduto dagli ioni negativi
- D ha massa inferiore a quella del protone

CULTURA MATEMATICO-SCIENTIFICA

7 **Quali tra i seguenti elementi che costituiscono la materia è il più interno?**

A L'atomo
B Il nucleo
C La molecola
D Il composto

8 **Nel nucleo dell'ossigeno troviamo:**

A un protone e un elettrone
B almeno un protone e almeno tre elettroni
C nessun protone e almeno cinque elettroni
D nessun elettrone

9 **Tra un atomo di un elemento e un suo ione, c'è differenza di:**

A elettroni
B protoni
C neutroni e protoni
D numero di massa

10 **La differenza tra un elemento e quello che lo precede nello stesso periodo è di avere sempre:**

A un neutrone in più
B un protone in più
C un protone in meno
D un elettrone in più

11 **L'anidride carbonica è costituita da:**

A carbonio e ossigeno
B idrogeno, ossigeno, carbonio, azoto
C carbonio e idrogeno
D carbonio e azoto

12 **Quale delle seguenti associazioni tra elemento e simbolo è corretta?**

A K/Calcio
B Po/Potassio
C Na/Sodio
D Mg/Manganese

13 **Un isotopo è:**

A un atomo avente numero di massa diverso rispetto ad un altro dello stesso elemento
B un atomo avente numero di massa uguale rispetto ad un altro dello stesso elemento
C uno ione avente numero di massa uguale rispetto ad un altro dello stesso elemento
D un anione avente carica positiva e numero di massa uguale rispetto ad un altro dello stesso elemento

14 **Nella molecola $H_2$ i due atomi di idrogeno sono uniti da un legame:**

A ionico
B covalente
C a idrogeno
D covalente polare

PARTE TERZA

15 **Quali fra i seguenti legami non è un legame intramolecolare?**

A Legame dipolo-dipolo
B Legame ionico
C Legame covalente
D Legame dativo

16 **Se si versano olio e alcool in un recipiente:30**

A l'olio galleggia sull'alcool
B dipende dalla sezione del recipiente
C l'alcool galleggia sull'olio
D si mescolano fra loro

17 **I metalli:**

A a temperatura ambiente (20°C) sono solidi, a eccezione del mercurio
B a eccezione del carbonio, sono cattivi conduttori del calore e della corrente elettrica
C non possono mai essere modellati in lamine sottili
D non possono mai essere ridotti in fili

18 **Il numero di ossidazione rappresenta:**

A il numero di atomi di ossigeno acquistati da un composto
B il potenziale normale di ossidazione
C il numero di atomi di ossigeno presenti in un composto
D la carica apparente o reale di un elemento in un composto

19 **Qual è la formula dell'acido iodidrico?**

A $HI$
B $HI_2$
C $HIO_2$
D $HIO_3$

20 **Data la reazione chimica:**

$$\alpha\,\mathbf{A} + \beta\,\mathbf{B} \rightarrow \gamma\,\mathbf{C} + \delta\,\mathbf{D}$$

**quale delle seguenti affermazioni è ERRATA?**

A D è un reagente
B A è un reagente
C C è un prodotto
D $\alpha$ è un coefficiente stechiometrico

21 **Quando l'acqua bolle si verifica:**

A una reazione chimica
B la decomposizione dell'acqua
C la trasformazione in una nuova sostanza
D un passaggio di stato

CULTURA MATEMATICO-SCIENTIFICA

**22** **Quando si accende un fiammifero, lo stoppino di una candela o il fornello a gas, si ha una reazione chimica che si chiama "combustione". Per effetto della combustione si ha trasformazione di energia. Quali trasformazioni dell'energia si verificano durante la combustione?**

A Elettrica in chimica e termica
B Chimica in termica e luminosa
C Chimica e termica in luminosa
D Termica in chimica e luminosa

**23** **Cos'è una soluzione?**

A Una miscela eterogenea di due sostanze
B Una miscela di acqua e olio
C Una miscela omogenea di due o più sostanze
D Una miscela di zucchero e sale

**24** **Catalizzatori biologici:**

A enzimi
B alchini
C alcheni
D cicloalcani

**25** **Scaldando fino all'ebollizione una soluzione di sale da cucina e acqua, il liquido ottenuto dalla condensazione del vapore sarà:**

A acqua pura
B aria liquida
C sale fuso
D acqua salata

**26** **Il bilanciamento di una reazione chimica è imposto dalla legge di:**

A Proust
B Dalton
C Lavoisier
D Gay-Lussac

**27** **L'aggiunta di NaCl all'acqua:**

A provoca un abbassamento della temperatura di ebollizione dell'acqua
B provoca un innalzamento della temperatura di ebollizione dell'acqua
C permette l'ebollizione dell'acqua solo quando il sale aggiunto è completamente evaporato
D provoca un innalzamento della temperatura di congelamento

**28** **Cosa indica il pH?**

A Il potenziale elettrico di una soluzione
B L'acidità di una soluzione
C Il potenziale magnetico di un metallo
D L'elettronegatività

**29** **Una soluzione ha un pH di 4, quindi la soluzione si definisce:**

(A) neutra
(B) basica
(C) acida
(D) equipotente

**30** **Tipo di idrocarburi:**

(A) ammine
(B) esteri
(C) acidi
(D) alcheni

## 3.2 | Fisica

**31** **Un corpo è soggetto contemporaneamente a due forze di 10 N. A quale forza risultante è soggetto il corpo?**

(A) 20 N
(B) 0 N
(C) 15 N
(D) Nessuna delle altre risposte è corretta

**32** **Anteporre il prefisso tera (simbolo T) a un'unità di misura corrisponde a moltiplicarla per:**

(A) $10^3$
(B) $10^6$
(C) $10^9$
(D) $10^{12}$

**33** **Quale tra le seguenti grandezze fisiche non è uno scalare?**

(A) Temperatura
(B) Pressione
(C) Volume
(D) Corrente elettrica

**34** **Il risultato di un prodotto scalare:**

(A) è necessariamente un vettore
(B) è necessariamente uno scalare
(C) può essere uno scalare a seconda dei fattori
(D) può essere un vettore a seconda dei fattori

**35** **Quale tra le seguenti grandezze fisiche corrisponde al rapporto tra una lunghezza e un tempo al quadrato?**

(A) Forza
(B) Velocità
(C) Velocità al quadrato
(D) Accelerazione

**36** **Calcolare la velocità media tenuta da un veicolo che ha percorso 300 metri in 5 minuti.**

A 1 m/s

B 60 m/s

C 33 m/s

D 20 m/s

**37** **Le oscillazioni di un pendolo semplice, che oscilla con un periodo di 2,5 s, hanno frequenza:**

A 0,4 Hz B $\pi$/2,5 Hz C 5 Hz D 2,5 Hz

**38** **Una massa *m* in presenza di un'altra massa *M*:**

A subisce una forza proporzionale al quadrato della distanza tra le masse

B subisce una forza attrattiva inversamente proporzionale al quadrato della loro distanza

C subisce una forza repulsiva inversamente proporzionale alla loro distanza

D non subisce alcuna forza a distanza

**39** **In un sistema di particelle la quantità di moto totale si conserva?**

A Sì, sempre

B No, mai

C Solo se il sistema è chiuso

D Solo se il sistema è isolato

**40** **Se si lancia una pietra verticalmente verso l'alto, com'è diretta la forza che agisce su di essa nel momento in cui, fermandosi, tocca il punto di massima elevazione?**

A Verso il basso

B Verso l'alto

C Verso destra

D È assente

**41** **Siano date due macchine A e B. La macchina A assorbe una potenza da 70 kW ed è accesa per 2 ore, la macchina B impegna 140 kW e resta accesa 1 ora. Possiamo dire dell'energia spesa che:**

A quella di B è uguale a 2 volte quella di A

B è uguale per le due macchine

C quella di A è uguale a 2 volte quella di B

D quella di A sta a quella di B come 140 sta a 35

**42** **In un urto fra due corpi resta costante:**

A la quantità di moto totale

B la quantità di moto di ogni singolo corpo

C l'energia cinetica totale

D la somma fra energia potenziale ed energia cinetica

**43** $E_c = \frac{mv^2}{2}$ **non rappresenta, in formule:**

- A un'energia potenziale
- B un lavoro
- C un'energia cinetica
- D una quantità di moto

**44** **Calcolare il lavoro compiuto da una forza di 1 N il cui punto di applicazione si sposta lungo un piano a essa parallelo per 10 cm.**

- A 0 J
- B 0,1 J
- C 0 erg
- D 0,1 erg

**45** **1 atmosfera è la pressione:**

- A a livello del mare in qualsiasi giorno dell'anno
- B esercitata da una colonna d'acqua di 76 m d'altezza
- C atmosferica a livello del mare a 4 °C
- D esercitata da una colonna di mercurio di 76 cm di altezza a 0 °C

**46** **Quando un cubetto di ghiaccio fonde a 0 °C, il liquido ottenuto (alla stessa temperatura) ha, rispetto al cubetto:**

- A un volume maggiore
- B un peso maggiore
- C una massa maggiore
- D una densità maggiore

**47** **Trasformata in gradi fahrenheit, una temperatura di 10 °C equivale a:**

- A 283 °F
- B 383 °F
- C 50 °F
- D –26 °F

**48** **Un fluido si dice viscoso se:**

- A la velocità di scorrimento tra i suoi strati è minima
- B in esso è presente il solo attrito con le pareti del recipiente
- C in esso è presente un attrito interno
- D in esso non esiste accelerazione di gravità

**49** **Un palloncino A viene gonfiato con un certo volume *V* di aria. Un secondo palloncino B, identico ad A, viene gonfiato con pari volume *V* di un gas il cui peso specifico è inferiore a quello dell'aria. Si può affermare che la forza di Archimede:**

- A che agisce sul palloncino A è uguale alla forza di Archimede che agisce sul palloncino B
- B che agisce sul palloncino A è superiore alla forza di Archimede che agisce sul palloncino B
- C che agisce sul palloncino A è inferiore alla forza di Archimede che agisce sul palloncino B
- D che agisce sui palloncini è nulla

**50** **In una trasformazione ciclica, il calore sottratto a un corpo è completamente trasformabile in lavoro?**

- A Sì, a condizione che la trasformazione sia reversibile
- B Sì, a condizione che la trasformazione sia irreversibile
- C Sì, a condizione che la trasformazione riguardi un gas perfetto
- D No, in quanto il rendimento di qualsiasi trasformazione ciclica è sempre inferiore al 100%

**51** **Siano $E(\mathrm{f})$ ed $E(\mathrm{a})$ le energie necessarie a riscaldare di un grado centigrado un chilo di ferro e un chilo d'acqua, inizialmente alla stessa temperatura. Si può dire che:**

- A $E(\mathrm{f}) > E(\mathrm{a})$ perché il ferro ha una densità maggiore
- B $E(\mathrm{f}) < E(\mathrm{a})$ perché il ferro ha un calore specifico più basso
- C $E(\mathrm{f}) = E(\mathrm{a})$ perché la temperatura finale è la stessa
- D $E(\mathrm{f}) = E(\mathrm{a})$ perché la massa è la stessa

**52** **La velocità della luce è dell'ordine di:**

- A $10^8$ km/h
- B $10^4$ km/s
- C $10^8$ m/s
- D $10^4$ m/s

**53** **La posizione del fuoco di una lente dipende:**

- A dalla distanza dell'oggetto
- B dalla grandezza della lente
- C dall'indice di rifrazione della lente
- D dalla posizione del centro ottico

**54** **Il coulomb (simbolo C) è un'unità di misura di:**

- A carica elettrica
- B corrente elettrica
- C potenziale elettrico
- D energia elettrostatica

**55** **La costante dielettrica dell'acqua è 80. Se due cariche elettriche positive vengono poste a una certa distanza in acqua, esse, rispetto al vuoto:**

- A si respingono con una forza 6400 volte minore
- B si attraggono con una forza 6400 volte minore
- C si respingono con una forza 80 volte minore
- D si attraggono con una forza 80 volte minore

**56** **Una carica elettrica inizialmente ferma e posta in un campo elettrico uniforme si muove di moto:**

- A circolare uniforme
- B curvilineo vario
- C rettilineo uniforme
- D rettilineo uniformemente accelerato



 

**57** **Due resistori di 5 ohm e 20 ohm rispettivamente vengono posti in parallelo; la resistenza equivalente vale:**

A 0,25 ohm  B 12,5 ohm  C 25 ohm  D 4 ohm

**58** **Quale quantità di energia viene dissipata in un'ora da una lampada a incandescenza avente la potenza di 60 W?**

A Circa 500 calorie
B Circa 5.000 calorie
C Circa 50.000 calorie
D Circa 500.000 calorie

**59** **La calamita è un magnete permanente. Se spezziamo una calamita in due parti:**

A si ottengono due calamite più piccole
B si separano i due poli della calamita
C si genera elettricità
D ognuno dei due pezzi perde il suo magnetismo

**60** **Il campo magnetico uniforme B che agisce su una carica elettrica *q* in moto con velocità v perpendicolare alla direzione del campo:**

A produce un moto rettilineo con accelerazione costante
B produce un moto rettilineo uniforme
C produce un moto circolare uniforme
D non produce alcun effetto

CULTURA MATEMATICO-SCIENTIFICA

## 3.3 | Soluzioni e commenti

1 L'acqua è una sostanza formata da un solo tipo di molecola ($H_2O$) quindi si tratta di un composto, risposta esatta D.

2 L'oggetto di studio della chimica è la materia: essa può presentarsi sotto forma di miscugli (o miscele) e di sostanze pure (o semplicemente sostanze). Una sostanza pura è una porzione di materia dalla composizione costante, uniforme e ben definita; si distinguono due tipi di sostanze ovvero gli elementi e i composti, questi ultimi possono essere scissi in sostanze più semplici. Da queste informazioni possiamo dedurre che l'acqua torbida non ha queste caratteristiche quindi resta da capire se si tratta di un miscuglio omogeneo o eterogeneo: nel primo caso la miscela ha composizione uniforme in tutti i punti (esempi sono il vino o l'aria) nel secondo caso la composizione non è uniforme e i componenti sono facilmente distinguibili. Si deduce che la risposta esatta è la A: l'acqua torbida è un miscuglio eterogeneo.

3 Il legno è un materiale complesso, formato da numerose sostanze chimiche; la risposta A è quindi errata. L'acido cloridrico è un composto formato dagli elementi idrogeno e cloro; anche la B si può quindi scartare. Il bronzo è una lega metallica, cioè una soluzione solida formata da rame e un altro metallo che di solito è lo stagno; la C è errata. La risposta corretta è la D: l'alluminio infatti è un elemento chimico, un metallo i cui atomi sono caratterizzati da uno specifico numero atomico.

4 Secondo il modello accettato dalla comunità scientifica la struttura atomica prevede un nucleo centrale di carica positiva, contenente protoni e neutroni, intorno al quale c'è una regione di spazio, denominata, orbitale, nella quale è probabile trovare gli elettroni, di carica negativa. I protoni e gli elettroni sono presenti in numero uguale: l'atomo ha quindi carica neutra (risposta B errata). Il raggio atomico è stimato intorno ai $10^{-15}$ m, mentre il raggio del nucleo di un atomo è pari a circa $10^{-10}$ m. Ciò significa che l'atomo è centomila volte più grande del suo nucleo ed è sostanzialmente una struttura vuota. La risposta esatta è la C.

5 Il secondo postulato della teoria atomica di Dalton (1803) afferma che nelle reazioni chimiche gli atomi conservano la loro identità; sappiamo infatti che in chimica sono gli elettroni di valenza che reagiscono mentre i nuclei, responsabili della natura degli elementi, sono spettatori. Ne consegue che, al fine di mantenere la loro identità, quando due elementi si combinano tra loro per dare più di un composto lo fanno secondo proporzioni definite esprimibili mediante numeri interi piccoli. La risposta corretta è la A. La risposta B è la legge di Lavoisier (1789), la risposta C è la legge di Avogadro mentre la risposta D corrisponde all'omonimo numero.

6 L'elettrone è una particella di massa pari a $9{,}11 \cdot 10^{-31}$ kg, circa1800 volte inferiore a quella di neutroni e protoni, dotata di carica elettrica negativa (la A è errata). Non si trova nel nucleo atomico, bensì in movimento intorno a esso (la B è errata). Gli ioni positivi sono atomi (o molecole) che hanno ceduto uno o più elettroni, quindi sono dotati di uno o più cariche positive, dovute alla presenza di un maggior numero di protoni, rispetto agli elettroni; gli ioni negativi sono atomi o molecole che hanno acquistato uno o più elettroni; la risposta C è quindi da scartare. L'alternativa corretta è la D.

7 La materia è composta da atomi (risposta A errata), i quali sono formati da un nucleo interno, composto da protoni e neutroni, attorno al quale si trovano gli elettroni, quindi la risposta corretta è la B.

8 Il nucleo di un atomo è formato da protoni e neutroni, mentre gli elettroni ruotano attorno al nucleo all'interno di particolari regioni di spazio dette orbitali. Nel nucleo dell'ossigeno troviamo 8 protoni e 8 neutroni; la risposta corretta è quindi la D.

9 Uno ione è un atomo che ha perso o acquistato uno o più elettroni, senza variare il numero di protoni o neutroni. La risposta corretta è la A.

10 Lungo un periodo nella tavola periodica gli elementi sono ordinati in ordine di numero atomico crescente. Dato che il numero atomico rappresenta il numero di protoni contenuti nel nucleo di un atomo dell'elemento, in un periodo ogni elemento differisce da quello che lo precede per la presenza di un protone in più nel nucleo; risposta B.

11 Anidride carbonica è la nomenclatura tradizionale del composto diossido di carbonio, $CO_2$, quindi è composta da carbonio e ossigeno, risposta A.

12 Il potassio ha simbolo K, mentre Po rappresenta il polonio e il calcio ha simbolo Ca (risposte A e B errate). Mg è il simbolo del magnesio, mentre il manganese ha simbolo Mn (risposta D errata). La risposta corretta è la C: il sodio ha simbolo Na, dal latino *natrium*.

13 Due atomi si dicono isotopi quando hanno lo stesso numero di protoni ed elettroni, ma non di neutroni. Questa differenza si traduce in un diverso numero di massa, che è dato dalla somma dei protoni e dei neutroni presenti nel nucleo. La risposta corretta è la A.

14 I principali legami chimici, che permettono la formazione di composti chimici a partire dagli elementi, sono il legame ionico e il legame covalente. Il primo si forma fra atomi con una elevata differenza di elettronegatività: il più elettronegativo acquista un elettrone ceduto dal meno elettronegativo. Il composto che si ottiene è quindi formato da ioni positivi e negativi, ordinati in un reticolo cristallino grazie a interazioni elettrostatiche. Il legame covalente invece si forma fra atomi con elettronegatività uguale o simile, che mettono in condivisione uno o più elettroni ciascuno. Quando gli atomi che partecipano al legame sono uguali si forma un legame covalente puro, in cui gli elettroni sono ugualmente condivisi; quando invece gli atomi legati sono diversi, l'atomo più elettronegativo attira maggiormente su di sé la nuvola elettronica di legame e si forma un legame covalente polare. Nella molecola $H_2$, formata da due atomi di idrogeno (H) uguali, questi sono uniti da un legame covalente puro; risposta B.

15 I legami intramolecolari sono quelli presenti all'interno delle molecole, come il legame covalente o il legame dativo; più genericamente, ma non del tutto corretto chimicamente, il termine può rappresentare il tipo di legame che si instaura tra atomi, pur non formando molecole, come avviene nella formazione di un legame ionico. I legami intermolecolari invece si instaurano tra molecole separate: ne sono un esempio le forze di van der Waals e il legame a idrogeno. La risposta corretta è la A.

16 L'olio è un composto apolare, mentre l'alcool è un composto polare, quindi non sono miscibili tra loro (risposta D errata). Dato che la densità dell'olio è maggiore rispetto a quella dell'alcool, l'alcool galleggia sull'olio, risposta C.

17 I metalli sono conduttori di calore e corrente elettrica, sono duttili e malleabili, possono essere quindi modellati in lamine sottili o fili (risposte B, C e D errate). Inoltre sono tutti solidi a temperatura ambiente, ad eccezione del mercurio, la risposta corretta è quindi la A.

18 Il numero di ossidazione indica il numero di cariche elettriche effettive o formali localizzate su un atomo di un elemento in un composto (risposta D). Le cariche sono effettive (reali) se l'elemento è legato a un altro con legame ionico, formali (apparenti) quando l'elemento è legato con legame covalente. In quest'ultimo caso la carica attribuita è frutto di una convenzione che prevede di assegnare gli elettroni di legame all'atomo più elettronegativo.

19 La desinenza *-idrico* è tipica degli idracidi, composti binari a comportamento acido, formati da H e un elemento molto elettronegativo. L'acido iodidrico, detto anche *ioduro di idrogeno*, è formato dallo ione ioduro, $I^-$, e dallo ione idrogeno, $H^+$. Poiché per scrivere correttamente la formula si antepone il simbolo del catione a quello dell'anione e l'insieme scritto deve essere elettricamente neutro, la formula corretta è HI e la risposta esatta è la **A**.

20 L'equazione chimica $\alpha$ A + $\beta$ B $\rightarrow$ $\gamma$ C + $\delta$ D, indica che $\alpha$ moli della sostanza A reagiscono con $\beta$ moli della sostanza B per produrre $\gamma$ moli della sostanza C e $\delta$ moli della sostanza D. A e B sono detti reagenti, C e D prodotti della reazione. $\alpha$, $\beta$, $\gamma$ e $\delta$ sono i coefficienti stechiometrici della reazione. La risposta corretta è quindi la **A**.

21 Una reazione chimica è una trasformazione in cui si rompono e si formano legami chimici, cosa che non avviene durante l'ebollizione dell'acqua: essa è infatti un passaggio dallo stato liquido a quello aeriforme (o gassoso), senza che si rompano i legami tra le molecole. La risposta esatta è la **D**.

22 Una reazione di combustione è una ossidoriduzione in cui una sostanza (il combustibile) si ossida a opera di un'altra sostanza (il comburente, che di solito è l'ossigeno), con sviluppo di energia termica. L'energia chimica pertanto diviene termica e, nel caso dell'accensione di una fiamma, anche luminosa: risposta esatta **B**.

23 Una soluzione è una miscela omogenea di due o più sostanze; risposta **C**. Il fatto che sia omogenea significa che ha la stessa composizione in ogni punto, cosa che non si verifica nei casi proposti dalle alternative **A**, **B** e **D**, che sono pertanto errate.

24 Alchini, alcheni e cicloalcani sono composti organici formati da carbonio e idrogeno (idrocarburi). Gli enzimi invece sono proteine che fungono da catalizzatori biologici e aumentano la velocità di reazioni che altrimenti avrebbero tempi troppo lunghi o non sarebbero controllabili. Si ricorda che ogni enzima catalizza una sola specifica reazione. La risposta corretta è la **A**.

PARTE TERZA

25 Portando a ebollizione una soluzione composta da cloruro di sodio (il sale da cucina) sciolto in acqua, e raccogliendo i vapori prodotti in un altro recipiente, a condensazione avvenuta si potrà verificare che il liquido è acqua pura: risposta esatta **A**. Il sale non è presente perché non è evaporato ma è rimasto nel contenitore ritornando in forma solida.

26 Il bilanciamento di una reazione chimica è necessario per soddisfare la legge della conservazione della massa, o legge di Lavoisier; risposta **C**.

Il bilanciamento di una reazione consiste nel calcolo dei coefficienti stechiometrici da anteporre alle formule dei reagenti e dei prodotti affinché il numero di atomi, per ciascun elemento, sia uguale nei reagenti e nei prodotti; per esempio, la reazione:

$$Na + H_2O \rightarrow NaOH + H_2$$

non è bilanciata, infatti compaiono due atomi di H tra i reagenti e tre H tra i prodotti; la forma bilanciata è la seguente:

$$2\ Na + 2\ H_2O \rightarrow 2\ NaOH + H_2$$

27 L'aggiunta di NaCl (il comune sale da cucina) all'acqua comporta due effetti:

- un innalzamento della temperatura di ebollizione (innalzamento ebullioscopico);
- un abbassamento della temperatura di congelamento (abbassamento crioscopico).

È questo il motivo per cui, quando le strade sono ghiacciate, si versa del sale: la presenza di quest'ultimo determina infatti un abbassamento della temperatura di congelamento dell'acqua e ne facilita il passaggio allo stato liquido. Analogamente, se si aggiunge NaCl all'acqua che bolle, essa cessa temporaneamente di bollire in quanto la presenza del cloruro di sodio ne aumenta la temperatura di ebollizione. La risposta corretta è quindi la **B**.

---

**28** Il pH è un indicatore della concentrazione degli ioni $H^+$ (o $H_3O^+$) in una soluzione, e quindi dell'acidità della soluzione. Il pH è definito come l'inverso del logaritmo della concentrazione di ioni $H^+$:

$$pH = -\,Log\,[H^+]$$

In acqua pura $[H^+] = 10^{-7}\,M \Rightarrow pH = 7$.

Nelle soluzioni acide, dove la concentrazione di ioni $H^+$ è maggiore di $10^{-7}$ M, si ha $pH < 7$; nelle soluzioni neutre, in cui la concentrazione di ioni $H^+$ è pari a $10^{-7}$ M, si ha $pH = 7$; nelle soluzioni basiche, in cui la concentrazione di ioni $H^+$ è minore di $10^{-7}$ M, si ha $pH > 7$. La risposta corretta è la **B**.

---

**29** La scala del pH va da 0 a 14: sono definite *acide* le soluzioni con $pH < 7$, *neutre* le soluzioni con $pH = 7$ e *basiche* quelle con $pH > 7$. Si deduce che una soluzione che ha $pH = 4$ è acida, risposta **C**.

---

**30** Gli idrocarburi sono i composti organici più semplici e sono costituiti solo da carbonio e idrogeno. I termini indicati dalle alternative sono rispettivamente derivati dell'ammoniaca (ammine) e derivati dagli acidi carbossilici (esteri) mentre il termine acidi, privo di ulteriori specifiche (per esempio acidi carbossilici, acidi grassi), è troppo generico e comunque contiene anche altri elementi (come l'ossigeno). La risposta esatta è la **D**: gli alcheni sono idrocarburi alifatici insaturi di formula generale $C_nH_{2n}$.

---

**31** Le forze sono vettori e, come tali, vanno sommate con la regola del parallelogramma. È evidente quindi che la sola conoscenza dei moduli di due forze non è sufficiente per determinare la loro somma: la risposta esatta è la **D**.

---

**32** Ciascun prefisso per le unità di misura è associato a una potenza di dieci secondo la tabella che segue (in generale per rispondere a quesiti di questo genere è necessario conoscerla).

| Multipli | | | | Sottomultipli | | | |
|---|---|---|---|---|---|---|---|
| tera (T) | $10^{12}$ | chilo (k) | $10^3$ | deci (d) | $10^{-1}$ | micro (μ) | $10^{-6}$ |
| giga (G) | $10^9$ | etto (h) | $10^2$ | centi (c) | $10^{-2}$ | nano (n) | $10^{-9}$ |
| mega (M) | $10^6$ | deca (da) | $10^1$ | milli (m) | $10^{-3}$ | pico (p) | $10^{-12}$ |

In questa tabella è possibile leggere che tera significa $10^{12}$. Un teraelettronvolt (in simboli: TeV), per esempio, vale $10^{12}$ elettronvolt ed è dunque un multiplo di questa unità di misura. La risposta esatta è la **D**.

---

**33** All'interno di un conduttore, in generale, la corrente elettrica ha un verso, perciò deve essere descritta da un vettore (risposta **D**). Tutte le altre grandezze sono scalari.

---

**34** Il risultato di un prodotto scalare è sempre uno scalare. In particolare, tale prodotto è definito tra due vettori come $c = \mathbf{a} \cdot \mathbf{b} = a \cdot b \cdot \cos\alpha$, dove $\alpha$ è l'angolo formato dai due vettori **a** e **b** che devono essere moltiplicati. La risposta corretta è la **B**.

CULTURA MATEMATICO-SCIENTIFICA

**35** Il quesito richiede la conoscenza del concetto di dimensioni di una grandezza fisica. Lunghezza e tempo sono grandezze fondamentali con dimensioni [L] e [T] rispettivamente. Il rapporto tra una lunghezza e un tempo è una velocità; il rapporto tra una velocità e un tempo è un'accelerazione. Si ricava così che il rapporto tra una lunghezza e un tempo al quadrato è un'accelerazione. In formule:

$$[a] = \frac{[v]}{[T]} = \frac{[L]/[T]}{[T]} = \frac{[L]}{[T]^2} \quad \text{(risposta D)}$$

**36** La velocità media si trova come rapporto tra lo spazio percorso e il tempo impiegato a percorrerlo. In formule, e con i dati del problema (usando le unità di misura del Sistema Internazionale):

$$v = \frac{\Delta s}{\Delta t} = \frac{300\ \text{m}}{5\ \text{min}} = \frac{300\ \text{m}}{300\ \text{s}} = 1\ \text{m/s} \quad \text{(risposta A)}$$

**37** La risposta esatta è la A e la si ricava, pur senza conoscere la cinematica del moto del pendolo, ricordando la definizione di frequenza, che è l'inverso del periodo.

**38** Secondo la legge di gravitazione universale, due masse $m$ e $M$, poste a distanza $d$ l'una dall'altra, si attraggono con una forza **F** il cui modulo è pari a:

$$F = G \cdot \frac{m \cdot M}{d^2}$$

dove G è una costante. Si vede quindi che la massa $m$ subisce da parte di $M$ una forza (sempre attrattiva) inversamente proporzionale al quadrato della loro distanza. La risposta esatta è la B.

**39** Il principio di conservazione della quantità di moto di un sistema vale solo se il sistema è isolato: la risposta esatta è la D.

**40** Per tutta la durata del moto di caduta di un grave, questo è sottoposto alla forza peso, che è costante e sempre diretta verso il basso. Il suo modulo è pari a $m \cdot g$, dove $m$ è la massa del grave e g è l'accelerazione di gravità, che nei pressi della superficie terrestre è appunto pressoché costante e vale $9{,}8\ \text{m/s}^2$. La forza peso non smette di agire nemmeno quando il corpo si ferma nel punto più alto della sua traiettoria e inverte il moto: la risposta esatta è quindi la A.

**41** L'energia spesa da una macchina di potenza $P$ in un tempo $\Delta t$ si ricava come prodotto delle due grandezze, pertanto:

$$E_A = P_A \cdot \Delta t_A = 70\ \text{kW} \cdot 2\ \text{h} = 140\ \text{kWh}$$

$$E_B = P_B \cdot \Delta t_B = 140\ \text{kW} \cdot 1\ \text{h} = 140\ \text{kWh}$$

La risposta corretta è quindi la B.

**42** In qualsiasi tipo di urto si conserva sempre la quantità di moto totale del sistema (risposta A), ma non quella dei singoli corpi: si pensi a uno scontro "frontale" tra due palle da biliardo, che dopo l'urto hanno velocità (e quindi quantità di moto) opposte a quelle iniziali.

L'energia cinetica totale del sistema, invece, si conserva solo nel caso di urti elastici.

**43** La nota formula data nel testo del quesito permette di calcolare l'energia cinetica a partire da massa e velocità di un corpo. Sarebbe scorretto tuttavia escludere che questa formula possa indicare una qualunque forma di energia: per esempio, nel tipico caso del moto di caduta di un grave da fermo, la dote di energia iniziale del corpo fermo è *potenziale*, ma durante la caduta essa si trasforma in energia *cinetica*. Allo stesso modo non si può escludere l'altra grandezza equivalente all'energia, il lavoro. L'unica grandezza da escludere è la quantità di moto, che ha dimensioni diverse (risposta D).

44 Il lavoro si trova in generale come prodotto scalare dei vettori forza e spostamento. In questo caso, essendo i due vettori paralleli, il prodotto scalare si riduce a un prodotto semplice e si ha (usando le unità di misura del Sistema Internazionale):

$$L = F \cdot s = 1\ \text{N} \cdot 10\ \text{cm} = 1\ \text{N} \cdot 0{,}1\ \text{m} = 0{,}1\ \text{J} \quad \text{(risposta B)}$$

45 L'atmosfera è un'unità di misura della pressione: la sua definizione è riportata nella risposta D.

46 Per l'acqua non vale la caratteristica che contraddistingue la maggior parte dei materiali: quando il ghiaccio fonde, la sua densità aumenta (risposta D) e dunque il suo volume diminuisce.

Viceversa, quando l'acqua solidifica la sua densità diminuisce: l'aumento di volume che ne consegue può causare spiacevoli sorprese quando si mette in congelatore una bottiglia piena d'acqua.

47 Applicando la formula che consente di trasformare in gradi fahrenheit una temperatura espressa in gradi centigradi, si ottiene:

$$T_F = \frac{9}{5}T_C + 32 = \frac{9}{5} \cdot 10 + 32 = 50\ °\text{F} \quad \text{(risposta C)}$$

48 La viscosità di un fluido è una grandezza che misura l'intensità degli attriti negli scorrimenti degli strati interni del fluido gli uni sugli altri: la risposta corretta è la C.

49 La spinta di Archimede si applica ai corpi immersi in un fluido (ovvero in un gas o in un liquido), è pari al peso del fluido spostato (in questo caso, al peso dell'aria spostata) ed è diretta verso l'alto. Poiché i due palloncini hanno lo stesso volume $V$, spostano un uguale volume di aria, indipendentemente da ciò che li riempie: la spinta di Archimede su A e B è quindi identica (risposta A).

Quello che varia invece è il loro peso: il palloncino B, gonfiato con un gas di peso specifico inferiore a quello dell'aria, sarà più leggero del palloncino A, gonfiato d'aria. Volendo bilanciare il peso di B e la spinta di Archimede a esso applicata, si trova dunque una forza risultante diretta verso l'alto: B tenderà a salire.

50 Il primo enunciato del secondo principio della termodinamica proibisce trasformazioni il cui unico risultato sia la trasformazione integrale del calore assorbito in lavoro: la risposta corretta è pertanto la D.

51 Anche senza conoscere il calore specifico del ferro, si può dire che è sicuramente più basso di quello dell'acqua, poiché il ferro è un conduttore di calore migliore dell'acqua: la risposta esatta è la B.

L'energia necessaria per generare una variazione di temperatura $\Delta T$ in un corpo di massa $m$ e calore specifico $c$ è pari alla variazione di calore:

$$\Delta Q = m \cdot c \cdot \Delta T$$

A parità di massa e di variazione di temperatura, la relazione tra le energie corrisponde alla relazione tra i calori specifici.

52 Per rispondere al quesito è necessario non solo conoscere il valore della velocità della luce ($3 \times 10^8$ m/s o 300.000 km/s, a seconda dell'unità di misura adottata), ma anche il concetto di *ordine di grandezza*.

L'ordine di grandezza è la potenza di 10 più vicina al numero considerato. In questo caso, se l'unità di misura considerata è metri al secondo, l'ordine di grandezza è $10^8$ (risposta C).

CULTURA MATEMATICO-SCIENTIFICA

Se invece si considerano i chilometri al secondo, l'ordine di grandezza da considerare è la potenza di 10 più vicina a 300.000, cioè $10^5$. Volendo infine considerare i chilometri orari, conviene fare l'equivalenza a partire dal valore della velocità in metri al secondo:

$$c = 3 \cdot 10^8 \ \frac{\text{m}}{\text{s}} = 3 \cdot 10^8 \cdot 3{,}6 \ \frac{\text{km}}{\text{h}} = 10{,}8 \cdot 10^8 \ \frac{\text{km}}{\text{h}} = 1{,}08 \cdot 10^9 \ \frac{\text{km}}{\text{h}}$$

In questo caso l'ordine di grandezza è $10^9$.

---

**53** La posizione del fuoco di una lente (ossia la sua distanza focale) dipende dall'indice di rifrazione della lente (o meglio, del materiale di cui e costituita). La risposta corretta è la **C**.

---

**54** Il coulomb è l'unità di misura della carica elettrica nel Sistema Internazionale delle unità di misura. La risposta corretta è la **A**.

---

**55** Se due cariche non sono nel vuoto bensì in un mezzo, interagiscono con una forza data dall'espressione:

$$|\mathbf{F}| = K \cdot \frac{|Q_1 \cdot Q_2|}{r^2} = \frac{|Q_1 \cdot Q_2|}{4\pi\varepsilon \cdot r^2}$$

dove K è la costante di Coulomb del mezzo ed $\varepsilon$ è la costante dielettrica del mezzo. Nel passaggio dal vuoto a un mezzo la forza di Coulomb diminuisce sempre. In particolare, passando dall'aria all'acqua compare un 80 a denominatore che prima non c'era: la forza di Coulomb diminuisce di 80 volte, pertanto la risposta corretta è la **C**.

---

**56** In una regione di spazio sede di un campo elettrico uniforme **E**, una particella di carica $q$ è sottoposta a una forza *costante* $\mathbf{F} = \mathbf{E}q$. Di conseguenza, la particella subisce un'accelerazione *costante* che è data, per la seconda legge di Newton, da:

$$\mathbf{a} = \frac{\mathbf{F}}{m} = \mathbf{E} \cdot \frac{q}{m}$$

Tale uguaglianza tra vettori assicura che l'accelerazione abbia la stessa direzione del campo **E**; il verso dell'accelerazione è uguale a quello di **E** se la carica è positiva, opposto a quello di **E** se la carica è negativa.

In ogni caso, la particella si muove di moto rettilineo uniformemente accelerato, con accelerazione **a** lungo la direzione del campo **E** (risposta **D**).

---

**57** Sapendo che il parallelo di due resistenze dà in generale una resistenza equivalente minore di ciascuna delle due resistenze componenti, si può già escludere l'alternativa **C**.

Per conoscere l'esatta resistenza equivalente si esegue il calcolo:

$$R_{eq} = \frac{R_1 \cdot R_2}{R_1 + R_2} = 4 \text{ ohm} \quad (\text{risposta } \mathbf{D})$$

---

**58** L'energia dissipata da una lampada di potenza $P = 60$ W sotto forma di calore per effetto Joule è pari a $L = P \cdot \Delta t$, dove $\Delta t$ è il tempo durante il quale l'energia viene dissipata.

Sostituendo i valori forniti dal quesito si ottiene:

$$L = 60 \text{ W} \cdot 1 \text{ h} = 60 \ \frac{\text{J}}{\text{s}} \cdot 3600 \text{ s} = 216.000 \text{ J}$$

Ricordando che 1 cal = 4,186 joule, si trova 216.000 J $\approx$ 51.600 cal.

La risposta esatta è quindi la **C**.

---

**59** Poiché non è possibile isolare un "monopolo magnetico", spezzando una calamita si ottengono due calamite con un polo nord e un polo sud ciascuna (risposta **A**).

60 Una carica $q$ in moto con velocità **v** in un campo magnetico uniforme **B** è soggetta alla forza di Lorentz $\mathbf{F} = q \cdot \mathbf{v} \wedge \mathbf{B}$. Si tratta di un prodotto vettoriale, per cui tale forza è perpendicolare sia al campo magnetico **B** in cui la carica si muove sia alla velocità della carica.

Se la carica si muove parallelamente al campo **B** la sua deviazione è nulla, mentre se la velocità è perpendicolare al campo, come nel caso proposto dal quesito, la sua deviazione è massima: in questo caso la carica immersa nel campo **B** compie un moto circolare uniforme in cui la forza centripeta è proprio la forza di Lorentz. La risposta esatta è dunque la **C**.

parte quarta

# Prova simulata

# Introduzione

I test di ammissione ai corsi universitari dell'area di **Scienze della Formazione**, come è già stato detto più vole, non sono uguali tra loro e si registrano differenze tra i test dello stesso corso attivato presso università diverse. È quindi solo il bando di concorso, pubblicato ogni anno dal Ministero, a chiarire quali saranno di volta in volta le materie e le tipologie di esercizi utilizzate per la selezione delle aspiranti matricole.

La prova simulata riportata in questo libro rappresenta una è formulata secondo i seguenti criteri:

- le tipologie di esercizi corrispondono a quelle più diffuse nei test in esame;
- il grado di difficoltà medio è paragonabile a quello dei quesiti che compongono le prove ufficiali adottate dalle università;
- il tempo a disposizione per risolvere la prova ufficiale è pari a 150 minuti; si consiglia però di utilizzare un tempo inferiore a quello concesso dall'esame ufficiale. Questo per compensare il vantaggio derivante dalle diverse condizioni psicologiche del candidato durante la prova simulata rispetto a quelle che accompagnano lo svolgimento del test ufficiale.

La prova così ottenuta è costituita da 80 quesiti, da risolvere in un tempo consigliato pari a 130 minuti.

Pur non potendo soddisfare appieno le esigenze specifiche di ogni singolo lettore, la prova consente di verificare il grado di preparazione raggiunto e di sperimentare la difficoltà, le modalità e l'impegno di un test di ammissione.

La prova simulata è corredata da due schede di risposte: una "scheda vergine", su cui riportare l'alternativa scelta per ogni quesito e una scheda contenente la soluzione di tutti i quesiti della prova.

L'alternativa ritenuta esatta deve essere indicata annerendo lo spazio corrispondente; è infatti questo il metodo utilizzato dalle università che si servono di elaboratori dotati di lettori a fibre ottiche per la correzione dei test. Si ricorda che durante la prova ufficiale non è consentito l'uso di calcolatrici e di libri di testo.

Una volta completata la prova (e solo allora) si confrontano le risposte date con quelle presenti sulla scheda compilata.

Per la valutazione del risultato, si ricordi il seguente criterio:

- + 1 punto per ogni risposta esatta;
- 0 punti per ogni risposta errata;
- 0 punti per ogni quesito lasciato irrisolto.

Per concludere, si osservi che non è possibile stabilire se il singolo studente sarà ammesso al corso di studi da lui prescelto, in base al punteggio conseguito nella prova simulata. Infatti, le possibilità di ammissione dipendono dal rapporto tra numero di candidati e posti disponibili e dal punteggio realizzato dagli altri candidati.

A titolo indicativo si può considerare alto un punteggio superiore a 60, medio un punteggio compreso tra 40 e 60, e basso un punteggio inferiore a 40.

Per avere un'indicazione più precisa anche in tal senso, si rimanda agli specifici corsi Alpha Test, durante i quali i docenti sono in grado di fornire a ciascun candidato il punteggio orientativo che occorre conseguire e dunque anche la preparazione necessaria per accedere al corso universitario prescelto.

# PROVA SIMULATA

Tempo a disposizione: 150 minuti - Tempo consigliato: 130 minuti

Contrassegnare le risposte relative alle domande della prova simulata

| | A | B | C | D | | A | B | C | D | | A | B | C | D |
|---|---|---|---|---|---|---|---|---|---|---|---|---|---|---|
| 1 | | | | | 31 | | | | | 61 | | | | |
| 2 | | | | | 32 | | | | | 62 | | | | |
| 3 | | | | | 33 | | | | | 63 | | | | |
| 4 | | | | | 34 | | | | | 64 | | | | |
| 5 | | | | | 35 | | | | | 65 | | | | |
| 6 | | | | | 36 | | | | | 66 | | | | |
| 7 | | | | | 37 | | | | | 67 | | | | |
| 8 | | | | | 38 | | | | | 68 | | | | |
| 9 | | | | | 39 | | | | | 69 | | | | |
| 10 | | | | | 40 | | | | | 70 | | | | |
| 11 | | | | | 41 | | | | | 71 | | | | |
| 12 | | | | | 42 | | | | | 72 | | | | |
| 13 | | | | | 43 | | | | | 73 | | | | |
| 14 | | | | | 44 | | | | | 74 | | | | |
| 15 | | | | | 45 | | | | | 75 | | | | |
| 16 | | | | | 46 | | | | | 76 | | | | |
| 17 | | | | | 47 | | | | | 77 | | | | |
| 18 | | | | | 48 | | | | | 78 | | | | |
| 19 | | | | | 49 | | | | | 79 | | | | |
| 20 | | | | | 50 | | | | | 80 | | | | |
| 21 | | | | | 51 | | | | | | | | | |
| 22 | | | | | 52 | | | | | | | | | |
| 23 | | | | | 53 | | | | | | | | | |
| 24 | | | | | 54 | | | | | | | | | |
| 25 | | | | | 55 | | | | | | | | | |
| 26 | | | | | 56 | | | | | | | | | |
| 27 | | | | | 57 | | | | | | | | | |
| 28 | | | | | 58 | | | | | | | | | |
| 29 | | | | | 59 | | | | | | | | | |
| 30 | | | | | 60 | | | | | | | | | |

# Cultura linguistica e ragionamento logico

**Leggere il brano seguente e rispondere alle relative domande**

L'ambito della prassi educativa nel corso degli ultimi trent'anni è stato al centro di un dibattito teorico e culturale che ha portato a dilatare l'alone di significato che circonda il termine «didattica». Si può dire infatti che, fino alla metà degli anni Settanta, esso indicava solamente il complesso delle azioni che gli insegnanti mettevano in atto per tradurre il contenuto dei programmi scolastici in una forma accessibile agli allievi in un contesto di istruzione esclusivamente scolastico, secondo o meno, i propri convincimenti pedagogici. La riflessione epistemologica sulla scientificità della pedagogia, l'allargamento alle scienze dell'educazione, l'accento sull'efficienza come meccanismo tanto di selezione come di emancipazione, a seconda che si applichi alle élite o agli svantaggiati, hanno portato a una riconcettualizzazione delle pratiche pedagogiche e quindi a una ridefinizione del campo della didattica. A ciò si aggiunga il mutato scenario socio-economico che ha allargato lo spettro delle età della formazione a tutto il corso della vita.

**1 Stando al contenuto del brano, negli ultimi decenni la didattica:**

- A è molto cambiata, insieme alle pratiche pedagogiche
- B è stata soppiantata dalla formazione permanente
- C è stata oggetto di una radicale riflessione epistemologica, che ne ha sancito la scientificità
- D non è stata in alcun modo ridefinita

**2 Quale delle seguenti affermazioni è logicamente deducibile dal brano?**

- A La nuova didattica applica esclusivamente criteri di selezione e di emancipazione
- B La didattica resta pur sempre limitata alla formazione scolastica
- C Il meccanismo dell'efficienza è stato letale per la didattica
- D La didattica non è più limitata al solo contesto dell'istruzione scolastica

**3 Secondo quanto riportato nel brano, la riconcettualizzazione delle pratiche pedagogiche NON può essere ricondotta:**

- A alla riflessione epistemologica sulla scientificità della pedagogia
- B ai cambiamenti nello scenario socio-economico
- C all'allargamento della pedagogia alle scienze dell'educazione
- D all'accento posto sull'efficienza come meccanismo elitario svantaggioso

**Leggere il brano seguente e rispondere alle relative domande**

Diversi studi hanno sottolineato la dimensione emotiva dei processi di apprendimento e di lavoro. In particolare, secondo lo psicoanalista Bion, ogni percorso di conoscenza è in primo luogo un'impresa emotiva: le emozioni, la confusione e il caos legati all'incontro con l'ignoto devono poter essere tollerati e tenuti nella mente perché i dati sensoriali, grezzi e concreti, dell'esperienza possano essere trasformati in elementi mentali, cioè visualizzati, pensati e messi in connessione fra loro. Non si apprende automaticamente un'esperienza: da un'esperienza si "può" imparare. Gli input esperienziali, i dati sensoriali non sono di per sé utilizzabili per il pensiero e la conoscenza, come precisa Bion, ma devono poter essere legati insieme dall'attività mentale del soggetto affinché diventino significati mentalizzabili e, quindi, pensabili. Un input esterno, per quanto sia ben strutturato e chiaro, non è conoscibile se all'interno della mente non si struttura una rappresentazione psichica, un simbolo, un'immagine interna che può dare significato al dato sensoriale. Diversi studi hanno ormai dimostrato che il processo psichico di costruzione di una rappresentazione psichica (un'immagine, un concetto ecc.) che codifichi la conoscenza di un oggetto mobilita, in modi squisitamente soggettivi, emozioni e sentimenti che non sono solo di curiosità, entusiasmo e piacere. Questo vuol dire che, comunque, il soggetto, per poter apprendere, deve confrontarsi con i sentimenti, anche quelli difficili e dolorosi, di confusione, inadeguatezza e rabbia che si attivano nell'incontro con l'oggetto di conoscenza, in qualche misura separato e con una sua struttura indipendente. Se emozioni e vissuti di dubbio o incertezza, inadeguatezza o frettolosa e superficiale onnipotenza sono tollerati e tenuti nella mente, i dati sensoriali possono diventare immagini, idee e concetti in grado di articolarsi insieme in un nuovo sapere. Il problema, infatti, è che la mente umana non è naturalmente attrezzata per la conoscenza, in quanto non è costituzionalmente in grado, per così dire, di tollerare l'ansia del non sapere e del non capire, ansia sempre presente nei processi di interazione e di conoscenza. Quando l'individuo incontra aree di ignoranza e di dubbio, è portato a difendersi ricorrendo a operazioni mentali e a fantasie molto primitive e irrealistiche che scindono, cioè allontanano da sé il dubbio, l'inadeguatezza, il disagio o negandoli attraverso una superficiale sicurezza, o trasformandoli nella persecutorietà di una realtà, che viene percepita come inconoscibile e intrasformabile, e perciò nemica. Il soggetto è spinto, inconsciamente, a liberarsi da vissuti e sentimenti difficili e inquietanti, scindendoli e proiettandoli all'esterno, vivendoli, cioè, come qualcosa di cattivo esterno a sé, che non promana dalla propria mente.

---

**4** **Nel brano si afferma che:**

- A la vera causa dell'ansia umana risiede nel processo di interazione e di conoscenza
- B la conoscenza è sempre provocata dall'ansia
- C uno stato ansioso è sempre insito nei processi di apprendimento
- D il senso di inadeguatezza e di rabbia di fronte ai processi conoscitivi è naturale in soggetti poco propensi alla relazione

---

**5** **Facendo riferimento al brano, tutte le seguenti affermazioni sono corrette tranne una. Quale?**

- A Non sempre si può apprendere da un'esperienza
- B Un input esterno, se ben strutturato e chiaro, è sempre conoscibile
- C Il processo di apprendimento comporta anche sentimenti di inadeguatezza
- D Aree di ignoranza o dubbio possono spingere il soggetto a difendersi tramite una deformazione in senso persecutorio della realtà

---

**6** **Nel brano sono presenti tutti i seguenti avverbi tranne uno. Quale?**

- A Costituzionalmente
- B Particolarmente
- C Squisitamente
- D Inconsciamente



 

**7** **In base a quanto scritto nel brano, in che modo reagisce l'individuo quando sperimenta l'inadeguatezza e il disagio prodotti dall'incontro con l'ignoto?**

A Assorbendo mentalmente anche le emozioni più difficili e inquietanti

B Manifestando una condotta sempre aggressiva e disturbante

C Con la scissione e la proiezione all'esterno dei vissuti e dei sentimenti negativi

D Con una regressione a dinamiche mentali infantili

**8** **Quale dei seguenti potrebbe essere un titolo adeguato del brano?**

A Processo cognitivo ed emozioni

B La gestione educativa

C Apprendere dall'esperienza

D I processi psichici della relazione

**Rispondere ai seguenti quesiti.**

**9** **Cosa significa consequenziale?**

A Posteriore

B Illogico

C Nato da

D Che denota un rapporto di conseguenza

**10** **Quale delle seguenti frasi non contiene errori di grammatica?**

A È meglio agire con prudenza e ponderazione e riflettere molto, per non pregiudicare all'interesse di nessuno

B Per quanto informata dell'arrivo dell'ambasciatore, Maria non ha potuto riservargli una camera all'hotel Marriot

C Mario è una persona molto gentile, ma è difficile non contrariarla se si parla di politica

D Il direttore convocò i due impiegati nel suo ufficio e gli disse che era molto contento del lavoro che avevano fatto

**11** **Individuare il sinonimo o il corretto significato di *maestranza*:**

A dominio

B abilità

C insieme di operai

D corpo docente

**12** **Enrica, Rita e Alessandra abitano nello stesso appartamento. Lavorando insieme puliscono la loro casa in 2 ore. Da sola Enrica impiega 8 ore e Rita 4 ore. Quanto impiegherebbe Alessandra se dovesse pulire da sola la casa?**

A 8 ore B 6 ore C 4 ore D 2 ore

**13** **Luigi e Nicola sono in grado di bere 24 bottiglie di birra in 100 minuti. Luigi ne beve il triplo di Nicola, il quale a sua volta ne beve la metà di Andrea. Quante bottiglie di birra bevono Andrea, Luigi e Nicola insieme in 50 minuti?**

A 24 B 36 C 30 D 18

**Rispondere ai seguenti quesiti.**

**14** **La criminalità nelle strade ha ormai raggiunto livelli preoccupanti. Gran parte della responsabilità di questa situazione è da attribuire ai giudici, che hanno severamente limitato l'azione della nostra polizia. La criminalità non sarà eliminata fino a quando alla polizia sarà impedito di intraprendere le azioni che quest'ultima ritiene necessarie per capire veramente chi sono i colpevoli dei reati.**

**Se le affermazioni sopra riportate sono vere, ne segue che:**

**a)la criminalità sarà eliminata quando saranno rimossi i limiti imposti alla polizia;**

**b)i giudici non hanno alcun diritto di limitare le azioni della polizia;**

**c)i giudici non si preoccupano del diritto dei cittadini di essere difesi dalla criminalità.**

A a)

B b)

C b) e c)

D Né a), né b), né c)

**15** **In base alle informazioni in suo possesso, l'investigatore non può non negare che è falso quanto affermato dal suo informatore, il quale dichiarò di non conoscere l'autore della rapina di ieri.**

**Basandosi sulla precedente affermazione, individuare quale delle seguenti alternative è esatta**

A L'informatore conosce l'autore della rapina di ieri

B L'informatore non conosce l'autore della rapina di ieri

C Non è possibile sapere se l'informatore conosce l'autore della rapina di ieri

D Nessuna delle altre risposte è corretta

**16** **Alla domanda: "Che cosa farai dopo l'esame?", Giorgio risponde: "Andrò in discoteca o a casa. Se mi bocciano andrò in discoteca. Andrò a casa solo se verrò bocciato". Basandosi sulle informazioni date da Giorgio, individuare quale delle seguenti alternative è esatta.**

A Non è possibile sapere cosa farà Giorgio dopo l'esame

B Giorgio verrà bocciato e andrà in discoteca

C Giorgio supererà l'esame ed è andato in discoteca

D Non si sa se Giorgio supererà l'esame, ma certamente andrà in discoteca

**17** **Marta e Luisa lavorano a 10 km di distanza. Un giorno partono dal luogo di lavoro alle ore 17 per incontrarsi in un bar che si trova esattamente a metà strada tra le due. Se Marta viaggia alla velocità di 30 km/h e Luisa a 90 km/h, quanti minuti quest'ultima dovrà attendere l'arrivo dell'amica al bar?**

A Circa 2

B Circa 1

C Circa 15

D Circa 7

**18** **Individuare il numero mancante identificato dal punto interrogativo.**

| | | | | | |
|---|---|---|---|---|---|
| 8 | × | 2 | : | 8 | 2 |
| + | | × | | + | |
| 5 | + | … | + | 2 | 13 |
| - | | + | | − | |
| 4 | + | 1 | : | … | 1 |
| 9 | | 13 | | **?** | |

A 2

B 4

C 12

D 5

**Il grafico seguente riporta alcuni dati sul numero di sportivi della città di Zurigo. Facendo riferimento a tale grafico, rispondere alle successive cinque domande.**

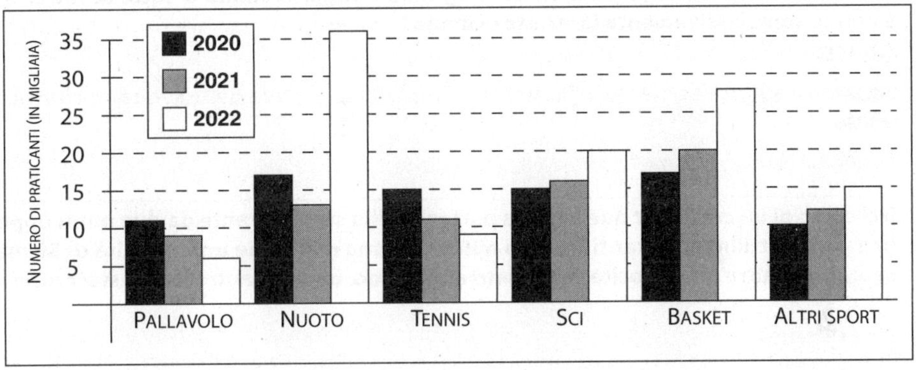


**19** **Quanti sono stati gli sportivi della città di Zurigo, complessivamente, nel 2020?**

A Circa 190.000

B Circa 85.000

C Circa 145.000

D Circa 120.000

**20** **Nel 2022, quale percentuale di sportivi (rispetto al totale dell'anno) praticava il basket?**

A Circa il 25%

B Circa il 90%

C Circa il 60%

D Circa il 45%

21 **Nel triennio considerato, quanti sportivi praticavano il nuoto?**

A Circa 65.000

B Circa 50.000

C Circa 25.000

D Circa 80.000

22 **Dal grafico si possono trarre tutte le seguenti conclusioni tranne una. Quale?**

A Dal 2020 al 2021, il numero di sportivi che praticavano la pallavolo è diminuito

B Se il numero di sportivi che praticano lo sci è un buon indicatore della quantità di neve caduta durante l'inverno, nel 2022 è caduta meno neve che nel 2021

C Dal 2021 al 2022, l'incremento percentuale di sportivi più elevato è stato quello dei praticanti il nuoto

D Il numero di sportivi che praticavano il tennis è diminuito dal 2020 al 2021

**Rispondere ai seguenti quesiti.**

23 **Se 13 persone si stringono la mano e ognuna stringe la mano a tutte le altre, quante saranno complessivamente le strette di mano?**

A 169

B 39

C 26

D 78

24 **Nel corso di un *crash test* due vetture partono nello stesso istante da due punti opposti di una pista rettilinea, distanti fra loro 600 m. Se una mantiene una velocità di 50 metri al secondo e l'altra una velocità di 70 metri al secondo, dopo quanti secondi si scontreranno?**

A 6

B 5

C 10

D 12

25 **La facoltà di economia si trova tra l'abitazione di Luca e l'abitazione di Filippo. L'abitazione di Luca si trova tra l'abitazione di Filippo e la facoltà di informatica. Per tanto:**

A l'abitazione di Luca è più vicina alla facoltà di economia che all'abitazione di Filippo

B l'abitazione di Luca è più vicina all'abitazione di Filippo che alla facoltà di economia

C con i dati conosciuti non è possibile stabilire se sia più vicina alla facoltà di economia l'abitazione di Luca o la facoltà di informatica

D la facoltà di informatica è più vicina alla facoltà di economia che all'abitazione di Luca

26 **Solo quando non deve cucire, Lorenzo legge un libro. Se la precedente affermazione è vera, allora è certamente vero che:**

A quando Lorenzo deve cucire, allora non legge un libro

B quando Lorenzo non legge un libro, allora vuol dire che deve cucire

C se Lorenzo non deve cucire, allora legge sempre un libro

D non dover cucire è condizione sufficiente affinché Lorenzo legga un libro



 

**27** **Si dispone di una bilancia a due piatti con il braccio sinistro che misura un quarto del braccio destro. Se nel piatto sinistro vengono posti 26 pesi uguali fra loro, quanti pesi dello stesso tipo devono essere posizionati nel piatto destro affinché la bilancia risulti in equilibrio?**

A 104

B Non è possibile equilibrare la bilancia con un numero intero di pesi

C 78

D 26

**28** **Chi è entrato almeno una volta nella casa marrone, dopo non può più entrare nella casa grigia. Solo chi è già entrato nella casa nera può entrare nella casa grigia. Chi è entrato almeno una volta nella casa grigia, dopo non può più entrare nella casa bianca. Se sono entrato nella casa bianca...**

A Sicuramente non sono entrato prima nella casa marrone

B Potrei essere entrato prima nella casa marrone

C Sicuramente sono entrato prima nella casa nera

D Sicuramente sono entrato prima nella casa marrone

**29** **L'affitto della Sala del Consiglio è più costoso dell'affitto della Sala Riunioni, ma a sua volta l'affitto della Sala Riunioni è più economico dell'affitto della Sala Grande. Inoltre, l'affitto della Sala della Giunta è più caro dell'affitto della Sala Grande, ma più economico dell'affitto della Sala del Consiglio. Infine, l'affitto della Sala Maggiore è più costoso dell'affitto della Sala Riunioni ma più economico dell'affitto della Sala della Giunta.**

**Quale tra le seguenti affermazioni è certamente vera?**

A Non si sa se l'affitto della Sala Maggiore sia più o meno costoso dell'affitto della Sala del Consiglio

B Non si sa se l'affitto della Sala Maggiore sia più o meno costoso dell'affitto della Sala Grande

C L'affitto della Sala Riunioni costa di più rispetto all'affitto della Sala della Giunta, ma meno rispetto all'affitto della Sala del Consiglio

D L'affitto della Sala Grande è più economico dell'affitto della Sala del Consiglio ma più caro dell'affitto della Sala della Giunta

**Il grafico e la tabella seguenti riportano alcuni dati sui dipendenti dell'istituto di credito Beta.**

**DIPENDENTI LAUREATI**
SUL TOTALE DEI DIPENDENTI

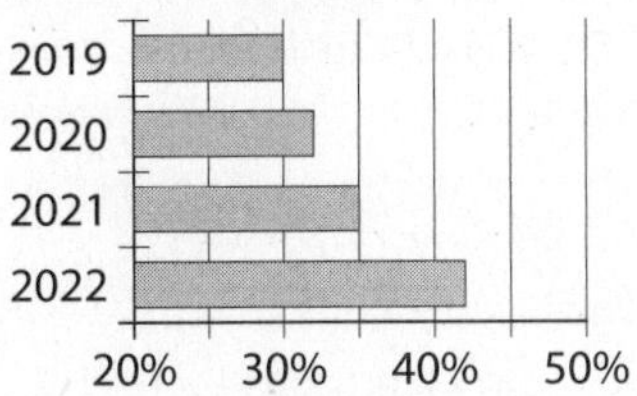


| | DIPENDENTI IN TOTALE | DIPENDENTI (SUDDIVISI PER POSIZIONE) | | |
|---|---|---|---|---|
| | | FRONT OFFICE | BACK OFFICE | ALTRO |
| 2019 | 2.000 | 25% | 25% | 50% |
| 2020 | 2.500 | 22% | 38% | 40% |
| 2021 | 2.800 | 20% | 45% | 35% |
| 2022 | 2.700 | 18% | 52% | 30% |

**30 Quanti erano i dipendenti non laureati dell'istituto di credito Beta nel 2021?**

A Circa 1.000

B Circa 1.800

C Circa 500

D Circa 800

**31 In quale anno l'istituto di credito Beta ha avuto il maggior numero di dipendenti non laureati (rispetto al totale dei dipendenti dell'anno)?**

A 2019

B 2020

C 2021

D 2022

**32 A quanto ammontava il numero di dipendenti addetti al front office nell'istituto di credito Beta nel 2019?**

A 500

B 1.000

C 50

D 250

**Rispondere ai seguenti quesiti.**

**33 Individuare il numero che completa correttamente la serie seguente.**

**12, 14, 17, 21, 26, ...?**

A 32

B 30

C 33

D 21

**34 A, A, B, C, C, E, D, G, ...**

A E

B I

C H

D G

**35 Individuare l'elemento mancante.**

| |
|---|
| 14 |
| 11 |
| C |

| |
|---|
| 20 |
| 18 |
| B |

| |
|---|
| 10 |
| 5 |
| **?** |

A E

B D

C H

D F

PARTE QUARTA

**36** **Individuare la figura mancante.**

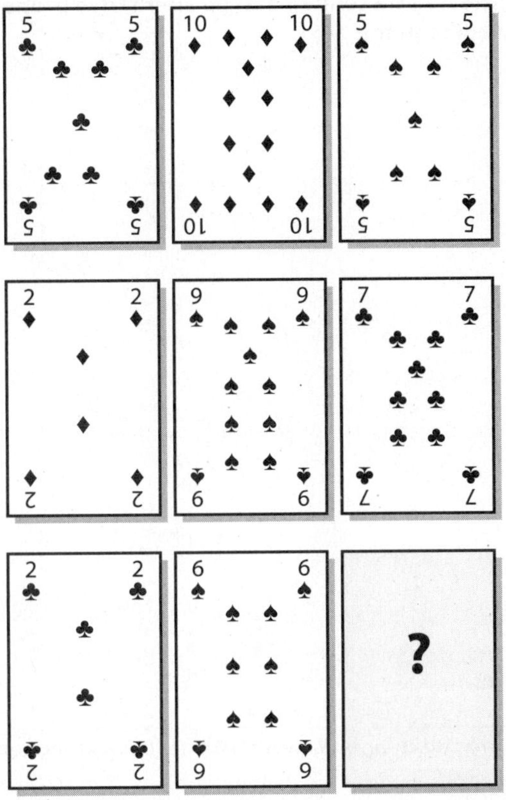

A 

B 

C 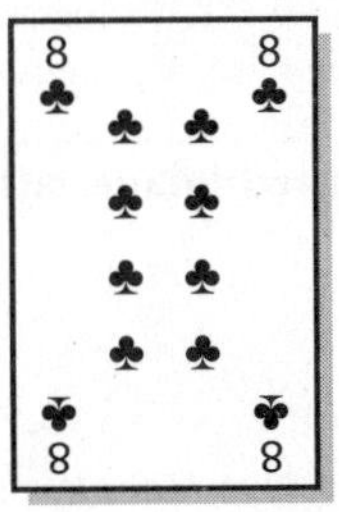

D 

**37** **Individuare la figura da scartare.**

A 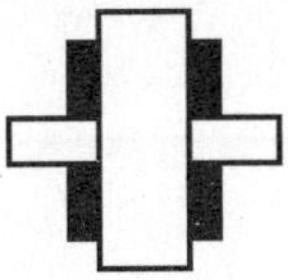

B 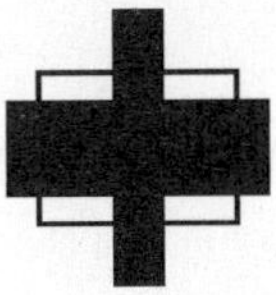

C 

D 

PROVA SIMULATA

**Per ciascuno degli esercizi seguenti, indicare il diagramma (A, B, C o D) che soddisfa la relazione insiemistica esistente tra i tre termini dati (le alternative proposte per ciascun esercizio sono quelle raffigurate qui di seguito).**

A 

B 

C 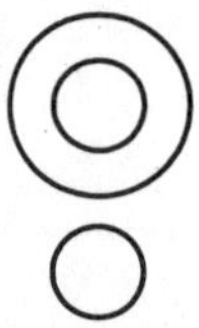

D 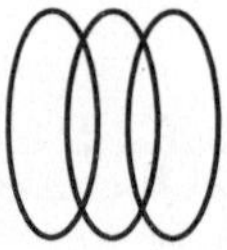

**38** **Città laziali, città marchigiane, città di mare**

A
B
C
D

**39** **Soldati, bersaglieri, caserma**

A
B
C
D

**40** **Avverbi, articoli indeterminativi, pronomi**

A
B
C
D

PARTE QUARTA

# Cultura letteraria, storico-sociale e geografica

**41 Quando furono resi legali in Italia aborto e divorzio?**

A Negli anni Settanta del Novecento
B Negli anni Novanta del Novecento
C Negli anni Sessanta del Novecento
D Negli anni Cinquanta del Novecento

**42 Chi era alla guida dell'URSS durante la seconda guerra mondiale?**

A Stalin
B Lenin
C Andropov
D Molotov

**43 Il trattato di pace dei vincitori della prima guerra mondiale con l'Austria si chiamava trattato di:**

A Neuilly
B Brest-Litovsk
C Sèvres
D Saint-Germain-en-Laye

**44 La foce del Rio delle Amazzoni si trova in:**

A Brasile
B Argentina
C Paraguay
D Venezuela

**45 Quale dei seguenti Stati è bagnato dall'Oceano Indiano?**

A Camerun
B Kenya
C Liberia
D Namibia

**46 Il *Cantico delle Creature* è stato composto da:**

A Gioacchino da Fiore
B Dante
C Ariosto
D San Francesco

**47 Il libro *Le mie prigioni* è stato scritto da:**

A Pietro Maroncelli
B Vincenzo Monti
C Silvio Pellico
D Giuseppe Mazzini

PROVA SIMULATA

**48** **Le parole dell'Inno *Fratelli d'Italia* sono state composte da:**

- A Giuseppe Garibaldi
- B Goffredo Mameli
- C Alessandro Manzoni
- D Giuseppe Mazzini

**49** **Di quale romanzo dannunziano è protagonista l'eroe dell'estetismo italiano, Andrea Sperelli?**

- A *Il trionfo della morte*
- B *Le vergini delle rocce*
- C *Il fuoco*
- D *Il Piacere*

**50** **Quale dei seguenti personaggi militò nell'esercito di Napoleone?**

- A Vittorio Alfieri
- B Ugo Foscolo
- C Alessandro Manzoni
- D Silvio Pellico

**51** **Dove avviene il conferimento del prestigioso Premio Strega per la letteratura?**

- A Al museo archeologico nazionale di Sperlonga
- B Al museo nazionale del cinema di Torino
- C Al museo nazionale etrusco di Villa Giulia a Roma
- D Al museo di Capodimonte di Napoli

**52** **Il Flatiron Building si trova a:**

- A Lonadra
- B New York
- C Los Angeles
- D Rio de Jneiro

**53** **Quale tra questi è l'edificio più alto?**

- A La Tour Eiffel
- B L'Empire State Building
- C La Taipei
- D La Torre Unicredit

**54** **Chi è l'autore del romanzo *L'isola di Arturo*, pubblicato nel 1957?**

- A Dacia Maraini
- B Elsa Morante
- C Grazia Deledda
- D Alice Munro

**55** **Quale delle seguenti regioni italiane confina con il maggior numero di regioni?:**

- A Liguria
- B Friuli Venezia Giulia
- C Marche
- D Sicilia

**56** **Quale dei seguenti Paesi non è bagnato dal fiume Danubio?**

A Germania
B Francia
C Ungheria
D Serbia

**57** **Quali erano le tre Comunità poi fuse nell'Unione europea?**

A UEO, CEE, OSCE
B EFTA, NATFA, Consiglio d'Europa
C CECA, CEE, Euratom
D CEE, ONU, NATO

**58** **Cosa si intende per *elettorato attivo*?**

A La possibilità di essere eletti
B Il diritto di essere elettore
C La possibilità di essere nominato scrutatore alle elezioni
D Il diritto di fare propaganda durante la campagna elettorale

**59** **Il Presidente del Consiglio dei ministri:**

A è nominato dal Presidente della Repubblica
B è nominato dal Presidente del Senato
C è nominato congiuntamente dai Presidenti del Senato e della Camera
D è eletto dal popolo

**60** **Quale Paese asiatico, nel 2017, ha messo in allarme il mondo intero effettuando un test con una bomba H la cui esplosione ha provocato un sisma?**

A Vietnam del Nord
B Corea del Nord
C Vietnam del Sud
D Corea del Sud

# Cultura matematico-scientifica

**61** **Sia *a* un numero razionale maggiore di zero e minore di uno. Il numero *b* ottenuto moltiplicando *a* per un irrazionale *c* minore di uno sarà:**

A maggiore di $a$

B uguale ad $a$

C minore di $a$

D non è possibile moltiplicare un razionale per un irrazionale

**62** **L'equazione $3x + 3 = 6(x - 1)$ ammette come soluzione:**

A $x = 0$

B $x = -6$

C $x = -3$

D $x = 3$

**63** **$\log a/b = 0$ implica:**

A $a = 0$

B $b = 0$

C $a = b$

D $a = 1/b$

**64** **L'area di un cerchio vale 314 $m^2$. Indicare quale delle misure sotto elencate approssima il raggio di tale cerchio:**

A 20 m

B 100 m

C 31,4 m

D 10 m

**65** **Il corredo cromosomico caratteristico della specie umana è composto da:**

A 23 coppie di cromosomi più i cromosomi sessuali

B 22 coppie di cromosomi più la coppia di cromosomi sessuali

C 23 cromosomi

D 46 cromosomi più XY

**66** **I "mattoni" che costituiscono gli acidi nucleici sono:**

A zuccheri ribosi

B amminoacidi

C nucleotidi

D fosfati

**67** **La demenza di Alzheimer è una patologia**

- A dell'apparato respiratorio
- B del sistema nervoso
- C dell'apparato linfatico
- D del sistema immunitario

**68** **A quale gruppo di sostanze naturali appartiene l'amido, contenuto per esempio nelle patate e nei cereali?**

- A grassi
- B carboidrati
- C proteine
- D sostanze minerali

**69** **Un esempio di moto periodico è:**

- A il moto rettilineo uniforme
- B il moto circolare uniforme
- C il moto uniformemente accelerato
- D il moto di caduta libera

**70** **Come si definisce la trasformazione di un corpo dallo stato liquido a quello gassoso?**

- A Sublimazione
- B Solidificazione
- C Evaporazione/Ebollizione
- D Condensazione

**71** **Il "prodotto" di due vettori non nulli:**

- A è sempre uno scalare
- B può essere sia un vettore sia uno scalare, a seconda del tipo di prodotto
- C è un vettore sempre nullo: solo gli scalari si possono moltiplicare tra di loro
- D è sempre un vettore

**72** **Un sistema di cariche è costituito da due cariche puntiformi uguali e opposte collocate a una certa distanza tra loro. Che cosa si può dire del campo elettrico generato da un tale sistema?**

- A È dappertutto nullo poiché le due cariche sono uguali e opposte
- B È identico a quello di una carica puntiforme di valore pari a metà della carica positiva
- C È identico a quello di una carica puntiforme di valore pari a metà della carica negativa
- D È dato dalla somma vettoriale dei campi elettrici prodotti dalle singole cariche

**73** **Quale dei seguenti materiali non si trova in natura?**

- A Ambra
- B Bauxite
- C Bachelite
- D Carbone

**74** **Da cosa è composto il nucleo di un atomo?**

A da elettroni e neutroni

B da neutroni e protoni

C da protoni ed elettroni

D solo da elettroni

**75** **Filtrata dalle particelle solide, l'aria atmosferica è:**

A una miscela omogenea

B una miscela eterogenea

C un composto ternario

D un aerosol

**76** **Con il termine *orogenesi* si intende:**

A il processo di formazione di giacimenti auriferi

B il processo di formazione dei vulcani

C un processo geologico in generale

D l'attività tettonica durante la quale si formano le montagne

**77** **Indicare quale delle seguenti periferiche di un computer non è una periferica di ingresso.**

A Trackball

B Penna ottica

C Mouse

D Plotter

**78** **Un monitor 14 pollici è un monitor il cui schermo:**

A in larghezza misura 14 pollici

B in altezza misura 14 pollici

C in diagonale misura 14 pollici

D nessuna delle precedenti

**79** **Gli ioni sono:**

A atomi in cui elettroni e protoni sono presenti in numero diverso

B un particolare tipo di isotopo

C atomi con un numero elevato di neutroni

D sostanze radioattive

**80** **Secondo la maggior parte degli scienziati, il buco dell'ozono può provocare:**

A un'estensione delle calotte polari

B un aumento della frequenza dei terremoti

C un aumento dei tumori della pelle nella popolazione

D un riscaldamento globale della Terra di 10-20 °C

# Risposte esatte della prova simulata

Verificare le risposte relative alle domande della prova simulata

| | A | B | C | D |
|---|---|---|---|---|
| 1 | ■ | □ | □ | □ |
| 2 | □ | □ | □ | ■ |
| 3 | □ | □ | □ | ■ |
| 4 | □ | □ | ■ | □ |
| 5 | □ | ■ | □ | □ |
| 6 | □ | ■ | □ | □ |
| 7 | □ | □ | ■ | □ |
| 8 | ■ | □ | □ | □ |
| 9 | □ | □ | □ | ■ |
| 10 | □ | ■ | □ | □ |
| 11 | □ | □ | ■ | □ |
| 12 | ■ | □ | □ | □ |
| 13 | □ | □ | □ | ■ |
| 14 | □ | □ | □ | ■ |
| 15 | □ | ■ | □ | □ |
| 16 | □ | □ | □ | ■ |
| 17 | □ | □ | □ | ■ |
| 18 | □ | □ | □ | ■ |
| 19 | □ | ■ | □ | □ |
| 20 | ■ | □ | □ | □ |
| 21 | ■ | □ | □ | □ |
| 22 | □ | ■ | □ | □ |
| 23 | □ | □ | □ | ■ |
| 24 | □ | ■ | □ | □ |
| 25 | ■ | □ | □ | □ |
| 26 | ■ | □ | □ | □ |
| 27 | □ | ■ | □ | □ |
| 28 | □ | ■ | □ | □ |
| 29 | □ | ■ | □ | □ |
| 30 | □ | ■ | □ | □ |
| 31 | ■ | □ | □ | □ |
| 32 | ■ | □ | □ | □ |
| 33 | ■ | □ | □ | □ |
| 34 | ■ | □ | □ | □ |
| 35 | ■ | □ | □ | □ |
| 36 | □ | ■ | □ | □ |
| 37 | ■ | □ | □ | □ |
| 38 | □ | □ | □ | ■ |
| 39 | □ | □ | ■ | □ |
| 40 | □ | ■ | □ | □ |
| 41 | ■ | □ | □ | □ |
| 42 | ■ | □ | □ | □ |
| 43 | □ | □ | □ | ■ |
| 44 | ■ | □ | □ | □ |
| 45 | □ | ■ | □ | □ |
| 46 | □ | □ | □ | ■ |
| 47 | □ | □ | ■ | □ |
| 48 | □ | ■ | □ | □ |
| 49 | □ | □ | □ | ■ |
| 50 | □ | ■ | □ | □ |
| 51 | □ | □ | ■ | □ |
| 52 | □ | ■ | □ | □ |
| 53 | □ | □ | ■ | □ |
| 54 | □ | ■ | □ | □ |
| 55 | □ | □ | ■ | □ |
| 56 | □ | ■ | □ | □ |
| 57 | □ | □ | ■ | □ |
| 58 | □ | ■ | □ | □ |
| 59 | ■ | □ | □ | □ |
| 60 | □ | ■ | □ | □ |
| 61 | □ | ■ | □ | □ |
| 62 | ■ | □ | □ | □ |
| 63 | □ | □ | ■ | □ |
| 64 | □ | ■ | □ | □ |
| 65 | □ | ■ | □ | □ |
| 66 | □ | □ | ■ | □ |
| 67 | □ | ■ | □ | □ |
| 68 | □ | ■ | □ | □ |
| 69 | □ | ■ | □ | □ |
| 70 | □ | □ | ■ | □ |
| 71 | □ | ■ | □ | □ |
| 72 | ■ | □ | □ | □ |
| 73 | □ | □ | □ | ■ |
| 74 | □ | □ | ■ | □ |
| 75 | ■ | □ | □ | □ |
| 76 | ■ | □ | □ | □ |
| 77 | □ | □ | □ | ■ |
| 78 | □ | □ | ■ | □ |
| 79 | ■ | □ | □ | □ |
| 80 | □ | □ | ■ | □ |